校企合作物流管理专业精品教材

互联网+教育改革新理念教材

仓储与配送管理实务

主编　黄艺璇　祁　媛

内容提要

本书以仓储与配送作业的实际流程为导向，以培养学生的职业能力为核心，并结合学生的实际情况和职业岗位要求组织内容。本书分为仓储作业篇、配送作业篇和经营管理篇三大部分，共九个项目。仓储作业篇主要包括仓储概述、入库作业、在库作业、出库作业，配送作业篇主要包括配送与配送中心概述、配送作业、配送运输，经营管理篇主要包括库存管理与仓储安全管理、仓储商务管理。

本书内容丰富，例证翔实，可作为各类院校物流管理专业、物流工程技术专业及其他相关专业的教材，也可作为物流从业人员的学习参考书。

图书在版编目（CIP）数据

仓储与配送管理实务 / 黄艺璇，祁媛主编. -- 上海：上海交通大学出版社，2020（2023 重印）

ISBN 978-7-313-24293-8

Ⅰ. ①仓… Ⅱ. ①黄… ②祁… Ⅲ. ①仓库管理－高等职业教育－教材②物资配送－物资管理－高等职业教育－教材 Ⅳ. ①F253②F252.14

中国版本图书馆 CIP 数据核字(2020)第 261143 号

仓储与配送管理实务

CANGCHU YU PEISONG GUANLI SHIWU

主　　编：黄艺璇　祁　媛

出版发行：上海交通大学出版社　　地　　址：上海市番禺路 951 号

邮政编码：200030　　电　　话：021-64071208

印　　制：北京市科星印刷有限责任公司　　经　　销：全国新华书店

开　　本：787mm×1092mm　1/16　　印　　张：17

字　　数：393 千字

版　　次：2021 年 3 月第 1 版　　印　　次：2023 年 7 月第 3 次印刷

书　　号：ISBN　978-7-313-24293-8

定　　价：49.80 元

前言 PREFACE

随着我国经济的快速发展，企业通过提高物流效率赢得市场的方式越来越受到企业管理层的重视，甚至有些企业将物流作为增强企业核心竞争力的关键。

仓储与配送作为现代物流的两大主要功能，近年来的发展逐渐呈现出社会化、专业化、信息化的特征，人们对优质、高效的仓储与配送服务也产生了越来越强烈的需求。为了满足社会对职业化、应用型的仓储与配送管理人才的迫切需要，我们精心编写了本书。

本书具有以下特色：

1. 培根铸魂，全面育人

党的二十大报告指出："育人的根本在于立德。"本书有机融入党的二十大精神，为了落实立德树人根本任务，本书在每个项目前面都设置了"素质目标"，并在正文中设置了"绿色发展""科技之光""卓越创新""精业笃行""先锋力量""以法为鉴"等模块，潜移默化地引导学生增强创新意识、环保意识、责任意识、法治意识、服务意识等，从而实现全员全程全方位育人。

2. 校企合作，职业引领

本书是在物流企业工作人员的指导下，以仓储与配送作业流程为导向编写而成的。另外，书中部分案例和图片（如仓库、配送中心的图片），也是由物流企业提供的。这些典型的案例和精美的图片不仅有助于学生更好地理解相关知识，还能让学生更直观地认识物流从业人员的工作环境。

3. 全新理念，与时俱进

本书从学生的角度出发，清楚、详细地介绍了仓储与配送作业各环节的工作内容和操作规范，并在重要知识点处设置了"活学活用"模块，从而真正做到以学生为中心，让学生在做中学、在学中做，为学生走向工作岗位打下坚实的基础。此外，随着物联网、大数据、云计算、人工智能等技术的发展，智慧仓储与智能配送已成为社会关注的焦点。为了拓宽学生的知识面，本书引用了许多新技术、新设备及现代化管理手段在仓储和配送领域的应用案例。

4. 平台支撑，资源丰富

本书不仅在重要知识点处配备了微课，还配备了教学课件、课后习题答案等教学资源，读者可以登录文旌综合教育平台“文旌课堂”（www.wenjingketang.com）下载。读者在学习过程中有任何疑问，都可登录该网站寻求帮助。

此外，本书还提供了在线题库，支持“教学作业，一键发布”，教师只需通过微信或“文旌课堂”App 扫描二维码，即可迅速选题、一键发布、智能批改，并查看学生的作业分析报告，提高教学效率、提升教学体验。学生可在线完成作业，巩固所学知识，提高学习效率。

本书由黄艺璇和祁媛担任主编，肖振绣、高博、武慧芳、金凤担任副主编。在编写过程中，编者参阅了大量文献资料和网络资料，在此，向这些资料的作者表示衷心的感谢。

由于编者经历和水平有限，书中可能存在疏漏和不妥之处，诚请各位老师和广大读者批评指正。

本书编委会

主　编　黄艺璇　祁　媛

副主编　肖振绣　高　博　武慧芳

金　凤

目录

CONTENTS

仓储作业篇

配送作业篇

经营管理篇

仓储作业篇

项目一

仓储概述

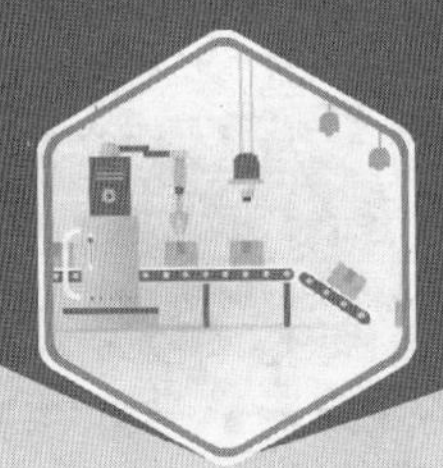

项目引言

仓储是随着剩余物品的产生和商品流通的需要而出现的。随着商品经济的发展，仓储作业已不再局限于储存货物，还包含了货物的流通加工、分类、整合等。仓储是现代物流系统的重要组成部分，现已成为“第三利润”的重要来源。

知识目标

- ✓ 理解仓储的概念，了解仓储的功能及分类。
- ✓ 掌握仓库的分类。
- ✓ 了解仓库的选址和布局。
- ✓ 熟悉常见的仓储设备。

素质目标

- ✓ 了解我国物流行业自动化和智能化发展的科技成果，领略我国作为科技大国的风采，增强民族自信心。
- ✓ 通过学习仓库选址和仓库规划布局的相关知识，学会用联系的观点看问题，能够立足整体，统筹全局，从而实现整体最佳目标。

任务一　认识仓储

任务导入

王鹏从某院校物流管理专业毕业后，被 JY 物流公司录用，在该公司的仓储部进行为期三个月的实习。

实习第一天，带教师傅老陈向王鹏介绍了仓储部的主要工作职责、仓储的功能和分类。在介绍仓储的功能时，老陈提到了整合车间、加工中心、平衡生产与供求的关系；在介绍仓储的分类时，老陈提到了第三方仓储。听完老陈的介绍，王鹏结合自己在学校所学的知识，茅塞顿开。

那么，仓储都有哪些功能？第三方仓储是按照哪种分类标准划分的？

知识讲解

一、仓储的概念

“仓”即仓库，是指存放、保护货物的建筑物和场地，可以是房屋建筑、洞穴、容器或特定的场地；“储”即储存，表示收存货物以备使用，具有收存、保管和交付使用的意思。综上所述，仓储是指为有形的货物提供存放场所，并对货物进行保管和存取管理的行为。

在理解仓储的概念时，要注意以下要点：① 仓储活动发生在仓库等特定的场所；② 仓储是物质产品生产过程的继续，也能使货物得以增值；③ 仓储既包括静态的货物储存过程，也包括动态的货物存取过程；④ 仓储对象既可以是生产资料，也可以是生活资料，但必须是实物形态的并且能够被移动的资产。

知识链接

古代仓储业

古代仓储业与中国古人“积谷防饥”的储藏意识是同步发展的。远古时代，由于生产力与科技水平落后，人们没有能力与自然灾害做斗争，只能通过积存一些生产资料和生活资料度过歉收的灾年。而积存的物资需要存放在某个可以保证其质量的容器中，于是“窖穴”“窑洞”等存储场所就出现了。但这类场所仅限个人自用。直到西汉时期“常平仓”的出现，仓储业才开始具备了社会服务的功能。明代初期，衙门在商人聚集的地方专门设置的“塌房”，是商业仓库的雏形。

二、仓储的功能

（一）储存功能

储存功能是仓储活动的一项基本功能。在生产专业化和规模化的现代社会，劳动生产率极高，劳动产品的产量极大，需要对不能及时消费和流通的货物进行储存，以保证生产和消费活动的正常进行。

（二）保管功能

对货物进行妥善的保护和管理，防止因变质、毁损等使货物的使用价值降低或丧失，这就是仓储的保管功能。例如，茶叶在仓储期间受潮发霉，茶叶应有的使用价值丧失，仓储也就失去了它的保管功能。

（三）流通加工功能

仓储的流通加工功能是指在货物保管期间，根据货物的性质或客户要求，对货物的外观、形状、成分、尺寸等方面进行简单加工，使其能更加适应客户的个性化和多样化需求。流通加工功能具体体现在以下四个方面：

（1）物流运输。对货物进行相应的加工，使其能够实现不同运输方式之间的无缝衔接。例如，将散装水泥、粮食等进行装袋加工，将图书打包后进行运输等。

（2）质量。对货物进行合理的加工，使其能够更好地保管和储存。例如，对保鲜、保质要求较高的水产品、肉产品等食品进行冷冻加工和防腐加工。

（3）满足客户的个性化和多样化需求。对货物进行加工，使其更加适应客户的个性化和多样化需求。例如，将木材改制成板材、方材，将平板玻璃进行开片加工等。

（4）增值功能。通过对货物进行加工，增加其价值。例如，提高服装、玩具、纺织品等货物外包装的档次，进而提高其售价。

（四）整合功能

仓储的整合功能是指将多个制造工厂指定送往某地的货物整合成一个单元，进行一票装运，以降低运输成本，如图 1-1 所示。例如，在汽车制造行业，来自全球各地的大量汽车零部件被集中存放在汽车主机厂邻近的仓库，该仓库会根据主机厂的生产计划，对相应的零部件进行整合，最后送达主机厂。

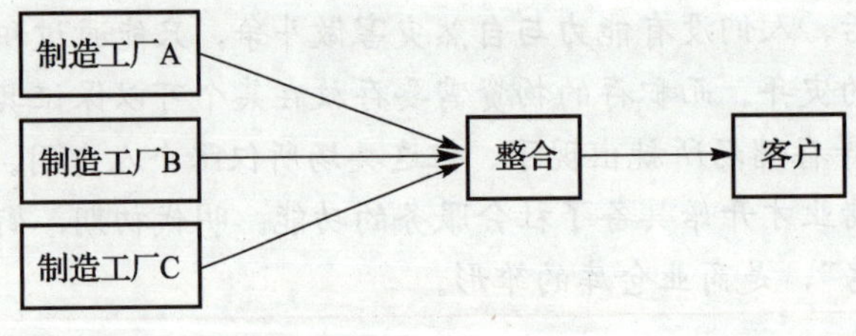

图 1-1　仓储的整合功能

（五）分类和转运功能

仓储的分类功能是指将来自制造商的组合订货分类或分割成个别订货，以便发送给不同的客户，如图 1-2 所示。

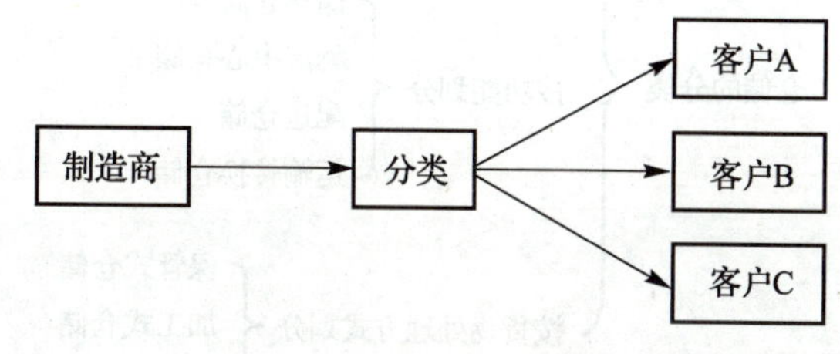

图 1-2　仓储的分类功能

仓储的转运功能是指按照客户要求和配送要求将来自多个制造商的多种货物进行分类和组合后发货，如图 1-3 所示。

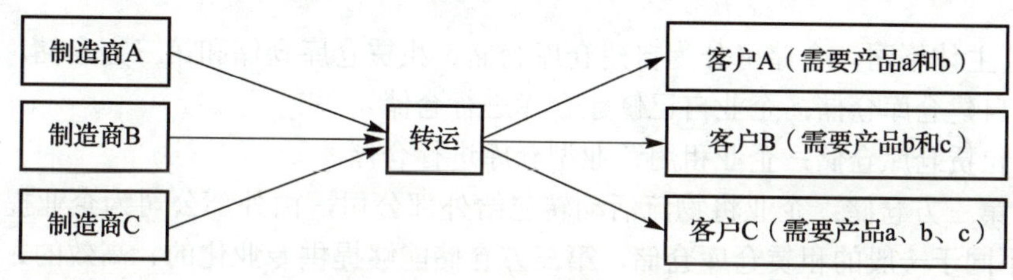

图 1-3　仓储的转运功能

（六）调节功能

仓储的调节功能是指仓储活动可以调节货物的生产节奏和供求平衡，主要表现在时间调整和价格调整两个方面。

（1）时间调整方面。社会生产与消费之间有时会存在一定的时间差，通过适当的储存，尤其是季节性储存，可以克服货物生产和消费之间的时间差。例如，大米的生产是季节性的，但消费却是全年性的，所以需要在生产期将其储存，以备不时之需。

（2）价格调整方面。货物的供过于求和供不应求都会对其价格产生影响，通过仓储可以克服货物在生产数量和消费数量方面的不平衡，起到调控价格的作用。例如，国家利用仓储对粮食价格进行宏观调控。

活学活用

除了上述功能，你认为仓储还具有哪些功能？

三、仓储的分类

根据不同的分类标准，可将仓储分为不同的类型，如图 1-4 所示。

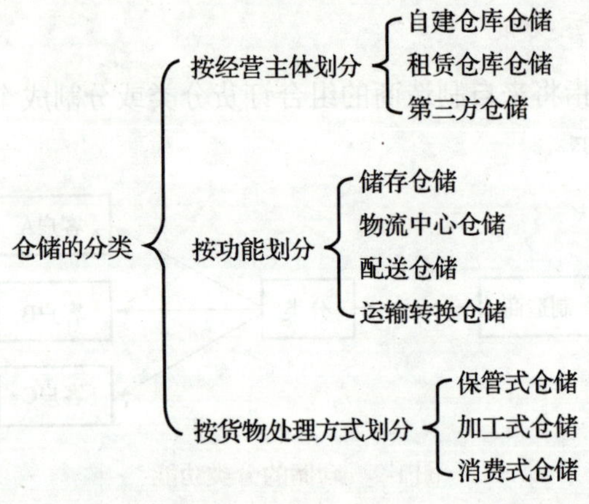

图 1-4 仓储的分类

（一）按经营主体划分

按经营主体不同，仓储可分为自建仓库仓储、租赁仓库仓储和第三方仓储。

（1）自建仓库仓储：企业自己修建仓库进行仓储。

（2）租赁仓库仓储：企业租用营业型仓库进行仓储。

（3）第三方仓储：企业将物流活动转包给外部公司，由外部公司为企业提供综合物流服务。不同于一般的租赁仓库仓储，第三方仓储能够提供专业化的、高效的、经济的物流服务。

上述三者的优缺点如表 1-1 所示。

表 1-1 不同仓储的优缺点

类 型	优 点	缺 点
自建仓库仓储	① 可根据企业的具体情况进行仓储管理 ② 可根据企业的需要选择地址和修建特需设施 ③ 长期仓储时成本较低 ④ 有利于企业树立良好的形象	① 在地理位置和结构上存在一定的局限性 ② 仓储专业化程度低，设施简单 ③ 导致企业的部分资金被长期占用
租赁仓库仓储	① 无须前期投资，风险较低 ② 可满足企业在库存高峰时额外的仓储需求 ③ 有专业人员进行仓储管理，可降低企业的仓储管理难度 ④ 企业可根据市场需求的变化选择仓库的面积、地点，人员配置灵活 ⑤ 可准确地掌握仓储成本	① 必须按照营业仓库的各种规定来保管货物 ② 有泄露商业机密的风险 ③ 货物流通量大时，租赁仓库的费用通常要比自建仓库高
第三方仓储	① 有利于企业有效地利用有限的资源 ② 有利于企业专注于核心业务 ③ 能有效降低企业的运输成本	不利于企业对物流活动进行直接控制

课堂互动

仓储前，应考虑货物的周转总量、市场需求及需求的稳定性等因素。3～5 名同学为一组，分组讨论当表 1-2 中的因素发生变化时，企业选择哪种仓储类型更经济、合理。

表 1-2 影响仓储类型的因素

仓储类型	周转总量		市场需求		需求的稳定性	
	大	小	集中	分散	是	否
自建仓库仓储						
租赁仓库仓储						
第三方仓储						

（二）按功能划分

按功能不同，仓储可分为储存仓储、物流中心仓储、配送仓储和运输转换仓储，具体如表 1-3 所示。

表 1-3 各类仓储的概念及特点

类　型	概　念	特　点
储存仓储	对货物进行长期储存和保管的仓储	① 储存的货物品种单一，但存量大，存放时间长 ② 储存地点一般较偏远 ③ 储存费用低廉，储存条件有保证
物流中心仓储	将仓库设在物流中心，以便发货和退货管理的仓储	① 储存的货物品种较少，但批量较大 ② 储存地点一般在经济发达、交通便利的地区 ③ 储存设备较先进，仓储能力强
配送仓储	货物在交付消费者之前所进行的短期仓储，也是货物在销售或供生产使用前的最后仓储	① 储存的货物品种繁多，但批量小，注重对货物存量的控制 ② 储存地点一般在货物的消费区，能进行迅速配送 ③ 往往需要进行拆包、分拣、组配和贴标签等增值作业
运输转换仓储	为了保证不同运输方式之间的无缝衔接，减少货物的装卸和停留时间，在不同运输方式进行转换的地方（如港口、车站等）所进行的仓储	① 货物储存时间短，且通常会大进大出 ② 注重货物的周转作业效率

（三）按货物处理方式划分

按货物处理方式不同，仓储可分为保管式仓储、加工式仓储和消费式仓储。

（1）保管式仓储：存货人将特定的货物交由仓储保管人保管，到期后，仓储保管人将货物原样交还存货人的仓储方式。保管式仓储又称纯仓储，要求货物除了发生自然损耗外，数量和质量均不发生变化。

（2）加工式仓储：在货物存储期间，仓储保管人根据存货人的要求对货物的外观、形状、成分构成及尺寸等进行加工的仓储方式。

（3）消费式仓储：仓储保管人在接收货物的同时，接收了货物的所有权，并在仓储期间有权对货物行使所有权的仓储方式。在仓储期满后，仓储保管人只需将剩余货物如数交还给存货人即可。消费式仓储特别适用于保管期较短的货物（如肉禽蛋类、瓜果蔬菜类等），也适合一定时期内价格波动较大的货物的投机性储存。

任务实施

任务目标

通过调查企业的仓储管理资料，了解仓储的功能及仓储功能的具体表现形式。

实施步骤

（1）学生自由分组，每组4～6人。

（2）收集当地两个以上物流公司的仓储管理资料，主要包括以下内容：① 物流公司的仓储类型；② 物流公司具备哪些仓储功能，以及这些功能的具体表现形式。

（3）对以上信息进行统计、分析和整理，最后编写一份调查报告。

任务二 认识仓库

任务导入

王鹏入职后不骄不躁，总是认真、踏实地完成自己的工作任务。除此之外，他还积极主动地了解整个仓储中心的运作流程，乐于帮助有困难的同事。很快，他就通过了试用期的考核。

正好，由于业务拓展的需要，王鹏所在的JY物流公司正在为新建一个仓库而组建项目团队，主管向项目经理推荐了王鹏。王鹏得知这个消息后十分高兴，觉得这是一个学习、锻炼的好机会。但片刻后，他陷入了沉思：仓库都有哪些类型？要怎么选址？影响仓库选址的因素有哪些？仓库货区该如何布局……

请你帮助王鹏完成仓库选址前的知识储备工作。

知识讲解

一、仓库的分类

仓库的分类

仓库是保管、储存货物的建筑物和场所的总称，是仓储活动的主要业务载体。不同仓库所承担的储存任务不同，再加上货物的品种和规格繁多，使得仓库在功能、建筑结构、保管形态等方面呈现出多样性。常见的仓库分类标准如下。

（一）按功能划分

（1）储存仓库：主要提供货物储存服务的仓库，如保管谷物的仓库。

（2）加工仓库：以实现货物加工为主要目的的仓库，如对大型打印器材的零部件进行装配的仓库。

（3）流通仓库：专门从事中转、代存等流通业务的仓库。流通仓库基本没有长期储存功能。

（4）保税仓库：又称保税货场，是指经海关批准设立的，专门存放未办理关税手续而入境或过境货物的仓库，如公用型保税油库等。

（5）出口监管仓库：经海关批准设立的，对已办结海关出口手续的货物进行储存、配送，并提供流通性增值服务的专用仓库。

（二）按建筑结构划分

（1）单层仓库：只有一层简单构造的仓库，如图 1-5 所示。这种仓库具有投资少、货物处理和设备维修方便等优点，但仓容利用率低且储存成本较高，适合存放重量较大的货物。

（2）多层仓库：两层以上且能够应用现代化仓储技术的仓库。多层仓库的各层之间通过垂直运输机械或坡道相连，货物出入库多采用机械化或半机械化作业。这种仓库可以减少占地面积，提高仓容利用率。

（3）地下仓库：建造在地下的仓库。这种仓库可以充分利用地下空间储存货物，但通风、防潮和防火功能较差。

（4）罐式仓库：外观上呈柱形或球形的仓库，通常用来储存石油、天然气和液态化工用品等，如图 1-6 所示。

图 1-5　单层仓库

图 1-6　罐式仓库

（三）按保管形态划分

（1）通用仓库：用来储存没有特殊要求的一般性货物的普通仓库。这种仓库的设备和结构较简单，储存的货物品种繁多。

（2）专用仓库：用来储存具有相同特征或保管要求的某类货物。

（3）特种仓库：用来储存具有特殊性能或对保管条件有特别要求的货物，如冷冻货物、石油、化学危险品等。特种仓库必须配备防火、防盗、防虫、通风等设施设备。另外，特种仓库对安全设施的要求比其他仓库要高。

活学活用

根据保管形态，请说出下列货物分别应保存在哪种类型的仓库中：
五金材料　化学危险品　水果　油　肉类　珍贵药材　衣物　高压气体

（四）按封闭程度划分

（1）封闭式仓库：俗称“库房”，具有较强的封闭性，便于对仓储货物进行维护和保养。

（2）半封闭式仓库：俗称“货棚”，保管条件比封闭式仓库差，但出入库作业方便，建造成本较低，主要用来存放受自然温湿度影响较小的笨重货物及经得起风吹日晒的货物，如图 1-7 所示。

（3）露天式仓库：俗称“货场”，装卸方便，储存成本最低，主要用于存放不怕风吹雨淋的货物，如图 1-8 所示。若采用油布苫盖，还可短期存放对环境要求不太高的货物。

图 1-7　半封闭式仓库

图 1-8　露天式仓库

科技之光

自动化立体仓库

自动化立体仓库是指采用高层货架储存货物，以巷道堆垛起重机配合其他装卸搬运设备进行作业，并由计算机和自动化控制设备对仓储活动进行管理和控制的仓库，如图 1-9 所示。

1．自动化立体仓库的功能

自动化立体仓库具有自动收货、自动存货、自动取货和信息处理等功能。

（1）自动收货：仓库在接收各种货物时，自动将货物信息输入计算机并生成管理信息，再由自动控制系统进行货物入库作业。

图 1-9 自动化立体仓库

（2）自动存货：仓库的自动控制系统根据仓储管理系统的指令自动将货物存放到合适的位置。

（3）自动取货：自动控制系统根据指令自动将货物从货架上取出。

（4）信息处理：仓储管理系统自动处理货物的出入库信息，操作人员可随时查询货物信息、单据并打印各种报表。

2. 自动化立体仓库的组成

自动化立体仓库主要由高层货架、巷道堆垛起重机、出入库输送机械、电气与电子设备等组成，如图 1-10 所示。货物出入库的整个操作过程和储存状态，都会直观地显示在电子设备的屏幕上。

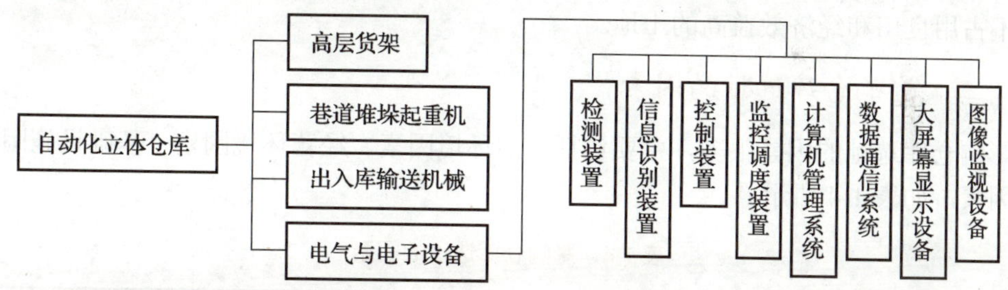

图 1-10 自动化立体仓库的组成

3. 自动化立体仓库的优点

（1）可提高仓容利用率。自动化立体仓库的高层货架占地面积小，储存能力，能提高仓容利用率。

（2）可提高企业的生产管理水平。自动化立体仓库采用先进的仓储作业设备和自动化管理系统，大大提高了企业的生产管理水平。

自动化立体仓库

（3）可减轻劳动强度并提高作业效率。自动化立体仓库用自动化作业设备取代了大部分人工作业，能够大大减轻作业人员的劳动强度，提高作业效率。

（4）可减少库存和资金积压。自动化立体仓库与现代化物流管理系统相结合，能使生产各环节的原材料供应量和实际需求量达到平衡，从而减少库存积压和资金积压。

（5）可提高企业的决策能力。自动化立体仓库的信息系统可以与生产环节的信息系统集成，方便企业及时、准确地掌握货物的信息，具有提高企业决策能力的功效。

二、仓库选址

（一）仓库选址的原则

企业在为仓库选址时，应遵循以下原则：

（1）适应性原则。仓库选址要与国家及地区的产业导向、产业发展战略和政策法规等相适应，与我国物流资源分布和需求分布相适应。

（2）协调性原则。企业在为仓库选址时，应将国家的物流网络作为一个大系统来考虑，使仓库的设施和设备在地域分布、物流作业生产力、技术水平等方面具有一定的协调性。

（3）经济性原则。企业在为仓库选址时，要考虑成本和效益因素，包括建设费用、物流费用等。例如，将仓库设在市区、近郊区或远郊区，其建设费用和物流费用都是不同的，选址时应尽量选择总费用低的方案。

（4）战略性原则。企业在为仓库选址时，要从全局出发，从长远考虑，用发展的眼光看待问题，使局部利益服从全局利益，眼前利益服从长远利益。

（5）环保性原则。企业在为仓库选址时，应注意保护环境与景观，不污染水源和土地，不占用良田和经济效益高的土地。

（二）影响仓库选址的因素

影响仓库选址的因素很多，主要包括自然环境因素、经营环境因素、基础设施因素及其他因素，如表 1-4 所示。

表 1-4　影响仓库选址的因素

影响因素		内　容
自然环境因素	气象条件	主要包括年降水量、空气温湿度、风力、无霜期长短、冻土厚度等
	地质条件	仓库是大宗货物的集结地，货物会对地面形成较大的压力，因此在选址时，应考虑地面的承载能力。淤泥层、流沙层、松土层等不良地质环境的地区，不宜建造仓库
	水文条件	容易泛滥的大河流域、容易上溢的地下水区域、河道和干河滩处不宜建造仓库
	地形条件	仓库宜建在地势高且平坦的地方，尽量避开山区及陡坡地区
经营环境因素	政策环境背景	仓库所在地是否有扶持物流企业的政策，对物流企业的效益有无直接影响，以及当地劳动力素质的高低等，都是需要考虑的因素
	物资的性质	应考虑所经营物资的类型和性质。例如，生产型仓库的选址应考虑与产业结构、产品结构、工业布局等相结合

（续表）

影响因素		内　容
经营环境因素	物流费用	应尽量靠近物流服务需求地，如大型工业区和商业区，以便缩短运输距离，降低物流费用
	服务水平	物流服务水平也是影响物流产业效益的重要指标之一，因此在进行仓库选址时，要考虑货物是否能及时送达客户
基础设施因素	交通条件	仓库的位置必须交通便利，最好靠近交通枢纽，如车站、港口、交通干道、铁路编组站、机场等，应至少有两种运输方式衔接
	公共设施状况	仓库所在城市应道路畅通、通信发达，有充足的水、电、气、热的供应能力，有污水和垃圾处理能力
其他因素	国土资源利用	仓库的建设应充分利用土地，节约用地，还要兼顾区域与城市的发展规划
	环境保护要求	仓库的选址和建设要注意保护自然环境与人文环境，尽量减少对城市生活的干扰，不影响城市交通，不破坏城市环境
	地区周边状况	仓库不能靠近住宅区，且周边不能有火源。另外，还需考虑仓库所在地区的经济发展是否对物流产业有促进作用

（三）仓库选址的流程

仓库选址的流程如图 1-11 所示。

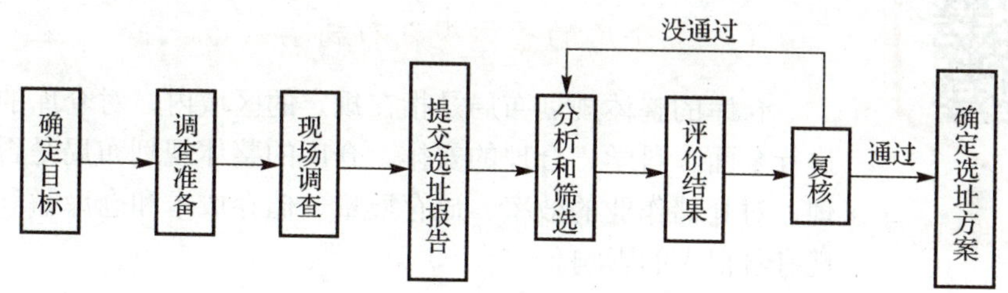

图 1-11　仓库选址的流程

1. 确定目标

为仓库选址时，首先要确定建设仓库的必要性，明确所需仓库的类型、大小和计划达到的仓储服务水平。

2. 调查准备

调查准备具体包括组建筹建小组和准备技术资料。

（1）组建筹建小组。根据仓库的建设目标，组织相关的工程技术人员、系统设计人员和财务核算人员，成立筹建小组。

（2）准备技术资料。搜集仓库所在地区的政治环境、经济环境、自然环境、协作条件、交通条件等资料。

3. 现场调查

现场调查的主要任务是具体考察仓库所在地及其周边的实际情况，掌握第一手资料。

4. 提交选址报告

根据现场调查的资料，提交仓库选址报告。仓库选址报告应该包括：① 选址工作的进行过程、选址的依据、备选地址和推荐方案；② 选址的主要指标（如仓库总面积、储存能力、水电用量等）和备选地址满足要求的程度；③ 库区平面图及库区位置说明，如仓库与主要建筑物及大型设施的距离，附近的地形、地貌等；④ 当地地质、气象和水文情况；⑤ 建设仓库时的占地及拆迁情况，如占地面积、拆迁户数、拆迁费用等；⑥ 所选地的交通和通信条件；⑦ 所选地的基础设施条件，如是否具备供电、供水、排水等设施；⑧ 备选方案的对比分析。

5. 分析和筛选

结合提交的选址报告，采用合适的方法分析各个选址方案并筛选出最佳者。

6. 评价结果

从仓库建设的市场适应性、服务质量、建设费用、可行性等方面对筛选出的选址方案进行评价，并得出方案是否可行的结论。

7. 复核与确定选址方案

进一步复核筛选出来的方案。如果复核通过，则该方案为最终方案；如果经复核发现该方案不符合选址的目标和原则，则需要重新分析、筛选、评价、复核，直至选出最佳方案。

仓库的整体规划布局

三、仓库的规划布局

（一）仓库的整体规划布局

仓库的整体规划布局是指在规定的区域内，对仓库的各个部分进行全面、科学、合理的安排。仓库的整体规划布局是否科学、合理，对仓储作业的效率、储存质量、储存成本和仓库盈利目标的实现有着很大的影响。

1. 仓库整体规划布局的内容

仓库整体规划布局的内容主要是对仓库进行功能分区。仓库一般可划分为生产作业区、辅助作业区和行政管理区，如图 1-12 所示。

（1）生产作业区：该区域是仓库的主体，主要包括储存区、作业区、通道和装卸台。各部分的功能分别为：储存区具体分为库房和货场，是储存和保管货物的场所；作业区主要用于完成货物的出入库作业，如货物的检验、包装、分拣等；通道主要包括铁路专线、库内通道等，用于承担货物的在库移动任务；装卸台供货车装卸货物。

（2）辅助作业区：为仓储业务提供各项服务的场所，主要包括维修车间、车库、工具设备间、油库、物料库、变电室等。辅助作业区的规划布局应不影响生产作业区的活动。

（3）行政管理区：主要包括办公楼、警卫室等，是供行政管理人员办公的区域。行政管理区应与作业区保持适当的距离，既要方便工作人员与作业区联系，又要避免非作业区人员对仓库的生产作业产生影响与干扰。

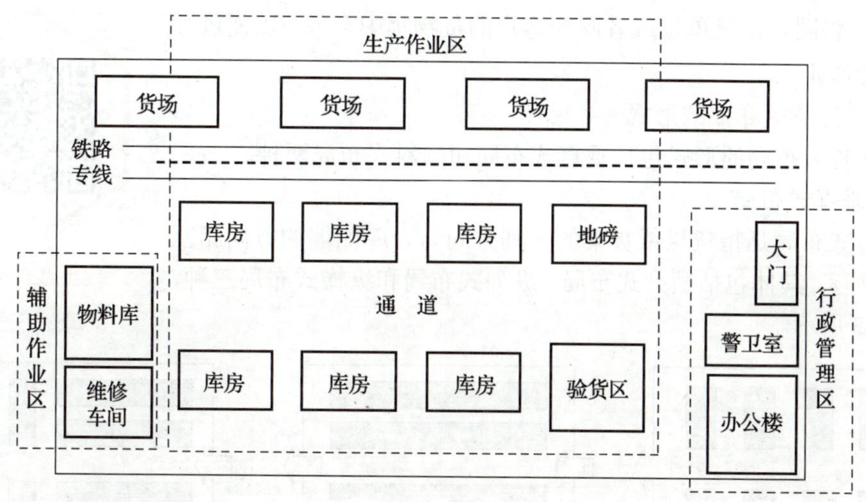

图 1-12 仓库总体布局图

2．仓库整体规划布局的要求

（1）有利于货物的储存和保管。储存和保管货物是仓库的基本功能，所以在对仓库进行整体规划布局时，要合理地确定库房的位置和朝向，为货物的储存和保管创造良好的环境。

（2）有利于机械作业。在对仓库进行整体规划布局时，应根据机械设备的作业流程，合理地布置固定设施和相关辅助设施（如道路、电、水、通信等），以缩短各类机械设备的作业距离，减少作业次数。

（3）尽可能提高仓容利用率。

（4）节省投资和方便扩展。在对仓库进行整体规划布局时，应在保证实现仓库功能的基础上，尽可能地节省投资，并预留一定的空间，以备日后扩展。

（5）保障作业安全。在对仓库进行整体规划布局时，应考虑到安全作业问题，即仓库应配备安全作业的设施和设备，并按照消防规定配备防火、防盗、防爆装置。

（6）布局应整齐、美观。

（二）仓库货区的布局

仓库货区的布局是指对货区内的货垛、通道、垛间距、收发货区等进行合理的规划，并正确安排它们的相对位置。货区布局的目的：① 提高仓容利用率；② 提高货物的保管质量；③ 方便出入库作业。

1．仓库货区布局的基本思路

（1）根据货物的性质分区分类储存，将性质相近的货物集中存放。

（2）将单位体积大、单位质量大的货物存放在靠近出库区和通道的货架的底层。

（3）将周转率高的货物存放在进出库时装卸搬运最便捷的位置。

（4）将同一供货单位或者同一客户的货物集中存放，以便进行分拣配货作业。

垂直式布局

2. 仓库货区布局的形式

仓库货区布局的形式包括垂直式布局和倾斜式布局两种。

1）垂直式布局

垂直式布局是指货垛或货架的排列方向与仓库侧墙的方向相互垂直或平行，具体包括横列式布局、纵列式布局和纵横式布局三种，如图 1-13 所示。

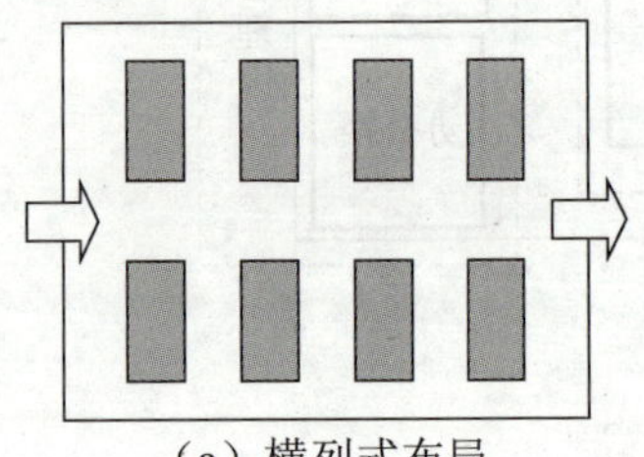
（a）横列式布局

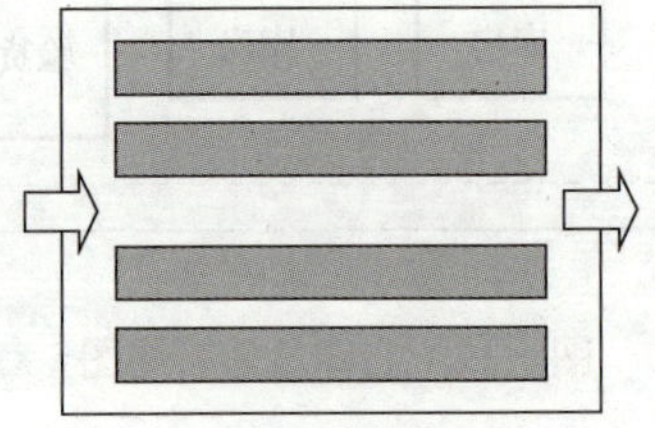
（b）纵列式布局

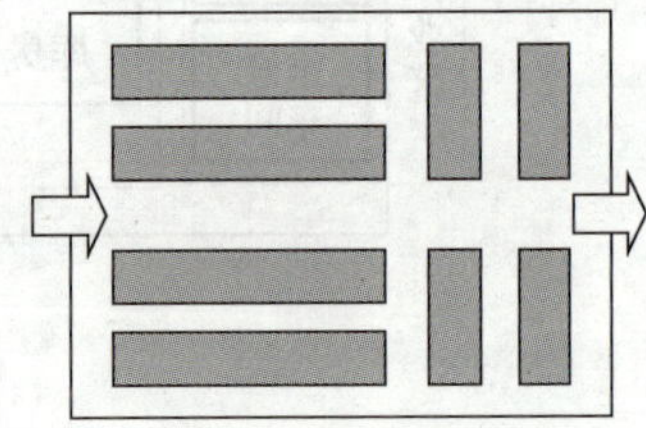
（c）纵横式布局

图 1-13 三种垂直式布局

以上三种布局的定义和特点如表 1-5 所示。

表 1-5 三种垂直式布局的定义和特点

形 式	定 义	特 点
横列式布局	货垛或货架的长度方向与仓库的侧墙垂直	主通道长且宽，副通道短，整齐美观，便于存取查点，还有利于通风和采光
纵列式布局	货物或货架的长度方向与仓库的侧墙平行	可根据货物在库时间的长短和出入库频次安排货位。在库时间短、出入库频繁的货物，宜放置在主通道旁
纵横式布局	在同一保管场所内兼具横列式布局和纵列式布局	兼具横列式布局和纵列式布局的优点，但可能会增加货位管理的难度

2）倾斜式布局

倾斜式布局是指货垛或货架与仓库侧墙或主通道成 60°、45° 或 30° 夹角。倾斜式布局具体可分为货垛倾斜式布局和通道倾斜式布局两种。

（1）货垛倾斜式布局：横列式布局的变形，如图 1-14（a）所示。这种布局便于叉车作业，能缩小叉车的回转角度，提高作业效率。

（2）通道倾斜式布局：仓库通道斜穿保管区，如图 1-14（b）所示。通道可把仓库划分为具有不同作业特点的几个部分，以便综合利用。

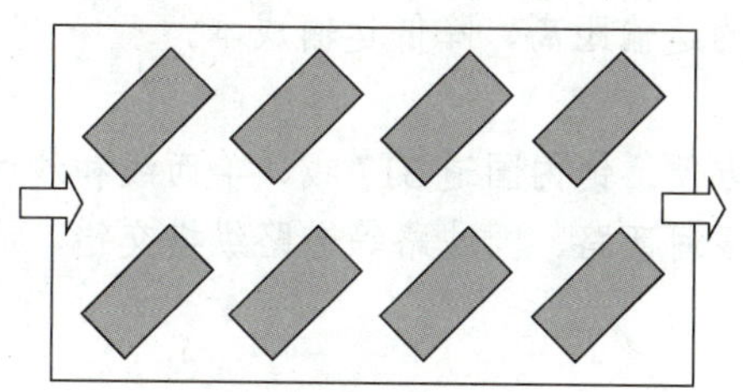

（a）货垛倾斜式布局

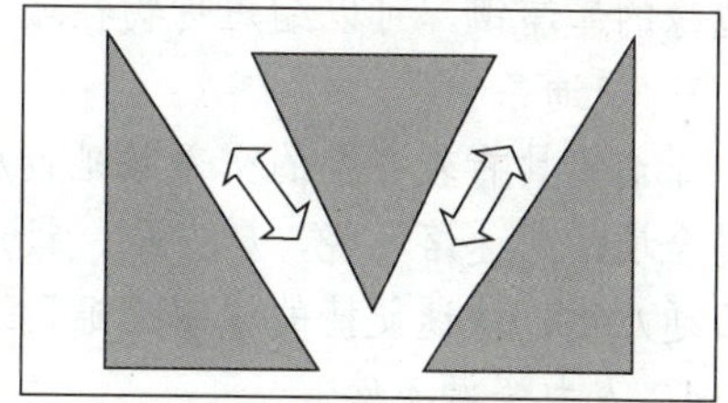

（b）通道倾斜式布局

图 1-14　两种倾斜式布局

小提示

单层仓库平面布局的注意事项如下：

（1）重大件或周转量大、出入库频繁的货物，应靠近仓库出入口布置，以缩短搬运距离，提高出入库效率。

（2）易燃、易爆货物应尽量靠近仓库外侧，必要时加装防护栏杆，以便管理。

（3）仓库入口附近应预留货物收发作业的空间。

（4）装有吊车的仓库，车辆入库的运输通道最好安排在仓库的横向方向，以减少装卸的辅助空间，提高仓容利用率。

（5）应用隔墙将库房与仓库内的管理区和生活区隔开，管理区和生活区应靠近道路一侧的入口处。

此外，仓库的整体布局应紧凑，应合理地设计、购置、安装设施设备，充分利用仓库空间，最大限度地发挥仓库的效能。

同步案例

京东成都犀浦仓库的选址与布局

近年来，京东网上商城得到了高速发展，这对京东的物流服务提出了新的要求。为了满足日益增长的市场需求，京东决定在成都犀浦镇修建物流配送中心。

一、仓库的选址

仓库的选址不仅影响企业的物流能力，还影响企业的物流运营效率与成本。京东成都仓库为什么要选在犀浦呢？我们可以从以下五个方面进行分析。

1. 城市的发展水平

成都作为新一线城市，有着良好的经济发展水平和较充足的物流需求量。近年来，犀浦镇大力推进工业开发区、农业生态发展区和城镇中心区“三大板块”的建设，进一步优化镇域经济结构和产业结构，大力推进乡村城市化进程，使得犀浦镇的经济得到了快速发展。

2. 销售目标市场及客户分布

京东的配送中心主要向城市范围内的客户提供“门到门”服务。将仓库选在位于城

市边缘的犀浦镇，可以缩短货物在城市范围内的运输距离，降低运输成本。

3. 交通条件

犀浦镇具有较齐全的交通基础设施，运输方便。镇内国道 317 线、羊西线和沙西线纵贯全境，高速路环绕，犀安路、银河东路、银河西路、围城路等道路纵横交错，形成了四通八达、快速便捷的城镇交通网。

4. 人力资源条件

犀浦镇拥有丰富的人才资源。犀浦镇周边的大学有西南交通大学（犀浦校区）、四川外国语学院成都分院、西华大学、成都纺织高等专科学校、四川大学锦城学院等，这些学校每年为全国各地，特别是成都地区输送了大量的优质毕业生。

5. 政策扶持

近年来，为了更快、更好地发展物流产业，成都市出台了不少优惠政策和扶持策略，以开明、灵活的政策引进知名企业，改造、提升传统业态，如放宽市场准入、调整用地政策等。

二、仓库的布局

成都犀浦仓库采用轻钢结构，仓库一楼的净高为 9 m，二楼的净高为 6 m。

仓库一楼由装卸作业平台和仓库内部功能区两部分组成。其中，仓库内部功能区又细分为收货区、验货区、理货区、退货处理区、废弃处理区、维修区、分拣备货区、出货区、升降区和办公处理区等。货物在各区的流动情况如图 1-15 所示。

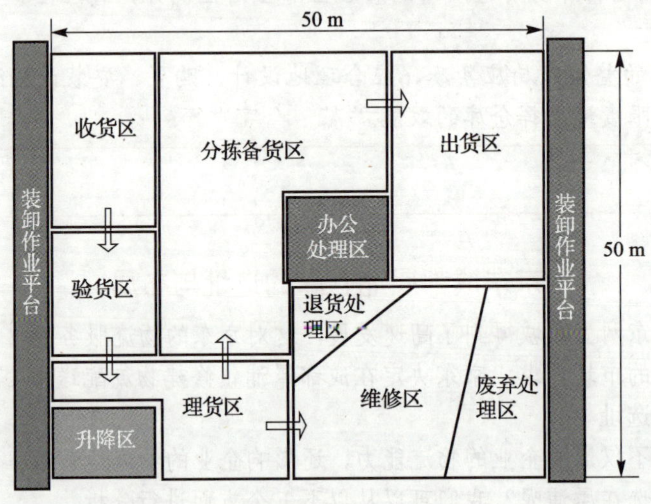

图 1-15　成都犀浦仓库一楼平面图

仓库二楼可分为仓储区、加工区和暂存区三个部分。其中，仓储区又可分为托盘货架区和流动货架区，主要用于存放二类商品；加工区主要对仓储区中二类商品进行出库前的加工；暂存区用于暂时存放出入库的货物。货物的流动方向如图 1-16 所示。

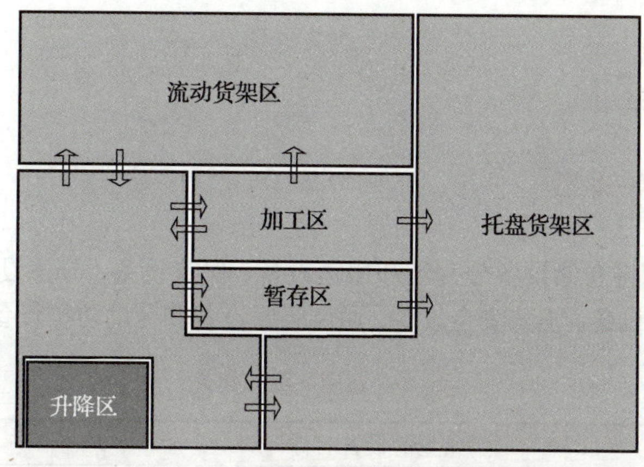

图 1-16 成都犀浦仓库二楼平面图

（资料来源：豆丁网，https://www.docin.com/p-1457371310.html）

任务实施

任务目标

参观学校周边某仓库，加深学生对仓库整体规划和货区布局的理解。

实施步骤

（1）将全班学生分组，每组 4～6 人。

（2）以小组为单位，选择学校周边的某一仓库进行实地参观，并请仓管员对该仓库的布局和仓库内各区域的功能进行讲解。学生在参观过程中可拍照记录。

（3）每组派一名代表以 PPT 的形式展示本组所参观的仓库的整体规划和货区布局，评价该仓库的布局是否合理。若不合理，请提出改进建议。

任务三 认识仓储设备

任务导入

王鹏所在的 JY 物流公司是一家老牌物流企业，主要为客户提供货物储存、保管、中转、配送等物流服务。

2019 年 11 月 20 日，JY 物流公司接受了本地区最大的粮油加工企业的委托，代为储存 300 吨粮食，储存期限为三个月。要求如下：单个麻袋装满粮食后的重量为 50 千克，限高 10 层；库内保持常温、通风、干燥，定期做好仓库的消毒杀虫工作。

主管让王鹏根据上述要求，分析并统计粮食储存活动中所需的仓储设备。那么，仓储设备都有哪些种类？王鹏应如何选择呢？

一、仓储设备的种类

按用途不同，可将仓储设备分为装卸搬运设备、保管设备、分拣设备、自动识别设备、计量设备、养护检验设备、消防安全设备、通风照明设备和劳动防护设备等，如表 1-6 所示。

表 1-6　仓储设备的种类

设备种类	常见的设备名称	用　途
装卸搬运设备	装卸堆垛设备：起重机、叉车、堆垛机等 搬运输送设备：皮带输送机、电梯、手推车、搬运车等 成组搬运工具：托盘、集装箱等	装卸、搬运和盛装货物
保管设备	苫垫用品：苫布（油布、塑料布）、苫席、枕木、石条等 存货用具：货架、货橱等	存放货物，为货物遮挡雨水、隔离潮气
分拣设备	自动分拣系统、分拣输送设备等	拣选和传输货物
自动识别设备	条形码打印机、扫描设备等	收集货物信息
计量设备	电子秤、自动检重秤、地磅、电子计数器、卷尺等	盘点、计量和检查货物
养护检验设备	排风机、烘干箱、空调、温度仪、测潮仪、吸潮器、商品质量化验仪、空气调节器等	检验货物，为货物提供良好的储存环境
消防安全设备	自动喷淋系统、报警器、消防车、砂箱、消防云梯、防盗系统等	确保货物安全和作业安全
通风照明设备	抽风机、照明灯、应急灯等	通风和照明
劳动防护设备	防毒面具、安全绳等	确保作业人员的人身安全

二、常见的仓储设备

（一）托盘

托盘

托盘是指在运输、搬运和存储过程中，将货物规整为货物单元时，作为承载面并包括承载面上辅助结构件的装置。托盘广泛应用于仓储作业的各个环节，与叉车配合使用时，能够发挥巨大的作用。

托盘有很多种，按照托盘结构不同可分为平托盘、柱式托盘、箱式托盘、轮式托盘和特种托盘（如航空托盘、平板玻璃集装托盘、油桶专用托盘）等。

1．平托盘

平托盘是指承载面上无其他装置的托盘，如图 1-17 所示。平托盘是一种使用量最大、通用性最好的托盘，它几乎是托盘的代名词。一般意义上的托盘都是指平托盘。

2．柱式托盘

柱式托盘是指承载面的四角有固定的或可卸的柱子，柱子上端用横梁连接而成的框架型托盘，如图 1-18 所示。柱式托盘是由平托盘发展而来的，其特点是在不压货物的情况下可以进行码垛（一般为 4 层），多用于包装物料、棒料、管材等货物的集装。

图 1-17 平托盘

图 1-18 柱式托盘

3．箱式托盘

箱式托盘是指承载面四边有侧板的托盘，如图 1-19 所示。箱式托盘可分为固定式、可卸式和折叠式三种。大多数箱式托盘的下部可叉装，上部可吊装，并可进行堆码。

箱式托盘的特点有：① 防护能力强，可防止塌垛和货损；② 既可装运形状整齐的可稳定堆码的货物，也可装运形状不规则的不能稳定堆码的货物，应用范围广泛。

4．轮式托盘

轮式托盘的基本结构是在柱式托盘或箱式托盘的下部加装小型轮子，如图 1-20 所示。轮式托盘不但具备一般柱式托盘或箱式托盘的优点，还可以利用轮子进行短距离移动，具有很强的适用性。

图 1-19 箱式托盘

图 1-20 轮式托盘

小提示

使用托盘的注意事项如下：

（1）用叉车叉取托盘时，叉齿要保持水平，不应上下倾斜。

（2）叉车上的货叉必须对准托盘上的叉孔并垂直于托盘叉进。

（3）严禁甩扔空盘。

（4）不准用货叉推移或拖拉托盘。

（5）应用叉车将空托盘整齐码放，避免碰撞和日晒雨淋。

（6）若用绳索捆扎货物，捆扎方向应与托盘的边板平行。

（二）货架

常用的货架类型

货架是指由立柱、横梁和隔板等构件组成，专门用于存放单元化货物或成件货物的设备。仓储活动中常用的货架有以下几种。

1. 托盘式货架

托盘式货架是指以托盘为单元保管货物的货架，如图 1-21 所示。托盘式货架沿仓库的宽度方向分成若干排，其间有一条巷道，供堆垛机、叉车或其他搬运机械运行。每排货架沿仓库长度方向分为若干列，在垂直方向上又分为若干层，从而形成大量货格。这种货架中的每一个托盘均可单独存入或移动，主要适用于托盘货物整体出入库或手工拣选货物的场合。

图 1-21　托盘式货架

2. 重力式货架

重力式货架又称流动式货架，是指利用货物自身的重量，使其在储存深度方向上自行运动的货架，如图 1-22 所示。这种货架一端高，另一端低。较高端用来存货，较低端用来取货。货物或托盘存入货架后，会通过滚筒输送装置从高端滑到低端。

3. 悬臂式货架

悬臂式货架是指在立柱的一侧或两侧装设悬臂的货架，如图 1-23 所示。悬臂通常用金属材料制造。悬臂式货架具有结构轻巧、载重能力强的特点，特别适合存储长大散件货物和不规则货物，如钢铁、木材、铝型材等。

图 1-22　重力式货架

图 1-23　悬臂式货架

4. 移动式货架

移动式货架是指底部安装运动滚轮，可在地面轨道上移动的货架，如图 1-24 所示。移动式货架可大幅度减小通道面积，提高仓容利用率，适用于货物品种多、出入库频次较低的仓库；也可用于出入库频次较高，但可按巷道顺序出入库的仓库。目前，移动式货架在办公室存放文档、图书馆存放档案文献、金融部门存放票据、工厂车间及仓库存放工具等方面应用广泛。

5. 阁楼式货架

阁楼式货架是指利用钢架和楼板将空间分隔成多层，并且利用下层货架结构支撑上层楼板的货架，如图 1-25 所示。阁楼式货架是全组合式结构，可以设计成两层或多层，能有效提高仓容利用率。阁楼式货架的上层通常用来存放重量较小的货物，如五金工具、电子器材、机械零配件等。

图 1-24　移动式货架

图 1-25　阁楼式货架

（三）叉车

叉车又称铲车或叉式取货机，是一种用来装卸、搬运和堆码单元货物的车辆，享有“万能装卸机”的美称。叉车是仓储作业中最常用的一种设备，主要由轮胎底盘、能垂直升降和前后倾斜的货叉、门架等部分组成，它能够将货物叉起后进行水平运输，还能将货物提升后进行垂直堆码。

叉车的分类

常用的叉车主要有平衡重式叉车、插腿式叉车、前移式叉车、侧面式叉车、高位拣选式叉车等。

1. 平衡重式叉车

平衡重式叉车是指车体前端装有升降货叉，车体尾部装有用于平衡荷载的平衡重块的叉车，如图 1-26 所示。平衡重式叉车是应用最为广泛的叉车之一。

平衡重式叉车的特点：① 前轮是驱动轮，后轮是转向轮；② 车身尺寸大，需要较大的作业空间；③ 底盘较高且使用橡胶胎或充气胎，因而具有较强的爬坡能力和地面适应能力。

2. 插腿式叉车

插腿式叉车是指车体前方设有带小轮子的支腿，且支腿能与货叉一起伸入货物底部的叉车，如图 1-27 所示。

插腿式叉车的特点：① 车体结构简单，车身尺寸较小，载重量小，车速低，对地面要求高；② 车体重心位于前后车轮所包围的支撑平面内，且支撑面较大，具有较好的稳定性。插腿式叉车适用于狭窄通道内货物的堆垛和搬运。

图 1-26 平衡重式叉车

图 1-27 插腿式叉车

3. 前移式叉车

前移式叉车是指货叉可以前后移动的叉车。前移式叉车可分为门架前移式和叉架前移式两种。门架前移式叉车的货叉随门架一起向前移动，如图 1-28 所示；叉架前移式叉车的门架固定，货叉借助伸缩装置单独前伸，如图 1-29 所示。由于受门架高度的限制，门架前移式叉车只能对前排货垛中的货物进行作业，而叉架前移式叉车的货叉则能越过前排货垛对后排货垛中的货物进行作业。

图 1-28 门架前移式叉车

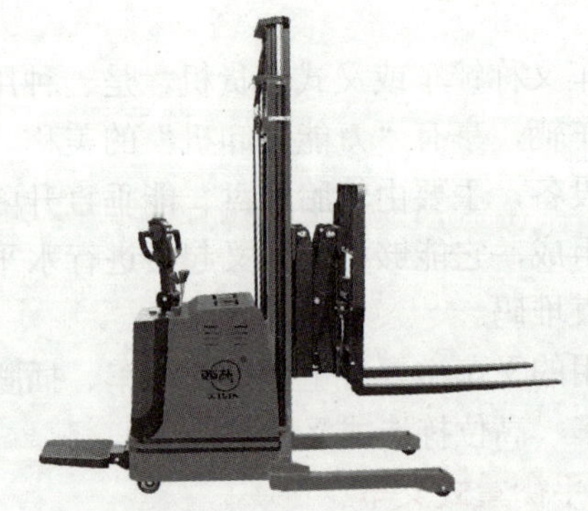
图 1-29 叉架前移式叉车

前移式叉车的特点：① 车身小，重量轻，转弯半径小，机动性好；② 货物重心落在前后车轮的支撑面内，稳定性好；③ 两条前伸的支腿比插腿式叉车的支腿高，作业时不会伸入货物的底部。

4. 侧面式叉车

侧面式叉车是指门架、起升结构和货叉不在车体前方，而位于车体侧面的叉车，如

图 1-30 所示。这种叉车的侧面有一个货物平台，当货叉沿着门架上升到略高于货物平台的高度时，门架沿着导轨缩回，降下货叉，就可以将货物落放在叉车侧面的货物平台上。

侧面式叉车的特点：① 可降低装卸、搬运货物对道路宽度的要求；② 驾驶室内视野开阔，叉车行驶速度快。侧面式叉车主要适用于搬运长条形货物和大件货物。

5. 高位拣选式叉车

高位拣选式叉车是指装有一个能随装卸装置做升降运动的载人操作平台的叉车，如图 1-31 所示。当操作平台运行到某层货架的高度时，操作者可在操作平台上拣选两侧货架上的货物或将货物储存到两侧货架上去。这种叉车广泛应用于制药、电子电器等领域。

高位拣选式叉车的特点：① 反应灵敏，驾驶自如，视野开阔；② 适用于高层货架仓库。

图 1-30 侧面式叉车

图 1-31 高位拣选式叉车

小提示

使用叉车的注意事项如下：

（1）驾驶员必须坚持十慢：起步慢；转弯慢；下坡慢；会车慢；倒车慢；拖车慢；人多交叉路口慢；视线不良慢；雨天路滑慢；过桥慢。

（2）驾驶员必须坚持十不开车：车门没关好不开车；安全设备不良不开车；人没坐稳不开车；货物没装好不开车；叉脚站人不开车；翻斗车厢不落好不开车；接班没有检查不开车；超载、超长、超宽时没有安全措施不开车；没有随身带《特种设备作业人员证》不开车；车架站人不开车。

（3）叉车作业的五不叉：超负载或重量不明不叉；货物重心超过货叉载荷中心不叉；单货叉不叉；货物堆放不稳不叉；进叉可能叉坏货物时不叉。

（4）叉车作业的三个距离：叉车与站台坡边距离 0.5 m 以上；两车同方向行驶保持 5 m 以上距离；行走过程中，货叉升离地面 300～400 mm。

（四）堆垛机

堆垛机又称堆垛起重机，是指专门用于搬运、堆码货物或从高层货架上存取货物的机械。常用的堆垛机主要有桥式堆垛机和巷道堆垛机。

1．桥式堆垛机

桥式堆垛机是指由桥架结构、回转小车、立柱等组成的堆垛机，如图 1-32 所示。桥式堆垛机具有起重机和叉车的双重特点，其桥架结构能沿仓库上方的轨道纵向运行，回转小车可在桥架上横向运行，立柱上的货叉或取货装置可在垂直方向上移动，三者相互配合，可以完成三维空间内的货物存取作业。

桥式堆垛机的主要特点：① 作业高度受立柱高度的限制；② 作业时，要求货物和仓库顶棚之间有一定的空间，以保证桥架结构的正常运行；③ 适合堆码笨重货物和长大散件货物；④ 适用于高度在 12 m 以下、跨度中等的仓库。

2．巷道堆垛机

巷道堆垛机是指在高层货架的窄巷道内来回穿梭运行，将位于巷道口的货物存入货格或将货格内的货物送到巷道口的机械设备，如图 1-33 所示。

巷道堆垛机的特点：① 沿巷道内的轨道运行，作业高度较大；② 作业巷道窄，可节省仓库空间；③ 一般采用半自动或自动控制装置，运行速度较快。

图 1-32　桥式堆垛机

图 1-33　巷道堆垛机

课堂互动

某企业专门经营不规则钢材（长大散件），因业务量增大，现需购买一批货架、叉车和堆垛机。请同学们结合所学知识，分析该企业选购何种货架、叉车和堆垛机更合适。

（五）分拣输送设备

常用的分拣输送设备主要有带式分拣机、翻板式分拣机、悬挂式分拣机、滑块式分拣机等。

1．带式分拣机

带式分拣机是指利用输送带作为承载主体完成分拣工作的机械设备，如图 1-34 所示。按设备形式不同，带式分拣机可分为平带式分拣机和斜带式分拣机两种。带式分拣机是利用重力来卸载货物的，一般有较多分拣滑道。

2．翻板式分拣机

翻板式分拣机是以一系列相互连接并可向左或向右倾翻的板作为承载主体的分拣机。

当货物到达指定的分拣道口时，承载着货物的翻板将根据指令倾翻，使货物落入相应的分拣道口，如图 1-35 所示。

图 1-34　带式分拣机

图 1-35　翻板式分拣机

翻板式分拣机只能直线运行，因此占地面积较大。翻板式分拣机的适用范围很广泛，常用于分拣箱类或袋装类货物。

3．悬挂式分拣机

悬挂式分拣机以牵引链或钢丝绳作为牵引设备，将货物悬挂起来进行输送和分拣，如图 1-36 所示。悬挂式分拣机由主输送线路、吊具和牵引链等部分组成。

图 1-36　悬挂式分拣机

分拣时，货物沿主输送线路到达指定位置后，吊具上的夹钳松开后，货物就可在指定的搬运小车上或分拣道口。这种分拣机可分拣 100 kg 以上的货物，且对货物的包装、形状等要求不高。

4．滑块式分拣机

滑块式分拣机是指用具有独特形状的滑块来改变货物输送方向的分拣机，如图 1-37 所示。滑块式分拣机的输送带由竹席状或链状的金属条板构成，其上设有可左右滑动的导向滑块，滑块下部与导向杆连接。

滑块的运行受计算机控制。输送货物时，导向滑块停在输送带的一侧；分拣货物时，货物到达指定的分拣道口后，导向滑块将根据指令向输送带的另一侧滑动，将货物有序地推入分拣道口。

滑块式分拣机可向左右两侧分拣不同大小、重量和形状的货物，分拣能力大，且分拣轻柔、准确，不易损坏货物。

图 1-37　滑块式分拣机

（六）计量设备

计量设备是用于度量货物数量、重量、体积、规格等量值的器材或仪器。仓库中常用的计量设备主要有电子秤、自动检重秤、地磅和电子计数器。

1. 电子秤

电子秤（见图 1-38）是仓库中最常见的一种计量设备，主要由称重系统（如秤盘、秤体）、传力转换系统（如杠杆传力系统、传感器）和示值系统（如刻度盘、电子显示仪表）三部分组成。

电子秤的特点：① 重量轻，体积小，占地面积小；② 无机械磨损性，稳定可靠，维修方便且寿命长；③ 反应快，精度高，可避免读数误差；④ 可储存称重数据等。

2. 自动检重秤

自动检重秤（见图 1-39）是一种对不连续成件的货物进行自动称重的仪器。当被称货物不在设定的重量范围内时，自动检重秤可自动将该货物从生产流程中剔除。

图 1-38　电子秤

图 1-39　自动检重秤

3. 地磅

地磅是用来测定车辆重量或车内货物重量的一种固定衡器，如图 1-40 所示。地磅的基坑有浅基坑和无基坑两种。浅基坑地磅安装在基坑里，秤台表面与地面相平；无基坑地磅则高出地面安装，不易积水，便于清洁，且费用较便宜。

4．电子计数器

电子计数器是指利用数字电路技术数出给定时间内所通过的脉冲数，并显示计数结果的数字化仪器，如图 1-41 所示。电子计数器按功能不同，可分为通用计数器、频率计数器、计算计数器和微波计数器等。

图 1-40 地磅

图 1-41 电子计数器

任务目标

通过知识竞赛的方式，识别常用的仓储设备。

实施步骤

（1）将全班学生分组，每组 4～6 人。

（2）教师播放如表 1-7 所示的常见仓储设备的图片或视频，各组抢答该设备的名称和特点。答对 1 题加 1 分，答错 1 题扣 1 分，答错的题，别的组可以再次抢答，累计分数最高的小组获胜。

表 1-7 常见的仓储设备

设备种类	设备名称	设备种类	设备名称
货架	托盘式货架	托盘	平托盘
	重力式货架		柱式托盘
	悬臂式货架		箱式托盘
	移动式货架		轮式托盘
	阁楼式货架	分拣输送设备	带式分拣机
叉车	平衡重式叉车		翻板式分拣机
	插腿式叉车		悬挂式分拣机
	前移式叉车		滑块式分拣机
	侧面式叉车	计量设备	电子秤
	高位拣选式叉车		自动检重秤
堆垛机	桥式堆垛机		地磅
	巷道堆垛机		电子计数器

项目自测

1. 单项选择题

（1）在仓储过程中对货物进行妥善的保护和管理，防止因变质、毁损等使货物的使用价值降低或丧失，体现了仓储的（　　）功能。

A. 保管　　B. 整合　　C. 流通加工　　D. 储存

（2）（　　）不属于按保管形态的不同划分的仓库。

A. 通用仓库　　B. 罐式仓库　　C. 特种仓库　　D. 专用仓库

（3）下列选项中，不属于影响仓库选址的经营环境因素的是（　　）。

A. 政策环境背景　　B. 物流费用

C. 服务水平　　D. 国土资源利用

（4）可以进行短距离移动的托盘是（　　）。

A. 平托盘　　B. 箱式托盘　　C. 柱式托盘　　D. 轮式托盘

（5）下列选项中，属于悬臂式货架特点的是（　　）。

A. 受先进先出限制

B. 需配合跨度较窄的设备

C. 适合储存长大散件货物及不规则货物

D. 仓容利用率大

2. 多项选择题

（1）按经营主体不同，仓储可分为（　　）。

A. 自建仓库仓储　　B. 租赁仓库仓储

C. 物流中心仓储　　D. 第三方仓储

（2）按货物处理方式不同，仓储可分为（　　）。

A. 配送仓储　　B. 加工式仓储

C. 保管式仓储　　D. 消费式仓储

（3）下列选项中，属于仓库整体规划布局要求的有（　　）。

A. 有利于货物的储存和保管　　B. 有利于机械作业

C. 提高仓容利用率　　D. 保障作业安全

（4）下列选项中，属于前移式叉车特点的有（　　）。

A. 前方视野开阔　　B. 通过臂杆的移动来对准货位

C. 车身小、重量轻　　D. 前伸的支腿不会伸入货物底部

（5）下列选项中，属于巷道堆垛机特点的有（　　）。

A. 作业高度受立柱高度的限制

B. 沿巷道内的轨道运行，作业高度较大

C. 作业巷道窄，可节省仓库空间

D. 一般采用半自动或自动控制装置，运行速度较快

3. 名词解释题

（1）仓储。

（2）仓库。

（3）堆垛机。

4. 简答题

（1）仓储有哪些功能？

（2）仓库选址的原则有哪些？

（3）列举三种常见的叉车并说出其特点。

5. 综合分析题

某箱包公司的总部位于北京，该公司在全国共有 9 家分公司，每家分公司在其所在城市各有 100 个销售网点，每个销售网点的货物品种约为 20 种。

在原材料、半成品及成品的仓储方面，该公司准备采用自建仓库仓储方式或第三方仓储方式。如果采用自建仓库仓储方式，则需要承担车辆、仓库、办公用房等固定资产的成本及相应的维修费用，此外还需负担相关人员的工资费用，这些费用的年支出额约为 277 万元，约占销售额的 4.62%；如果采用第三方仓储方式，则年支出额约为 200 万元，约占销售额的 3.33%。

请运用所学知识分析该公司选择第三方仓储方式的优势和劣势。

项目二

入库作业

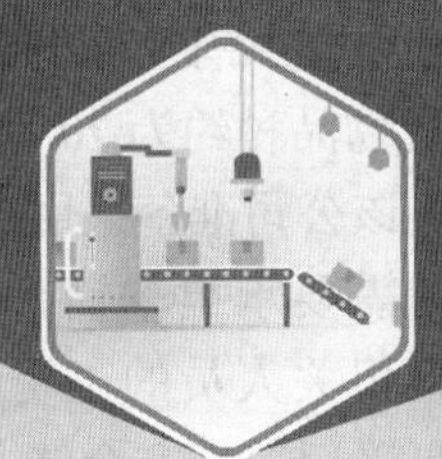

项目引言

入库作业是指仓储部门对即将进入仓库的货物所进行的一系列操作活动，主要包括入库准备、货物接运、入库验收、办理入库手续等作业环节。入库作业的水平直接影响着整个仓储活动的效率与物流企业的效益。对于仓储部门来说，提高入库管理水平十分重要。

知识目标

✓ 了解影响入库作业的因素。
✓ 掌握入库准备工作。
✓ 熟悉几种主要的货物接运方式。
✓ 掌握入库验收的流程及验收中异常情况的处理方法。
✓ 熟悉登账、立卡、建档的相关知识。

素质目标

✓ 通过学习入库准备工作的相关知识，明白“凡事预则立，不预则废”的道理，体会未雨绸缪的重要性。
✓ 通过学习入库验收的流程和验收员的工作要求，培养一丝不苟的工作态度，树立较强的责任心，提高职业道德修养。

任务一 入库准备

任务导入

2019 年 12 月 8 日，JY 物流公司的仓储部门收到一份入库通知单，如图 2-1 所示。主管要求王鹏完成该批货物的入库工作。

入库通知单

JY 物流公司：

我公司委托快捷货运公司将一批食品运送至贵公司储存，请安排接收。食品明细如下：

序号	名称	包装规格	重量/kg	数量/箱	包装
1	香香黑瓜子	595 mm×395 mm×375 mm	21	30	纸箱
2	康师傅方便面	595 mm×325 mm×330 mm	3	20	纸箱
3	诚诚花生仁	395 mm×245 mm×265 mm	30	20	纸箱
4	好娃娃薯片	455 mm×245 mm×200 mm	2	50	纸箱

请在 2019 年 12 月 10 日前完成入库。

联系人：赵先生　　联系电话：139××××1111

龙光超市

2019 年 12 月 8 日

图 2-1 入库通知单

王鹏接到任务后，不禁开始思考：我该做哪些入库准备工作呢？

知识讲解

一、影响入库作业的因素

仓储部门在进行入库作业之前，首先需要考虑影响入库作业的因素，以便合理地配备人力和物力。影响入库作业的因素主要包括以下几种：

（1）供应商及其送货、到货信息，包括供应商的数量、送货车型、送货时间、货物中转运输和接运方式、货物到达时间、每辆车的卸货时间等。其中，送货车型对接货站台的安排和卸货方式的选择会产生影响。

（2）货物的种类、数量、尺寸、重量、包装形态、搬运方式、物理和化学性质、储存方式等。其中，货物的物理和化学性质对接货方式、货位和苫垫材料的选择等会产生较大的影响。

（3）入库作业的组织情况，主要包括仓储设备的种类、数量，以及作业人员的数量、岗位安排、作业流程安排等。

二、入库作业的原则

仓储部门在进行入库作业时应遵循以下原则：

（1）集中作业。尽量将卸货、搬运、分类等环节集中在一个场所完成，以节省空间及人力。

（2）合理安排作业顺序。尽量将货物的流动路线设计成直线，以免出现货物倒装、倒流和交叉现象。

（3）保持畅通。合理安排搬运设备、作业人员和活动路线，保持作业空间畅通。

（4）详细记录。详细记录货物的入库信息，以便管理和查询。

三、入库申请和入库通知单

（一）入库申请

入库申请是存货人向物流企业发出的通知，是物流企业生成入库作业计划的基础和依据。物流企业在接到入库申请后，应对此项业务进行评估，并结合自身情况做出接受申请或拒绝申请的回应。若接受该项业务，则应安排仓储部门编制入库作业计划，并将编制好的入库作业计划传给存货人；若拒绝该项业务，则应向对方说明原因，请求对方谅解。

（二）入库通知单

入库通知单是存货人向物流企业提出入库申请的书面资料，一般以货主或货主委托方为入库任务下达方。物流企业应在货物送达之前，将入库通知单下达给仓库，起预报入库信息的作用。

入库通知单的内容可根据实际情况而定，一般包括订单号、供应商、入库日期、货物编码、货物名称、货物性质、货物件数、货物重量、货物规格及包装材料等。

四、编制入库作业计划

在进行入库作业之前，仓管员应根据入库通知单上的货物情况、仓库情况（如货位使用情况等）、人员和设备情况（如劳动力状况、机械设备条件等），制订合理的入库作业计划及相应的进度计划，然后将具体的计划任务下达给相关部门和人员，以便落实入库作业。

入库作业计划的内容一般包括仓储货物的种类、数量、包装、货主、入库时间、储存要求、出库时间等。

五、入库准备工作

（一）库房准备

入库准备

仓管员应根据货物的品种、性质、数量、储存时间等选择最适宜的库房，并结合货物的堆码要求，进行必要的腾仓、清场、打扫、消毒等工作。此外，为了方便装卸搬运，仓管员还应提前计划车辆在库房周边的停放位置。

（二）货位准备

货位是指仓库内具体存放货物的位置。为了使仓库作业有序、规范，仓管员应为入库货物选择合适的货位。

1. 选择货位的原则

（1）货物特性原则。该原则是指根据货物的尺寸、数量、性质、保管要求等选择货位，主要包括以下内容：① 货位的通风、光照、温度、排水、防风、防雨等条件应满足货物保管的需要；② 货位的尺寸应与货物尺寸相适宜，大、长件货物应能存入所选货位，其周围应有足够的装卸空间，货位的容量与货量接近；③ 选择货位时要考虑相邻货物的情况，防止相邻货物相忌或相互影响；④ 需要经常检查的货物应存放在方便检查的货位，如靠近仓库入口的货位。

（2）先进先出原则。该原则是指先入库的货物应先安排分拣配送，以免货物因超期储存而变质。

（3）重近轻远原则。重货的货位应靠近装卸作业区，以减少搬运作业量或方便直接使用搬运设备进行作业。此外，重货应放在货架或货垛的下层，轻货则放于上层，以免下层货物被压坏或发生货垛倒塌事故。

（4）周转率高低性原则。仓管员应根据货物在仓库内存放的平均时间确定货物周转率，存放的平均时间越长，周转率越低。周转率较高的货物应存放在靠近出入口的货位，方便出入；周转率较低的货物可存放在离出入口较远的货位。

2. 分配货位的方法

分配货位的方法主要有定位储放、随机储放、分类储放、分类随机储放、共同储放等，具体如表 2-1 所示。

表 2-1 分配货位的方法

分配方法	具体内容
定位储放	每一项货物都有固定的货位，货物在储存时不可串位。使用这一方法时，每一项货物的货位容量必须大于其可能的最大库存量
随机储放	货物的储存位置是随机指定且可以经常改变的，即货物可以被存放在任何可利用的货位。采用这种方法时，仓管员一般按习惯来存放货物，即按入库时间的先后依次将货物存放在靠近入口的货位
分类储放	将所有货物按照一定标准加以分类，每类货物都有固定的货位；而对同属一类的不同货物，又按一定的规则来分配货位
分类随机储放	每一类货物都有固定的货位，但在各类货物的储存区内，每个货位的分配是随机的
共同储放	不同货物可共用相同的货位。这种方法在管理上较复杂，但可节省储存空间和搬运时间

（三）设备准备

在入库作业过程中，仓管员应根据作业性质、作业场合、作业量、搬运距离、货物品种和性质等因素配置和准备相应的装卸搬运设备。

（四）人员准备

仓储部门应按照货物的数量及其到达时间、到达地点、搬运量、检验要求和堆码要求等，安排作业过程中所需要的接货人员、装卸搬运人员、设备操作人员、验收人员、制单员等。

（五）单证准备

仓管员应提前准备并妥善保管入库所需的各种报表、单证、记录簿等，如入库单（见图 2-2）、入库验收记录表、货卡、残损单等，以备使用。

入库单

采购合同号：　　　　　　　　件数：　　　　　　　　入库时间：

货物名称	品质	型号	编码	数量			进货单价	金额/元	结算方式	
				进货量	实点量	量差			合同	现款

图 2-2　入库单

（六）苫垫准备

仓管员应根据货物的性质及其储存要求，准备相应的苫盖材料和垫垛材料。其中，苫盖材料主要有苫布、塑料布、油毡、席子、帆布、铁皮等，如图 2-3 所示；垫垛材料主要有枕木、方木、石条、货板架、木板、水泥墩、防潮纸（布）及各种塑料垫板等，如图 2-4 所示。

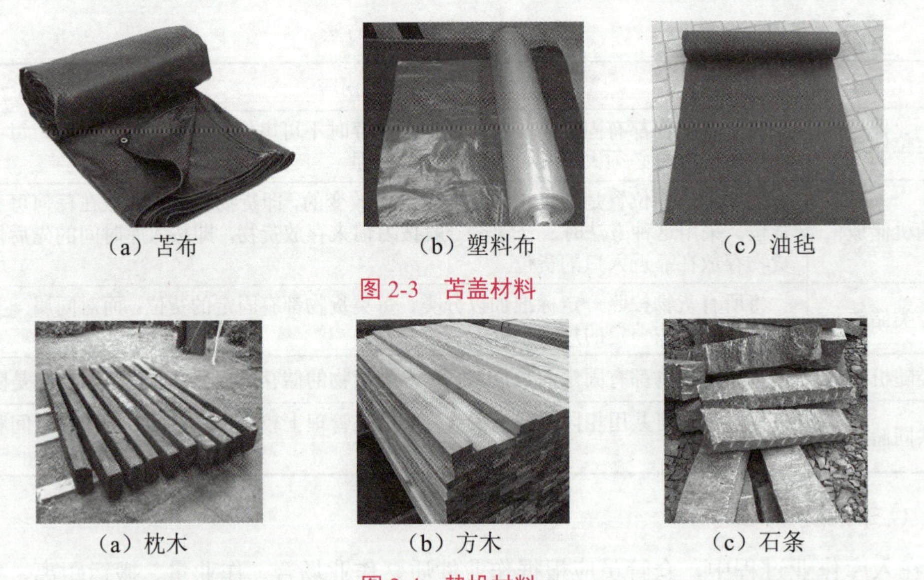

（a）苫布　（b）塑料布　（c）油毡

图 2-3　苫盖材料

（a）枕木　（b）方木　（c）石条

图 2-4　垫垛材料

“凡事预则立，不预则废。”这启示我们，在行动前要做好准备，这样才能取得成功。那么，在进行入库作业前，做好准备工作具有哪些作用？在现实生活中，做好就业准备对学生来说又具有哪些作用？

任务实施

任务描述

2020年5月21日，安泰物流公司的仓储部门收到入库通知单（见图2-5），现需完成入库作业计划的制订和入库准备工作。

入库通知单

安泰物流公司：

我公司现有一批货物委托昌盛货运公司运送至贵公司储存，储存期为三个月，请安排接收。货物具体情况如下：

货物名称	包装规格	重量/kg	数量/箱	包装	备注
娃哈哈矿泉水	295 mm×245 mm×240 mm	12	40	纸箱	限高5层
怡宝纯净水	295 mm×245 mm×240 mm	12	50	纸箱	限高5层
海天蚝油	330 mm×235 mm×180 mm	15	30	纸箱	限高5层
飘柔洗发水	395 mm×245 mm×275 mm	16	20	纸箱	限高4层

请在2020年5月25日前完成入库。

联系人：李小伟　　　　联系电话：185××××1111

人人乐有限公司

2020年5月21日

图2-5　入库通知单

实施步骤

（1）将全班学生分成若干小组，每组2～3人。

（2）以小组为单位，根据入库通知单中的信息，以仓管员的身份编制入库作业计划。

（3）仓库设备清单如表2-2所示。请在本次入库作业所需要的设备后打“√”，不需要的设备后打“×”，并说明理由。

（4）每组派一名代表以PPT的形式展示本组的入库作业计划，并根据入库通知单中的信息和入库作业计划，谈一谈为了顺利完成入库作业，还需要做哪些准备工作。

表 2-2 仓库设备清单

设备名称	是否需要	设备名称	是否需要	设备名称	是否需要
重力式货架		条码打印机		悬臂式货架	
平衡重式叉车		插腿式叉车		侧面式叉车	
高位拣选式叉车		平托盘		卷尺	
电子秤		开箱安全刀		地磅	

任务二 货物接运与验收交接

任务导入

2019 年 12 月 9 日下午，快捷货运公司将龙光超市的一批副食品送到了 JY 物流公司的仓库，送货单如图 2-6 所示。

送货单

送货单号：201912091069

客户名称：龙光超市　　送货日期：2019 年 12 月 9 日

序号	货物名称	包装规格	重量/kg	数量/箱	包装
1	香香黑瓜子	595 mm×395 mm×375 mm	21	30	纸箱
2	康师傅方便面	595 mm×325 mm×330 mm	3	20	纸箱
3	诚诚花生仁	395 mm×245 mm×265 mm	30	20	纸箱
4	好娃娃薯片	455 mm×245 mm×200 mm	2	50	纸箱

送货人签字：　　收货人签字：

图 2-6 送货单

王鹏作为这批货物的验收员，需要完成货物入库前的验收作业并办理入库手续。在接到任务后，王鹏不禁开始思考：应为货物验收做哪些准备工作？验收的方式和内容有哪些？货物入库手续该如何办理？

知识讲解

一、接运货物

接运货物

接运货物的主要任务是及时、准确地将货物提取入库，并保证手续清楚、责任分明。接运货物的方式主要有库内接货、铁路专用

线接运、到承运单位接货和自提货四种。

（一）库内接货

库内接货是指送货人直接将货物运送到仓库，由仓管员或验收员直接与送货人办理交接手续。

库内接货时，仓管员或验收员凭订货合同当面验收货物单证，查看货物的外观质量，并做好记录，然后交由送货人签字确认，以明确责任。若无法当面完成全部验收项目，则需在送货单回执联内注明具体内容。

（二）铁路专用线接运

铁路专用线是指与铁路运营网相衔接的为特定企业或仓库服务的铁路线。铁路专用线接运即特定企业在本企业的专用线上接货。一般情况下，大批整车货物接运采用此方式。

仓储部门采用这种方式接运货物时，应做好以下工作。

1. 做好卸货准备

仓库接到铁路专用线的到货通知后，应立即确定卸货位置，并准备好卸货所需的人员和机械设备。待货物到达后，立即派人接车引位。

2. 检查车辆和货物

卸货前，仓库接货人员应根据运单和相关业务凭证，对车辆和货物状况进行检查。检查的具体内容如下：

（1）核对车号。

（2）检查车体是否封闭得严实、完好，查看车门、车窗有无异样。

（3）检查货物封条有无脱落、破损，印纹有无不清、不符等，检查货物名称、数量与运单上填写的名称、数量是否相符。

（4）检查货物外包装，查看货物是否有受潮、进水、污损或其他受损现象。

若发现异常情况，应请铁路部门派人复查，并做出与实际相符的书面记录。

3. 卸货

仓库接货人员应遵循安全、迅速、准确、方便的原则，在规定时间内完成卸货作业，并做好卸货记录。卸货过程中，仓库接货人员应注意以下要点：

（1）按照车号、货物名称及其规格码放货物，并标明车号和卸货日期，以便清点。

（2）按照货物外包装上的指示标志（如“轻放”“方向朝上”等）卸货，以免损坏货物。

（3）做好临时的苫盖和垫垛工作，以防货物受潮、受污或受损。

（4）卸货后的货垛之间应留有通道，且货垛与铁路专用线外侧应保持 1.5 m 以上的距离。

（5）对于名称不符、包装破损、受潮或损坏的货物，应另外堆放并做好记录，然后会同铁路部门检查确认。

4. 办好内部交接手续

仓库接货人员编制卸车记录，记明所卸货物的规格和数量，连同有关证件和资料，尽快向仓管员交代清楚，办好内部交接手续。

（三）到承运单位接货

到承运单位接货是指送货人将货物运送到承运单位货运点（如车站、码头、机场、邮局等），由仓库接货人员到承运单位提货。

采用这种方式接货时，仓储部门应做好以下工作：

（1）安排人员和设备。仓储部门应根据货物情况，准备接运货物所需的人员、设备和工具。接货人员应熟悉所接货物的相关信息，如名称、型号、规格、数量、外包装尺寸、性质等，并了解相关的保管知识和装卸、搬运注意事项，携带领货凭证或提货证明前去承运单位接货。

（2）验货。到承运单位接货时，接货人员应根据运单及相关资料，认真核对货物的名称、规格、数量、收货单位等信息，并仔细检查货物的外观，如货物包装是否完好，货物有无受潮、污损、锈蚀等异常情况。若有疑点或发现货物与运单记载的信息不符，接货人员应立即会同承运单位负责人共同检查确认，并记录实际情况，交由承运单位签字确认。对于货物短缺或损坏的情况，接货人员应代表仓储部门追究承运单位的责任，并做好记录。

（3）装载并运回货物。验货后，就可将货物装车并运回仓库。装载货物时，应防止货物混号、碰损或丢失；搬运货物时，对于腐蚀性货物，易燃、易碎货物和放射性货物，应严格按照相关规定处理。

（4）办理内部交接手续。货物到达仓库后，接货人员应及时对货物逐一进行清点并交给仓管员，然后将运单、接货记录等相关资料向仓管员交代清楚，与仓管员办理好交接手续，再由双方签字确认。

（四）自提货

自提货是指仓库接货人员直接到供应商指定的地点提货，它往往和入库验收同时进行。

到供应商指定的地点提货前，接货人员应熟悉所接货物，准备提货所需的设备和工具。接货时，接货人员应当场点清货物数量，查看货物外观质量并做好验收记录，然后交供货商签字确认。货物被运回仓库后，接货人员应将货物和提货验收记录交给仓管员，仓管员做好接收记录，并由双方签字确认。

无论采用哪种方式接运货物，接货人员都应在完成接运工作的同时，详细地填写接运记录单（见图 2-7）。

接运记录单																		
序号	到达记录									接运记录					交接记录			
	通知到达时间	运输方式	发货站	发货人	运单号	车号	货物名称	件数	重量	日期	件数	重量	缺损情况	接货人员	日期	提货单编码	附件	接货人
1																		
2																		
3																		

图 2-7　接运记录单

课堂互动

以上四种接运方式各有何优缺点？请谈谈你的看法。

二、入库验收

入库验收是指按照合同要求或货物入库凭证，对货物的品质、数量、包装等进行检验后入库的行为。入库验收的具体流程如下。

入库验收

（一）验收准备

仓库接到提货通知后，应根据货物性质和数量提前做好验收准备。验收准备的主要内容包括明确验收要求、准备验收器具、安排验收场地和验收人员。

（1）明确验收要求。验收人员应熟悉相关验收凭证和验收资料，如验收技术标准、订货合同等，明确验收货物的要求。

（2）准备验收器具。验收人员应准备好用于验收货物的各种器具，如计量器、计数器、检测仪器等。

（3）安排验收场地。仓管员应根据货物的数量、体积、包装等情况，安排足够的场地，以备验货。

（4）安排验收人员。仓管员应根据货物验收要求、货物数量及设备操作需要，合理安排相应的作业人员。

（二）核对凭证

货物抵达仓库后，仓库验收人员首先应全面核对各种凭证及相关说明，主要包括以下几种：① 入库通知单、订货合同副本、协议书等；② 发货人提供的材质证明书、装箱单、磅码单、发货明细表等；③ 承运单位提供的运单（入库前有残损情况的，还需要承运单位提供货运记录）。

小提示

磅码单是指用来记录每件货物毛重、净重的清单。

只有当入库凭证、订货合同与供应商提供的所有凭证相符时，才可进入下一环节的验收。验收人员核对凭证时，若发现货物凭证不齐或不符合实情，应及时与供应商、承运单位及有关部门联系，共同处理出现的问题。

（三）初步验收

初步验收是指仓管员对货物的数量和外包装所进行的检验。货物数量检验，即检验货物大件包装（运输包装）的数量是否与单证记载的数量相符。货物外包装检验，即检查货物外包装是否出现破损、浸湿、油污、渗漏、变形等异常情况，并做好相应记录。

（四）实物验收

实物验收是指仓库质量监控部门按照验收作业流程，对入库货物进行数量、质量、重量等方面的检验。

1．实物验收的方式

实物验收的方式主要有全数检验和抽样检验两种。其中，全数检验是指对批量小、规格复杂、包装不整齐的货物进行逐件检验。这种验收方式需要消耗较多的人力、物力和时间，但可以保证验收质量。抽样检验是指从一批同规格、同包装的货物中随机抽取部分货物进行检验。这种验收方式可以节约人力，减少因拆包开箱对货物质量产生的影响，有利于提高货物的入库效率。

若采取抽样检验的方式验收货物，则在确定验收比例时，应考虑诸多因素，如表 2-3 所示。

表 2-3　确定验收比例时应考虑的因素

考虑因素	内　容
货物的性质	对于易变质、易混杂不良品、易碎、易挥发的货物，抽验比例应大一些；反之则小一些
货物的价值	货物的价值越高，其抽验比例应越大，价值特别高的货物应全验。一般情况下，价值较低、数量较多的货物，其抽验比例小
运输方式和工具	若采用的运输方式或使用的运输工具容易影响货物的质量或数量，则抽验比例应大一些；反之则小一些
气候条件	对于怕热、易熔的货物，在夏季应增大抽验比例；对于怕潮、易溶的货物，在雨季或潮湿地区，应增大抽验比例；对于怕冻的货物，在冬季应增大抽验比例
货物储存时间	对于储存时间长的货物，抽验比例应大一些；反之则小一些
厂商信誉和生产技术	对于信誉好、生产技术和工艺水平高的厂商的货物，抽验比例可适当减小；反之则增大

2．实物验收的内容

实物验收的内容主要包括货物数量验收和质量验收。

（1）数量验收。数量验收是指仓库质量监控部门对货物的毛重、净重、件数、体积等进行的检验。数量验收的方法主要有计件法、抽检法、检斤法和检尺求积法等，如表 2-4 所示。

表 2-4 数量验收的方法

方 法	具体内容	适用范围
计件法	将全部货物开箱点件	散装和非定量包装的货物
抽检法	按一定的抽验比例将部分货物开箱点件	批量大和定量包装的货物
检斤法	对货物进行称重验收，以确定其毛重和净重。对于所有检斤的货物，都应填写磅码单	按重量供货或以重量为计量单位的货物
检尺求积法	对货物先检尺后求体积，然后计算出货物的数量	以体积为计量单位的货物

值得注意的是，在进行数量验收时，必须采用与供应商相同的计数方法，并在验收记录中说明。出库时，也应采用同样的计数方法，以免出现误差。

活学活用

下列货物中，适合用检尺求积法进行数量检验的有哪些？

木材 铁矿 粮食 海绵 机械设备

（2）质量验收。质量验收是指仓库质量监控部门对货物的品种、规格、外观、成分等进行的检验，具体分为外观质量验收和内在质量验收。质量验收的方法主要包括感官检验法和仪器检验法两种，具体如表 2-5 所示。

表 2-5 两种质量验收方法的具体内容和特点

方 法		具体内容	特 点
感官检验法	视觉检验	观察货物的外观质量、状态、颜色、结构等有无异常，检查货物的商标和标志是否完整、清晰	简便易行，不需要任何设备或只需简单工具即可操作；但是检验效果有一定的局限性，很难精确地测定出货物质量的相关数据。对货物外在质量的检验，通常采用这种方法
	听觉检验	摇动、轻轻敲击货物，细听货物发出的声音	
	味觉或嗅觉检验	用舌头或鼻子鉴别货物有无串味或变质现象	
	触觉检验	触摸货物，感受货物的细度、光滑度、黏稠度、柔软程度等	
仪器检验法		利用各种仪器、设备对货物的规格、成分、技术标准等进行物理、化学和生物分析	检验准确率高，但仪器设备较昂贵，且检验方法专业，因而操作难度较大。对货物内在质量的检验，通常采用这种方法

活学活用

请将以下验收内容与合适的验收方法进行连线：

验收内容	验收方法
检查布匹、丝绸是否受潮	听觉检验
检查牛奶是否变质	仪器检验
检查玻璃器皿有无破损	触觉检验
检查货物的含水量	视觉检验
检查金属制品的氧化情况	味觉、嗅觉检验

（五）填写入库验收记录表

货物验收完毕后，由验收人员根据实际情况填写入库验收记录表（见图 2-8）。货物入库验收记录表是退货、换货和索赔的依据，所以必须及时、准确地填写。

入库验收记录表

供应商		采购订单号		入库单号	
运单号		合同号		车号	
发货日期		到货日期		验收日期	

序号	货物名称	货物编码	规格型号	计量单位	应收数量	实际数量	差额
1							
2							
3							
4							

单位负责人：　　　　复核人：　　　　验收人：

图 2-8　入库验收记录表

修身慎行

验收员的工作要求

验收员的主要工作要求如下：

（1）对公司忠诚、负责，保障公司利益，不得泄露公司货物的价格、销量、来源等商业机密。

（2）严格遵守货物验收流程，严把货物质量关和数量关，不能出现多验、少验、漏验、重验、混验等问题。

（3）对所有货物都要严格按照正常的验收流程检验，严禁收入存在破损、变质等质量问题的货物。

（4）接待供应商时要热情主动、坚持原则，不能做出有损公司利益的行为。

（5）将各种单据填写清楚并及时交给相关人员，不得无故压单。

（6）坚守工作岗位，做到“货到人在”，以免影响正常的入库作业流程。

三、验收中异常情况的处理

货物验收过程中可能会出现许多问题，仓储部门应根据不同情况及时处理，并填写问题处理单。现介绍几种常见的问题及其处理办法。

（一）凭证不齐

仓储部门在验收货物时，若发现货物凭证不齐，应及时向供应商索取，同时将该批货物作为待检货物堆放到待检区，待凭证到库后再进行验收。在凭证未到齐之前，不能验收和入库，更不能发料。

（二）数量不符

数量不符问题包括数量短缺和数量多余两种情况，具体处理办法如下：

（1）若货物数量短缺在磅差允许的范围内，则可按原数入账。

（2）若货物数量短缺超出了磅差允许的范围，则应做好验收记录，填写磅码单并交主管部门，由主管部门同供应商交涉处理。

（3）若货物数量多于原发料量，则由主管部门向供应商退回多余货物或补付相应货款。

（三）质量不符

仓储部门验收货物时，若发现货物质量不符合标准，则应及时填写退货单（见图 2-9），向供应商办理退货或换货手续，或者在征得供应商同意后，在不影响使用的前提下以低价收货。

退货单

厂商：　　　　　　　　　　年　月　日　　　　　　　　编码：

货物条码	名称	规格	数量	备注	签章
退货理由					

主管：　　　　　　　　　　　　　　　　　　填表人：

图 2-9　退货单

小提示

一般情况下，造成入库货物产生质量问题的原因主要有以下几种：

（1）在生产或流通过程中，由于长期存放或保管不善造成的质量问题。这种问题的责任在供应商。遇到这种情况时，接货人员应及时与供应商联系，做出退货或换货的决定。

（2）在承运过程中，由污染、水渍等导致货物变质。出现这种情况的责任在承运方，接货人员应在签收货物时索要承运方的记录，交货主处理。

（3）在提运过程中，由货物混放、受雨淋等造成货物变质甚至报废。出现这种情况的责任在接货人员。接货人员在签收时，应注明货物变质的原因、数量及程度等，报仓储部门主管处理。此种情况较少出现。

（四）部分货物残损

仓储部门验收货物时，如果发现部分货物残损，应分情况处理：

（1）若货物残损情况在货运记录范围内，则可按实际验收情况填写验收记录。

（2）若货物残损情况在货运记录范围之外或无货运记录，则应查明原因，做好验收记录并交主管部门，由主管部门同供应商交涉处理。

（五）未按时到货

仓储部门验收货物时，若发现货物凭证已到，但货物未在规定的时间内到库，则应及时通知供应商查询货物情况。

（六）价格不符

仓储部门验收货物时，若发现货物总金额计算错误，则应通知供应商及时更改，同时按照合同规定的价格承付货款。

课堂互动

请判断下列入库验收方式是否正确。如果错误，请说出正确的处理方式。

（1）一批木材到库，仓管员没有收到入库通知单就将该批木材安置在待检区。

（2）20 箱鸡蛋到库，仓管员在进行质量检查时，发现变质的鸡蛋占了一半，便将鸡蛋放在待处理区，然后与供应商交涉解决。

（3）100 台惠普笔记本电脑到库，仓管员在验收时发现型号出错，到库的是比入库通知单上所标明的型号更新且价格更高的电脑，仓管员将其验收入库。

（4）1 000 双优质皮鞋未在约定的时间到库，仓管员打电话向供应商询问原因并催促。

四、办理入库手续

货物一经入库，仓管员就应立即办理入库手续。货物入库手续主要包括登账、立卡、建档等。

（一）登账

登账是指建立能够动态反映货物进、出、存等详细情况的保管明细账。

办理入库手续

1. 登账的内容

登账的内容主要包括货物入库日期、凭证编码、名称、规格、数量（包括累计数和结存数）、存货人、提货人、接货经办人、批次、金额、货位号等。

2. 货物明细账的种类

货物明细账是反映仓储货物进、出、存动态的账目。按照货物是否有追溯性要求，货物明细账可分为普通实物明细账和库存明细账两种。仓管员应根据货物的保管要求，选择适当的明细账来记录货物的库存情况。

（1）普通实物明细账。对于只需要反映库存动态的货物，由于不涉及货物的批次、来源及去向等，可直接采用普通实物明细账（见表 2-6）登记。物流企业的库存物料，生产企业的工具、备品备件，流通企业进入流通环节的货物等，都可采用普通实物明细账登记。

表 2-6 普通实物明细账

货物名称： 货物编码： 计量单位： 最低/最高库存量： 存放地点：

年		凭证		摘要	收入	发出	结存
月	日	种类	号码				

（2）库存明细账。对有区分批次和有追溯性要求的货物，由于需要随批记录货物的批次、来源及去向等信息，因此应当采用库存明细账（见表 2-7）登记。例如，生产企业所需的原材料、零部件，流通企业采购的各类货物等，都可采用库存明细账登记。

表 2-7 库存明细账

货物名称：　　　　货物编码：　　　　规格：　　　　计量单位：　　　　库区：

年		凭证		摘要	收入		发出		结存		其中（A）			其中（B）			其中（C）		
月	日	种类	号数		批号	数量	批号	数量	批号	数量	批号	数量	库存	批号	数量	库存	批号	数量	库存

3. 登账的要求

（1）实事求是，各项记录都要切实、准确、及时。

（2）依据正式、合法且准确的凭证登账，如货物入库单、出库单、领料单等。

（3）掌握正确的记录方法。应按时间顺序连续、完整地填写各项记录，不能隔行、跳页，并且要将账页依次编码。

（4）采用恰当的书写方式。应使用蓝、黑墨水笔书写，字迹要工整、清晰，数字最好只占空格的2/3，以便修改。

课堂互动

登账时如果出现错误该怎么办？请讨论并提出解决办法。

（二）立卡

“卡”即货卡，又称料卡、料签或货物验收明细卡，它是直接反映该批货物的名称、型号、规格、数量、单位及进出动态等信息的保管卡，由负责该货物的仓管员填制。立卡即将货卡插放在货架支架上或挂在货垛正面的明显位置。

1. 货卡的内容

货卡上应包括以下内容：

（1）货物的状态，如待检、待处理、不合格、合格等。

（2）货物的名称、规格、供应商名称和批次等。

（3）货物的入库、出库与库存动态等信息。

小提示

货卡上的内容不是一成不变的，仓管员可以根据仓储业务的具体情况对货卡内容做出适当的调整。例如，对于设置了待检区、待处理区、合格产品区和不合格产品区的仓库，在设置货卡时，可以省略货物的状态；为了便于对货物库存量进行控制和管理，可以在货卡上增加货物的估计用量、安全库存量等信息。

2. 货卡的分类

货卡按其作用可分为货物状态卡和货物保管卡两种。

（1）货物状态卡。货物状态卡是用于标明货物所处业务状态或阶段的标识卡，仓管员可根据货物的状态分别设置各种状态标识，如图 2-10 所示。

待 检

供应商：________

货物名称：________

进货日期/批号/生产日期：

____

标记日期：__年__月__日

标记人：________

备注：________

待 处 理

供应商：________

货物名称：________

进货日期/批号/生产日期：

____

标记日期：__年__月__日

标记人：________

备注：________

合 格

供应商：________

货物名称：________

进货日期/批号/生产日期：

____

标记日期：__年__月__日

标记人：________

备注：________

图 2-10 货物状态卡

（2）货物保管卡。货物保管卡包括标识卡、存储卡等。其中，标识卡是用于标明货物的名称、规格、状态及供应商名称等信息的货卡，如图 2-11 所示。存储卡是用于标明货物入库、出库与库存动态的货卡，如图 2-12 所示。

标识卡

货物名称：	货物编码：
货物型号：	货物规格：
货物状态：□成品 □半成品 □待检 □待处理 □不合格 □合格	
供应商：	库存量：
安全库存量：	仓管员：

图 2-11 标识卡

<table>
<tr><th colspan="7">存储卡</th></tr>
<tr><td rowspan="4">存放位置</td><td>库</td><td>货物名称</td><td></td><td>类别</td><td colspan="2"></td></tr>
<tr><td>架</td><td>货物规格</td><td></td><td>单位</td><td colspan="2"></td></tr>
<tr><td>层</td><td>供应商</td><td></td><td>单价</td><td colspan="2"></td></tr>
<tr><td>位</td><td>出厂日期</td><td></td><td>入库日期</td><td colspan="2"></td></tr>
<tr><td>日期</td><td>单证号</td><td>摘要</td><td>收入数量</td><td>发出数量</td><td>结存数量</td><td>备注</td></tr>
<tr><td></td><td></td><td></td><td></td><td></td><td></td><td></td></tr>
<tr><td></td><td></td><td></td><td></td><td></td><td></td><td></td></tr>
<tr><td></td><td></td><td></td><td></td><td></td><td></td><td></td></tr>
</table>

图 2-12　存储卡

课堂互动

近期，某物流仓库所储存的太太乐鸡精的出入库数据如下：

（1）5 月 5 日入库 150 箱。

（2）5 月 7 日入库 400 箱。

（3）5 月 15 日出库 200 箱。

（4）5 月 20 日出库 300 箱。

（5）6 月 2 日入库 100 箱。

（6）6 月 8 日出库 300 箱。

（7）6 月 12 日出库 200 箱。

（8）6 月 15 日入库 400 箱。

请根据上述信息，设计并填写存储卡。

（三）建档

建档是指整理和核对入库作业过程中的货物凭证和有关资料，并建立货物档案的过程。建档有利于日后查阅和管理。

建档时应遵循“一物一档、编码统一、妥善保管”的原则，并根据货物的实际情况确定货物档案的保存期限。货物档案的主要内容如表 2-8 所示。

表 2-8　货物档案的主要内容

资料种类	主要内容
货物出厂资料	主要包括货物的技术资料、合格证、质量标准、装箱单、送货单、发货清单等
货物运输资料	主要包括运单、货运记录、残损记录、接运记录等
货物入库资料	主要包括货物入库通知单、验收记录、磅码单、技术检验报告等

（续表）

资料种类	主要内容
货物保管资料	主要包括货物的保养记录及储存期间的温度、湿度、特殊天气记录等
相关回收资料	主要包括回收的仓单、货卡、仓储合同、存货计划、收费存根等

任务实施

任务背景

JY 物流公司的仓储部门于 2019 年 12 月 12 日收到 MG 有限公司的入库通知单，其中登记的货物包括 800 台 42 寸彩色电视机、300 台 242 升电冰箱、500 箱饼干、1 000 箱方便面、600 箱矿泉水、500 袋洗衣粉等。预计这批货物将于 2019 年 12 月 14 日入库，储存时间为三个月。

实施步骤

（1）将全班学生分成若干小组，每组 5 人。其中，供应商代表 1 人、承运单位代表 1 人、仓管员 1 人、制单员 1 人、验收员 1 人。

（2）根据入库货物的特点，制订合理的入库作业流程。

（3）以小组为单位，完成该批货物入库的整个过程，包括入库准备、货物接运、入库验收、办理入库手续等作业环节。

项目自测

1. 单项选择题

（1）为货物选择货位的原则不包括（　　）。

A. 货物特性原则　　B. 先进后出原则

C. 重近轻远原则　　D. 周转率高低性原则

（2）（　　）是指每一项货物都有固定的货位，货物在储存时不可串位。

A. 定位储放　　B. 随机储放

C. 分类储放　　D. 共同储放

（3）自提货是指仓库接货人员直接到（　　）提货。

A. 供应商指定的地点　　B. 车站

C. 客户单位　　D. 仓库

（4）对货物进行称重验收，以确定其毛重和净重的方法是（　　）。

A. 计件法　　B. 抽检法　　C. 检斤法　　D. 检尺求积法

（5）要检验某药物是否沉淀，最适宜的方法是（　　）。

A. 听觉检验　　B. 嗅觉检验

C. 视觉检验　　D. 触觉检验

（6）（　　）又称料卡、料签或货物验收明细卡，它是直接反映该批货物的名称、型号、规格、数量、单位及进出动态等信息的保管卡。

A．标签　　B．账目　　C．档案　　D．货卡

2．多项选择题

（1）入库作业计划的内容包括（　　）。

A．货物种类　　B．货物数量　　C．入库时间　　D．出库时间

（2）进行入库验收作业时，需要核对的凭证包括（　　）。

A．入库通知单　　B．装箱单　　C．磅码单　　D．运单

（3）货物保管卡包括（　　）。

A．状态卡　　B．标识卡　　C．存储卡　　D．明细卡

（4）建档的要求包括（　　）。

A．一物一档　　B．一物多档　　C．编码统一　　D．妥善保管

3．名词解释题

（1）库内接货。

（2）检尺求积法。

（3）立卡。

4．简答题

（1）货物入库前应做好哪些准备工作？

（2）接运货物的方式有哪几种？

（3）简述货物入库登账的要求。

5．综合分析题

A 公司是一家汽车维修公司，2020 年 8 月，该公司从广州 B 公司订购了 50 箱 PVA 擦车毛巾（100 条/箱，5 元/条）和 30 箱喷头式百洁液（20 瓶/箱，3 元/瓶）。B 公司委托 C 物流公司托运这批货物到 C 物流公司的货运营业点，由 A 公司自行去营业点提货。A 公司接货员小李接到 C 物流公司的到货通知后，前去提货验收时发现以下问题：

（1）有 2 箱 PVA 擦车毛巾外箱破损，其中一箱的外包装已经破裂并露出毛巾。小李点查后，发现此箱毛巾少了 8 条。经查明，是因外包装受压破裂后，毛巾从裂口丢失。

（2）有 3 箱喷头式百洁液因不堪货物重压，瓶盖被压坏且瓶内百洁液挥发了。

小李根据实际情况填写了接运记录表，并请 C 物流公司负责人签字证明，然后提货返回。在货物入库开箱验收时，验收员发现有 100 条毛巾存在质量问题。

请回答以下问题：

（1）A 公司采用的是哪种接运方式？

（2）接货员小李在办理 PVA 擦车毛巾的接运手续时，还需要注意哪些问题？

（3）对于入库验收时发现的存在质量问题的 100 条毛巾，该如何处理？

项目三

在库作业

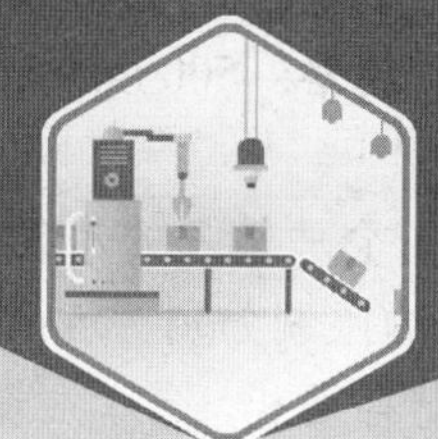

项目引言

货物经过验收入库后，便进入在库作业阶段。在库作业主要是对货物进行合理的保管和养护。科学、有效的在库作业不仅能保持货物原有的价值，还能保证后续作业畅通。

知识目标

✓ 熟悉货物堆码和苫垫的相关知识。
✓ 熟悉货物编码和货位编码的方法。
✓ 掌握货物盘点的基本流程。
✓ 了解影响货物质量变化的因素。
✓ 了解货物保管的常规工作，掌握货物的养护知识。

素质目标

✓ 养成细致耐心、认真负责的工作态度，培育精益求精的工匠精神，走技能成才、技能报国之路。
✓ 认识科技创新对绿色发展的助力和支撑作用，强化科技创新意识，践行绿色发展理念。

任务一 堆码与苫垫

任务导入

2020 年 3 月 8 日，JY 物流公司的仓储部门收到冰峰公司发来的入库通知单，预计货物将于 3 月 10 日上午 10 点送达。货物明细如下：

货物名称：冰峰汽水　　数量：4 000 箱

包装材料：塑料周转箱　　规格：500 ml×24 罐/箱

重量：8.69 kg/箱

已知货物本身允许叠堆的高度为 16 层，仓库地坪的承载能力为 3 t/m²，仓库的可用高度为 5.2 m，货垛在长度和宽度方向上的限制分别为 5 m 和 2.5 m。

现需要确定存放这批货物需要的最小储存面积，仓库主管把这个任务交给王鹏来完成。你认为王鹏该怎么做？

知识讲解

一、货物堆码

堆码是指根据货物的性质、形状、规格、重量、包装等情况，在综合考虑地面负荷量和储存时间的基础上，将货物堆放成各种垛形的作业过程。

（一）堆码的基本要求

1. 对堆码场地的基本要求

堆码场地主要包括库房、货棚和货场。对堆码场地的基本要求如表 3-1 所示。

表 3-1 对堆码场地的基本要求

堆码场地	基本要求
库房	① 地面平坦、坚固、耐摩擦 ② 货垛应在墙基线和柱基线以外 ③ 垛底需适当垫高
货棚	① 地面平整、结实 ② 有良好的排水设施 ③ 棚内地面应高于棚外地面 ④ 垛底应垫高 20～40 cm
货场	① 地面平坦、干燥、无积水、无杂草 ② 堆码场地必须高于四周地面，并有良好的排水设施 ③ 垛底应垫高 40 cm

2. 对堆码货物的基本要求

货物在正式堆码前应满足以下要求：

（1）货物的名称、规格、数量、质量等信息已全部查清。

（2）已根据物流需要进行编码。

（3）货物外包装完好、干净。

（4）受潮、变质及发生质量变化的不合格货物，已被修复或剔除。

（5）为便于各环节的机械化操作，准备堆码的货物已被集装单元化处理。

货物堆码

3. 对堆码操作的基本要求

（1）牢固。必须保证所堆码的货垛不偏斜、不歪倒、牢固坚实，并且与屋顶、梁柱、墙壁保持一定的距离。

（2）合理。不同性质、规格、尺寸的货物，应采用不同的垛形；不同品种、产地、等级、批次、单价的货物，应分开堆码，以便收发和保管。货垛的高度要适度，不能压坏底层货物和地坪，货垛顶端应与屋顶和照明灯保持一定的距离。

（3）整齐。应按一定的规格、尺寸堆码货物，货垛应排列整齐、规范；货物包装上的标签一律朝外，以便查找。

（4）节约。堆码时应注意节省空间，适当、合理地安排货位，以提高仓容利用率。

（5）定量。货物的储存量不应超过仓储定额。另外，每一货垛的货物数量应保持一致，并尽量采用“五五化”堆垛方法，以便计数和盘点。

小提示

“五五化”堆垛就是以“五”为基本计量单位，将货物堆码成各种总数为五的倍数的货垛，并将货垛以五或五的倍数在固定区域内堆放，使货物“五五成行、五五成方、五五成包、五五成堆、五五成层”。

4. 对货垛“五距”的要求

货垛的“五距”包括垛距、墙距、柱距、顶距和灯距。堆码货物时，货垛不能紧挨旁边的货垛，也不能依墙、靠柱、碰顶、贴灯。货垛“五距”的相关介绍如表 3-2 所示。

表 3-2 货垛“五距”的相关介绍

名称	描 述	作 用	参考值
垛距	货垛与货垛之间的距离	通风、散热、方便存取作业和消防作业	库房垛距一般为 0.3～0.5 m，货场垛距一般不小于 0.5 m
墙距	货垛与墙之间的距离	通风、散热、保护建筑、方便存取作业和消防作业	内墙距为 0.1～0.3 m，外墙距为 0.1～0.5 m
柱距	货垛与屋柱之间的距离	通风、防潮、保护建筑	一般为 0.1～0.3 m

（续表）

名称	描　述	作　用	参考值
顶距	货垛的最高点与库房、货棚屋顶横梁之间的距离	通风、散热、方便操作	一般为 0.5～0.9 m，具体视情况而定
灯距	货垛与照明灯之间的距离	防火	不小于 0.5 m

活学活用

请判断图 3-1 中各图号分别代表五距中的哪一项，并将其名称填在括号内。

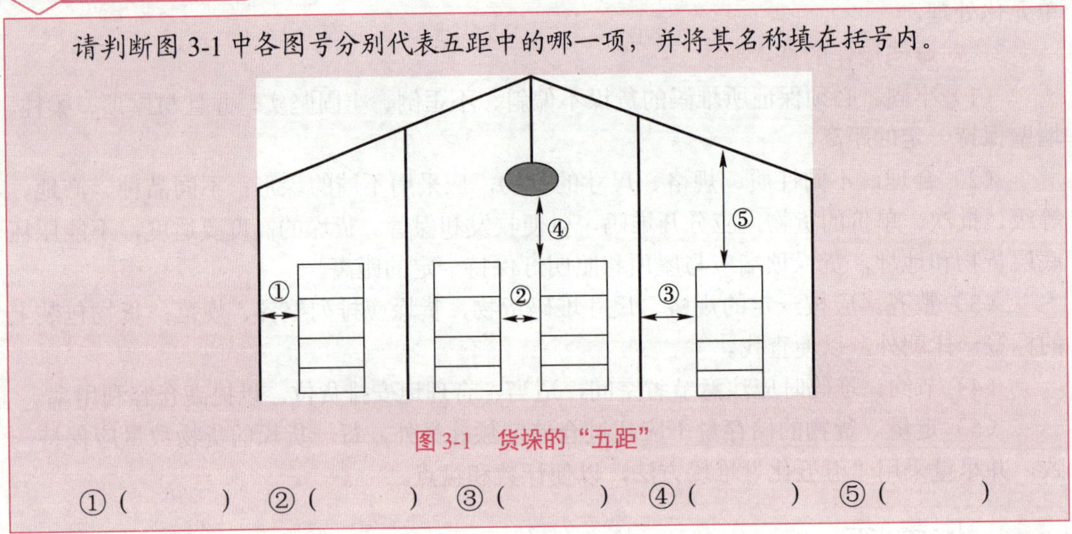

图 3-1　货垛的“五距”

①（　　　）　②（　　　）　③（　　　）　④（　　　）　⑤（　　　）

（二）堆码前的准备工作

货物堆码前，仓管员必须先做好准备工作。堆码的准备工作主要包括以下几个方面。

1. 计算货垛的高度

货垛的高度会直接影响仓库的容量、安全及货垛的稳定性。货物的垛高主要取决于货物的性质与包装。重量较小的货物，其垛高主要取决于仓库空间的高度，重量较大的货物，其垛高则主要取决于仓库地坪的载荷。因此，在确定垛高时，要综合考虑货物的性质和包装、仓库空间的高度及仓库地坪载荷对垛高的要求，即

$$H = \min\{H_{货高}, H_{库高}, H_{地坪}\}$$

式中，H 为货垛高度，$H_{货高}$ 为货物包装允许的堆垛高度，$H_{库高}$ 为仓库空间允许的堆垛高度，$H_{地坪}$ 为地坪载荷允许的堆垛高度。

在实践中，可通过计算货垛不超高可堆层数、货物不压坏可堆层数、地坪不超重可堆层数，然后取其中的最小值来确定货垛的最大高度。

（1）货垛不超高可堆层数的计算公式为

货垛不超高可堆层数 = 仓库可用高度/每件货物的高度

（2）货物不压坏可堆层数由底层货物包装上标明的最大堆码层数或底层货物可承受的最大重量来确定，即

货物不压坏可堆层数＝底层货物包装上标明的最大堆码层数

或

货物不压坏可堆层数=底层货物包装上标明的最大可承受重量/每件货物的毛重

（3）地坪不超重可堆层数是指堆码单位面积的重量不超过仓库地坪承载能力（通常以 t/m^2 为单位）时的最大堆码层数。若堆码货物为规格和形状一致的箱装货物，则地坪不超重可堆层数的计算公式为

地坪不超重可堆层数＝仓库地坪单位面积最大载重量/货物单位面积重量

式中，货物单位面积重量＝每件货物的毛重/该件货物的底面积。

同步计算

某仓库进了一批木箱装的罐头，一共 100 箱，每箱毛重为 50 kg，箱底形状为正方形，边长为 0.5 m，箱高为 0.25 m，箱上注明该罐头最多允许叠堆 16 层。仓库地坪的承载能力为 3 t/m^2，仓库可用高度为 5.2 m。则该批罐头的可堆层数和货垛高度的计算过程如下：

货物单位面积重量＝50÷（0.5×0.5）＝200（kg/m^2）＝0.2（t/m^2）

地坪不超重可堆层数＝3÷0.2＝15（层）

货垛不超高可堆层数＝5.2÷0.25≈20（层）

货物木箱上注明该罐头最多允许叠堆 16 层。因为 15 层<16 层<20 层，所以该批罐头的可堆层数为 15 层，货垛的高度为 15×0.25＝3.75（m）。

2．计算货垛的占地面积

在进行货物堆垛之前，应先确定货垛的占地面积。对于规格和形状一致的箱装货物，货垛的占地面积的计算公式为

$$货垛的占地面积=\frac{该批货物的总件数}{实际可堆层数}\times 每件货物的底面积$$

例如，某仓库进了一批木箱装的罐头，一共 100 箱，如果这批罐头的最高可堆高度为 15 层，木箱的底面积为 0.25 m^2，则仓库需要为该批货物预留的储存面积为 $\frac{100}{15}\times 0.25\approx 1.7\ (m^2)$。

小提示

计算货垛的占地面积或者确定垛高时，必须注意上层货物的重量不得超过底层货物或其容器可承受的最大压力，整个货垛的压力不得超过地坪的容许载荷量。

3．设计垛形

垛形是指货垛的外部轮廓形状，一般可按货垛的立面形状分为矩形、三角形、梯形、半圆形及由它们组成的复合形状（如矩形—三角形、矩形—梯形、矩形—半圆形等），如图 3-2 所示。不同形状的货垛有不同的特点，适用于不同的货物。例如，矩形货垛具有整齐、便于清点、占地面积小等特点，适用于同规格的箱装货物或成组货物；梯形货垛具有稳固、易于点数等特点，适用于包装松软的袋装货物、横卧或直立的桶装货物等。储存前，

应根据需要为货物确定合适的垛形。

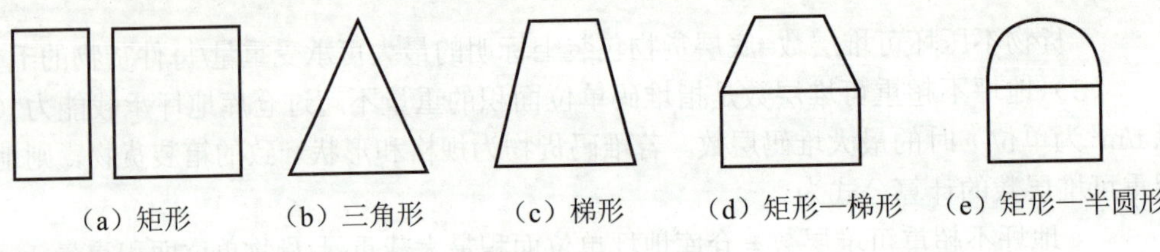

（a）矩形　（b）三角形　（c）梯形　（d）矩形—梯形　（e）矩形—半圆形

图 3-2　垛形

4．做好材料、机械和人力准备

将垛底清扫干净，放上垫墩、垫木等垫垛材料。如果需要密封货垛，还需要准备相关材料，并科学地安排机械及人员。

（三）货物的堆码方式

货物的堆码方式主要由货物的性质、形状、包装，仓储设备，存放场所，存放季节，气候条件等决定。常见的货物堆码方式有以下几种。

1．散堆方式

散堆方式多用于露天存放的、没有包装的大宗货物，如煤炭、矿石、黄沙等，也适用于仓库内少量存放的谷物、碎料等散装货物，如图 3-3 所示。

图 3-3　散堆方式

2．堆垛方式

堆垛方式适用于有包装的货物。常见的堆垛方式有以下几种：

（1）重叠式：又称直叠式，是指将货物逐件、逐层向上码高的堆码方式，如图 3-4 所示。这种方式较适合堆码厚钢板、集装箱等。

（2）纵横交错式：将长度是宽度整数倍的货物一层纵放、一层横放，纵横交错堆码，形成方形垛，如图 3-5 所示。这种方式适用于堆码长度一致的长条形货物，如锭材、管材、棒材、狭长的集装箱等。

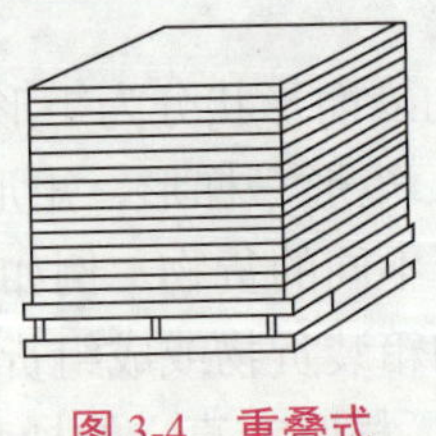

图 3-4　重叠式

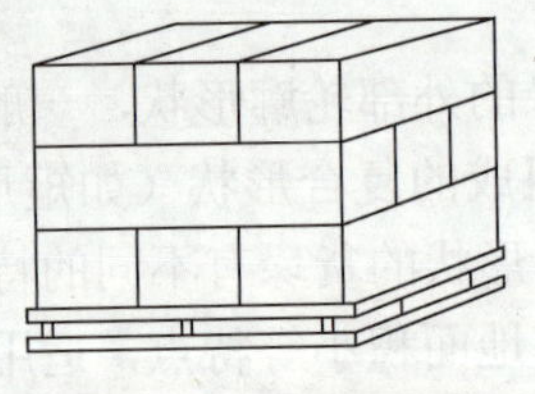

图 3-5　纵横交错式

（3）仰伏相间式：将上下两面有大小差别或凹凸差别的货物（如钢轨、钢槽、角钢等）仰放一层，再伏放一层，使货物相扣，如图 3-6 所示。采用这种方式堆码的货垛稳定性较好，但操作不便。

（4）压缝式：将底层货物并排摆放，然后逐层压缝堆码，即将上层货物跨压在下层货物的缝隙之上，如图 3-7 所示。卷板、钢带、卷筒纸、卧放的桶装货物等的堆码，多采用这种方式。

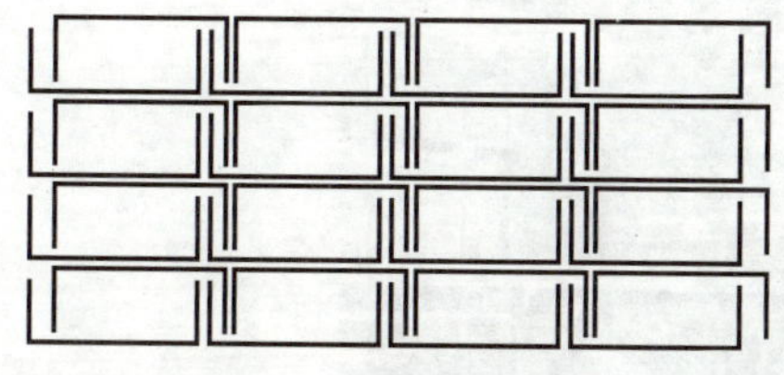

图 3-6　仰伏相间式

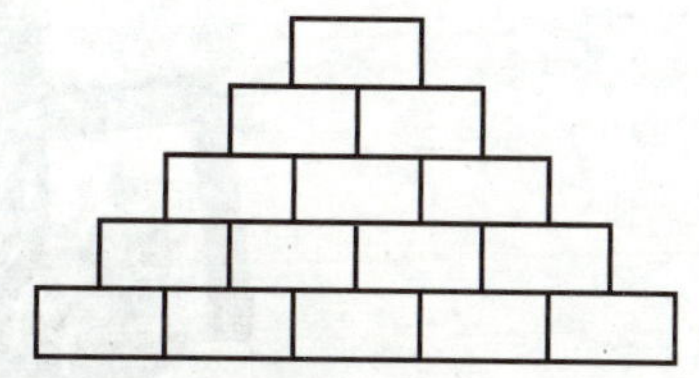

图 3-7　压缝式

（5）通风式：任意相邻的货物之间都留有空隙，并且采用压缝式或纵横交错式逐层向上码放货物，如图 3-8 所示。采用这种堆码方式，有利于货物的通风、透气和防潮，但空间利用率低。

（6）栽柱式：在码放货物前，先在货垛两侧栽上木桩或钢棒，然后将货物平铺在桩柱之间，每隔一层或间隔几层用铁丝将两侧对应的柱桩拴连、拉紧，再逐层往上摆放货物，如图 3-9 所示。长条形货物（如管材、中空钢等）的堆码多采用这种方式。

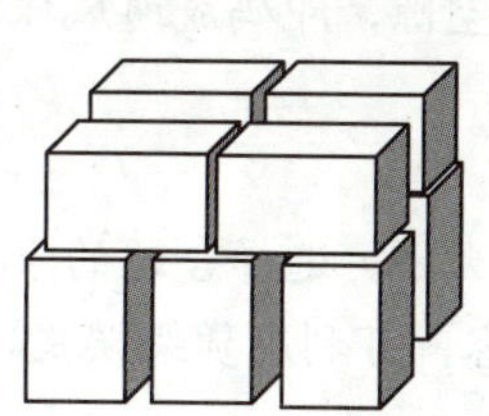

图 3-8　通风式

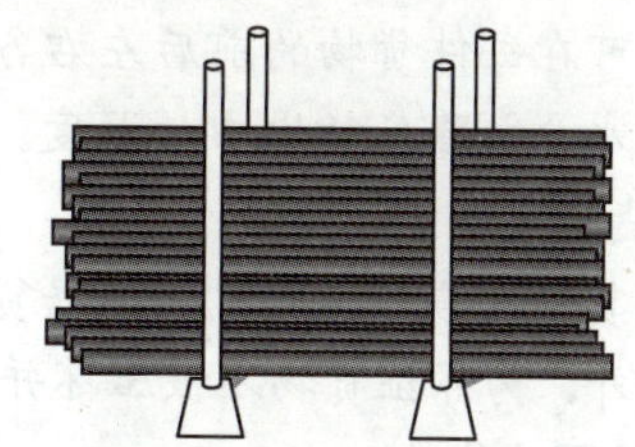

图 3-9　栽柱式

3．货架方式

对于小件货物，品种、规格多而数量较少，且包装简易的货物，脆弱、易损坏、不便堆垛的货物，以及价值较高且经常需要盘点的货物，应采用货架存放，如图 3-10 所示。

图 3-10　货架方式

4. 托盘堆码方式

托盘堆码方式即将货物码在托盘上，然后将托盘一层层堆码起来。货物在托盘上的堆码方式主要有重叠式、纵横交错式、压缝式等。采用托盘堆码方式时，堆码作业和出入库作业常用叉车或其他堆垛机械完成（见图 3-11）。若采用桥式堆垛机，则堆垛高度可达 8 m 以上。可见，采用托盘堆码方式可大大提高仓容利用率和仓储作业的机械化程度。

图 3-11　用叉车进行装车作业

知识链接

有特殊要求的货物的堆码

1. 要求通风的货物

堆码时，可在每件货物的前后左右各留出一定的空隙，即码成通风垛，以便于散发货物中所含的水分，降低货垛中的温度。

2. 怕压货物

为了避免货物受损，堆码时应根据货物承受力的大小，选择合适的堆码方式并控制堆码高度。另外，为保证货物不被压坏并充分利用仓容，可利用货架摆放此类货物。

3. 容易渗漏的货物

为方便检查，此类货物应堆码成小垛，并且成行排列，同时，行与行之间应留有一定的间隔。

4. 有毒货物

有毒货物必须单独存放，严加保管，且不宜堆码得过高。另外，存放场所要干燥、阴凉、通风。

5. 酸、碱等腐蚀品

此类货物应单独存放在干燥、阴凉、通风的库房内，避免堆码在露天场所。货物不宜堆码得过高，且应特别注意防水、防腐蚀。

6. 易燃、易爆危险货物

由于此类货物对消防有特殊要求，因此堆码时要留有间隔，货垛不宜码得过高；堆放场所要干燥、阴凉、通风；库内所有电器及照明设施均应配备防爆装置，且与货垛保持一定距离；货垛附近还应配备有效的安全消防设施。

活学活用

图 3-12 中的各类货物分别应采用哪种堆垛方式储存？

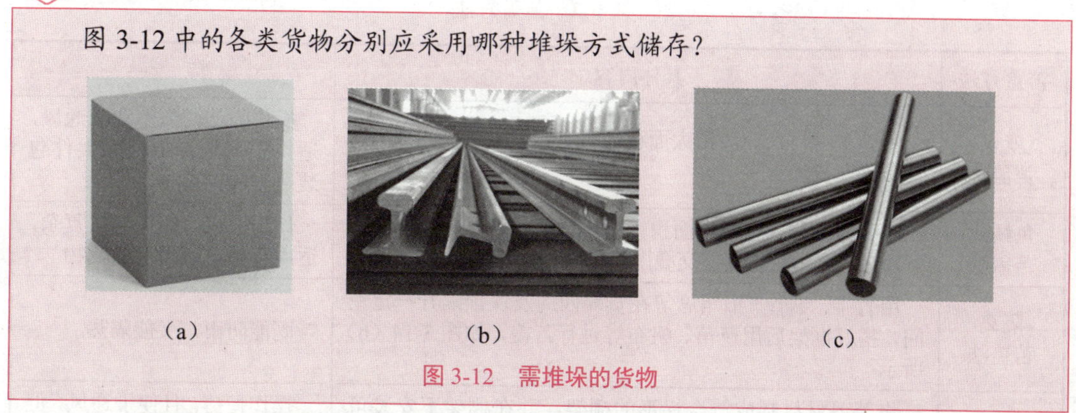

（a）　（b）　（c）

图 3-12　需堆垛的货物

二、货物苫垫

货物苫垫

货物苫垫是指在货垛上面加遮盖物，在货垛底部加衬垫物，以防各种自然条件对货物质量产生不利影响的作业活动。苫垫包括苫盖和垫垛两个方面。

（一）苫盖

苫盖是指采用专用材料对货垛进行遮盖，以避免或减少货物受到阳光、风、雨、雪、露、霜、尘等的侵蚀，如图 3-13 所示。存放在露天场所的货物，一般都需苫盖，因此应堆码成容易苫盖的垛形，如屋脊形。

图 3-13　货物苫盖

1．苫盖的基本要求

苫盖的基本要求是：① 选用的苫盖材料必须防火，不与货物发生反应且成本低廉，不易损坏；② 苫盖需严密、牢固，刮风不开，下雨不漏；③ 苫盖材料的底部应与垛底平齐，不腾空、不拖地；④ 垛要起脊，肩有斜度，以防积水。

2．苫盖方法

苫盖方法主要有就垛苫盖法、鱼鳞式苫盖法、隔离苫盖法和活动棚架苫盖法等，如

表 3-3 所示。

表 3-3　苫盖方法

苫盖方法	具体内容	特　点
就垛苫盖法	将苫盖材料（一般指大面积的帆布、油布、塑料膜等）直接盖在货垛上	操作方便，但不利于通风，适用于屋脊形货垛或大件包装货物的苫盖
鱼鳞式苫盖法	将苫盖材料（一般指面积较小的席子、苫布、瓦等）自下而上、呈鱼鳞状逐层交叠围盖货垛，如图 3-14（a）所示	便于通风，但操作较复杂，适用于怕日晒雨淋的货物
隔离苫盖法	用竹竿、钢管、旧苇席等在货垛四周及垛顶隔开一定空间，搭好框架后用芦苇、帆布等进行苫盖，如图 3-14（b）所示	既能防雨，又能隔热
活动棚架苫盖法	将苫盖材料制成符合垛形的棚架，并在棚架下安装可推动的滑轮，然后将活动棚架推至货垛上方进行苫盖，如图 3-14（c）所示	操作便捷，且便于通风，但活动棚架需占用仓库空间且购置成本较高

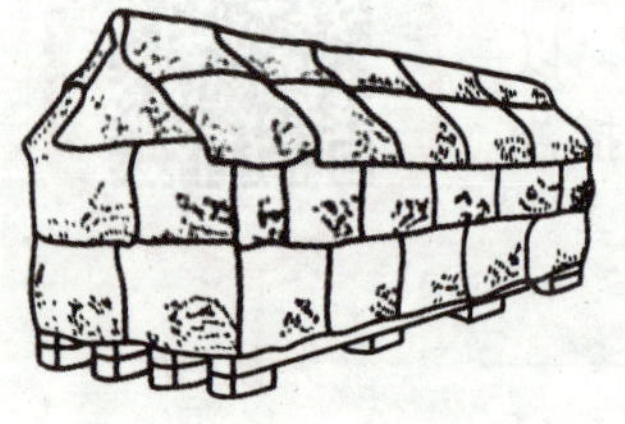
（a）鱼鳞式苫盖法

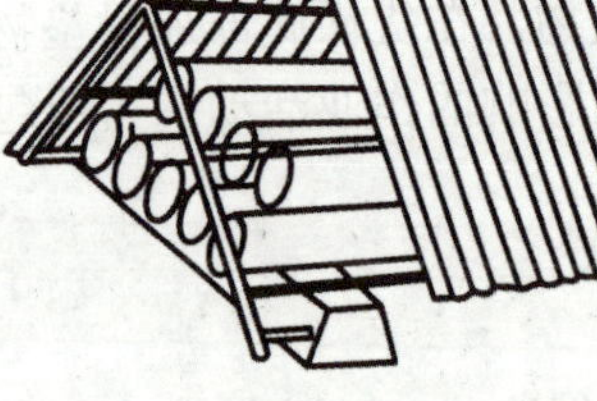
（b）隔离苫盖法

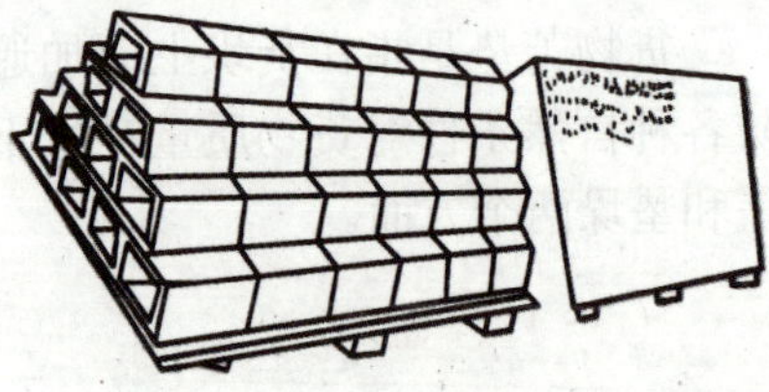
（c）活动棚架苫盖法

图 3-14　苫盖方法

（二）垫垛

垫垛是指在货物堆码之前，根据货物垛形和地面的负重能力，使用衬垫物对地面进行铺垫的作业活动。垫垛可使堆垛的货物免受地面潮气的侵蚀，使垛底通风透气，有利于提高货物的保管和养护质量。

1．垫垛的要求

（1）地面一定要平整、夯实，衬垫物要铺平放正，防止承载负荷后下沉、倾斜而造成货物倒塌或损坏。

（2）垛底必须形成通风层，以利于货垛通风排湿。

（3）衬垫物不会对货物产生不良影响且有足够的抗压强度。

（4）衬垫物要有足够的高度。露天堆场中的衬垫物，其高度应在 0.4 m 左右；库房内的衬垫物，其高度应在 0.2 m 左右。

（5）直接接触货物的衬垫物的面积应与货垛底面积相同，衬垫物不得裸露在货垛外。

2．垫垛的方式

货物垫垛的方式主要有垫木式、防潮纸式和码架式。

（1）垫木式：将规格相同的若干枕木或垫石按垛底的大小和形状进行排列，以备垫

垛。这种垫垛方式的优点是拼拆方便，适用于底层库房、货棚和货场的垫垛。

（2）防潮纸式：将防潮纸（如芦席、油毡、塑料膜等）铺设在垛底作为衬垫物，以备垫垛。这种垫垛方式适用于地面干燥的库房和对通风条件要求不高的货物。

（3）码架式：将若干码架拼成与货垛底面大小相同的形状，以备垫垛。其优点是既防潮又通风。码架是以垫木为脚，上面钉着木条或木板的构架，专门用于垫垛。

任务目标

通过堆码技能比赛，让学生了解堆码的规则和要求，熟练地运用不同的堆码方式完成货物的堆码工作，同时培养学生的团队精神，锻炼学生的协作能力。

实施步骤

（1）提前准备纸箱 20 个。

（2）将全班学生分成若干小组，每组 4～5 人，每个小组指定组长 1 名。

（3）小组成员相互配合，分别完成重叠式堆码、压缝式堆码和通风式堆码。堆码时要注意安全，防止垛倒压人。

（4）堆码完成后，教师从操作程序、堆码方法、所用时间、小组配合情况等方面对每组成员的表现进行评价。

任务二　货物编码与货位编码

> JY 物流公司的东城仓库接收了一批包含矿泉水、汽水、饼干、大米、酱油等商品的货物，这些货物经检验后需上架保管，但是该仓库所有的货架都没有编码。为了方便管理，仓库主管让王鹏对该批货物和所有货位进行编码。
>
> 仓库为什么要进行货物和货位编码？货物和货位编码的方法有哪些？

一、货物编码

货物编码是指按分类规则对货物进行有序编排，并用简明的文字或符号来表示货物名称、类别的管理方法。

（一）货物编码的作用

（1）可提高货物信息的准确性，防止管理混乱。

（2）有利于利用计算机系统检索、处理、分析货物信息，提高货物管理的效率。

（3）可使货物的储存保管更为有序，并有利于实现货物的跟踪管理。

（二）货物编码的方法

常用的货物编码方法有以下几种。

1．流水编码法

流水编码法是指以阿拉伯数字为编号，按数字顺序对以某种方式排列的所有货物进行连续编号，使每个数字都代表一种货物。例如，对某仓库中的蔬菜进行编码，将茄子编码为 1，白菜编码为 2，土豆编码为 3，黄瓜编码为 4 等。

2．数字分段法

数字分段法是指将数字分段，使每段数字代表一种类型的货物，同时，每段数字中的每个数字又代表这一类货物中的某种货物。利用该方法对某仓库的所有货物进行编码，所形成的数字分段编码列表如表 3-4 所示。

表 3-4　数字分段编码列表

类别	化工类	塑料类	五金类	电子类	包装材料类	其他类
号码	01～15	16～30	31～45	46～60	61～75	76～90

3．分组编码法

分组编码法是指用一个数字组代表货物的某一种信息，然后将多个数字组组合起来代表该项货物。例如，编码为 075006110 的货物，其编码含义如表 3-5 所示。

表 3-5　分组编码法示例

货物编码	类别	形状	供应商	口味	含义
075006110	07				饮料
		5			圆瓶
			006		统一
				110	绿茶

4．后数位编码法

后数位编码法是指用编码后几位数组对同类货物做进一步细分，以便根据数字的层级关系来判断货物的归属。某仓库采用该方法形成的货物编码列表如表 3-6 所示。

表 3-6　后数位编码法示例

编码	货物	编码	货物
521	休闲食品	521.1	瓜子
530	饮料	530.11	橙汁

5. 暗示编码法

暗示编码法是指用数字和文字的组合来暗示货物内容的编码方法。这种方法的优点是容易记忆，且不易为外人所知。例如，编码 WT006RW08 所表示的含义如表 3-7 所示。

表 3-7 暗示编码法示例

货物编码		含 义
WT006RW08	WT	手表（watch）
	006	型号为 6 号
	RW	颜色为红色（red），类别为女士（women）
	08	供应商编码

6. 实际意义编码法

实际意义编码法是指将货物名称、尺寸、货区、储位等信息实际体现在编码中的方法。例如，某种毛巾的编码为 AT4035Ce43，其含义如表 3-8 所示。

表 3-8 实际意义编码法示例

货物编码		含 义
AT4035Ce43	A	该毛巾的品级为“A 级”
	T	毛巾的英文名称为 towel，则用“T”表示毛巾
	4035	该毛巾的尺寸为 40 cm × 35 cm
	C	该毛巾存放在 C 货区
	e43	该毛巾存放在 e 货架第 4 层第 3 格

小提示

货物编码可分为延展式和非延展式两种形式。其中，延展式即对货物分类的级数及所用数字不加限制，可根据实际需要任意延展。这种形式较灵活，但在排列上难求整齐。非延展式即对货物分类的级数及所用数字均有一定的限制，不能任意延展。这种形式虽能保证编码整齐划一，但缺乏弹性，难以适应实际增减需要。

活学活用

某仓库中各类螺钉的编码规则如表 3-9 所示，你知道该仓库采用的是哪种编码方法吗？

表 3-9 各类螺钉的编码规则

材料	螺钉直径/cm	螺钉头形状	表面处理
1—不锈钢 2—黄铜 3—铜	1—0.5 2—1.0 3—1.5	1—圆头 2—平头 3—六角形头 4—方形头	1—未处理 2—镀铬 3—镀锌 4—上漆

二、货位编码

货位编码是指按照一定的位置顺序对仓库、货架、货位进行统一编码，并做出明显标志，以方便仓库作业的管理方法。

货位编码

货位编码在货物保管工作中具有重要的作用，它能提高收、发货作业的效率，并可减少差错。货位的编码就好比货物在库的“住址”，每一个货位都用一个编码表示，货物在进出库时就可以实现按号存取。仓管员应根据仓库的实际情况、货物类别和批量整零情况，合理地进行货位划分和序号编排。

（一）货位编码的规则

货位编码应遵循统一规则，即每一货位的号码必须按照统一的形式、统一的层次和统一的含义进行编排。若仓库内有货棚、货场等不同形式的储存场所，则可按一定的顺序各自连续编码。

1. 仓库、货棚内货位的编码

通常按货位地址的顺序，用字母或数字为仓库、货棚内的货位进行统一编码。

2. 货场内货位的编码

货场内货位的布置方式不同，其编码方式也不同。货位的布置方式一般有横列式和纵列式两种。横列式货位通常采用横向编码，纵列式货位通常采用纵向编码。无论是采用横向编码还是纵向编码，编码的具体方法都可分为两种：一种是分排编号，即先编排号，再在每一排中按顺序编号，如图 3-15 所示；另一种不是分排编号，即采用从左到右或从前到后的方法按顺序编号，如图 3-16 所示。

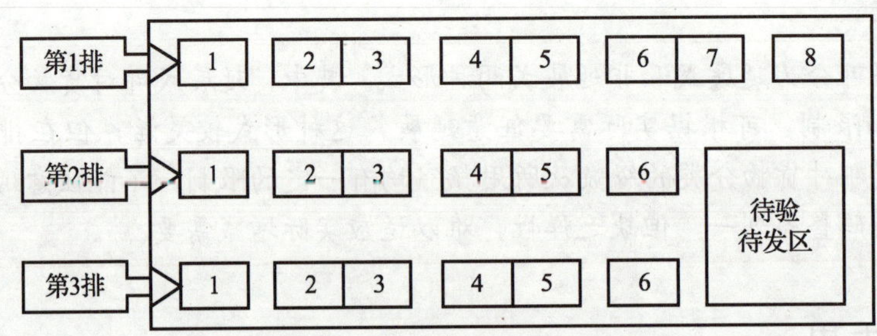

图 3-15　货位分排编码示意图

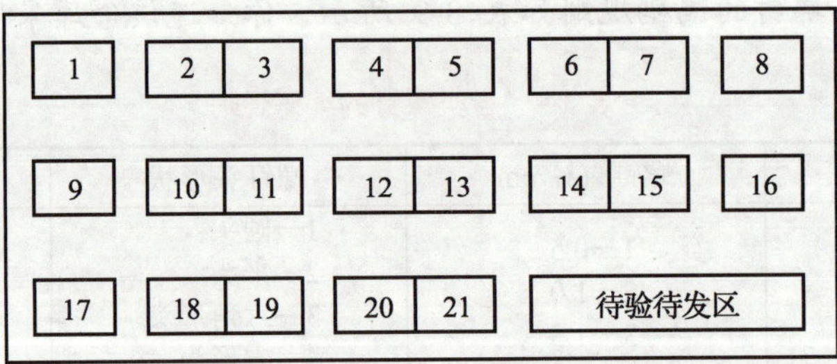

图 3-16　货位不分排编码示意图

3．货架上的货位编码

将仓库内所有的货架按照进入库门的方向从前到后进行编码，继而对每排货架的货位按从上到下、从左到右、从里到外的顺序进行编码。

小提示

货位编码要记入保管账和货卡的“货位号”一栏中。如果货物调整了货位，则账、卡的货位号应同时调整。

（二）货位编码的方法

常用的货位编码方法有三位数编码法和四位数编码法。

1．三位数编码法

三位数编码法是采用 3 组数字对仓库、货架（楼层）、货位进行统一编码的方法。例如，图 3-17 中的编码 3-5-1 表示 3 号库第 5 层第 1 个货位。

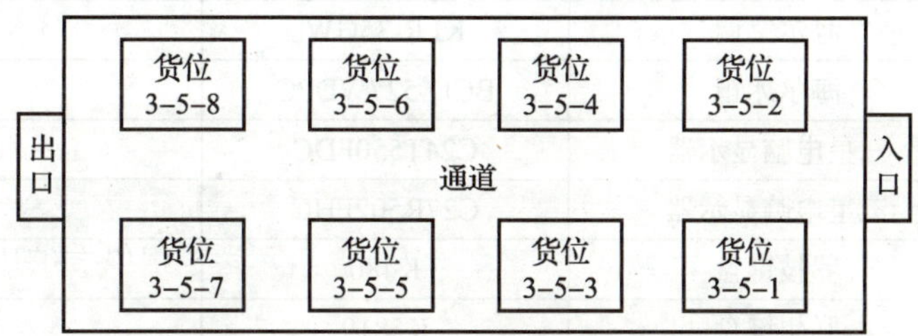

图 3-17 三位数编码法

2．四位数编码法

四位数编码法是目前应用较多的编码方法，它采用 4 组号码分别对仓库（货场）、货架（货区）、层次（排次）、货位（垛位）进行统一编码，并用这 4 组号码组成的组合码代表货物的货位。其编码示意图如图 3-18 所示。

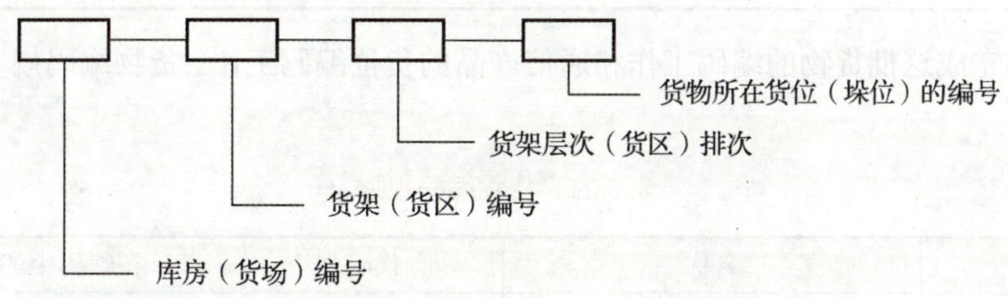

图 3-18 四位数编码示意图

如果同一物流企业既有货场，又有库房、货棚等多种形态的仓库，则可用“C”表示货场，用“K”表示库房，用“P”表示货棚。例如，编码“2K-4-3-5”表示仓库的 2 号库房、4 号货架、第 3 层、第 5 列的货位；编码“2C-4-3-5”表示仓库的 2 号货场、4 号货区、第 3 排、5 号货垛的货位。

活学活用

某仓库中某个货位的编码为 1-6-2-10，请说明此编码的含义。

任务实施

任务描述

JY 物流公司的仓库内有一批货物，货物明细及编码（“货物编码”列的数据暂未填写）如表 3-10 所示。

表 3-10　货物明细及编码

序号	名称	规格型号	货物编码
1	索尼液晶电视	KD-65U8G	
2	索尼液晶电视	KD-55U8G	
3	海尔空调	KFR-35GW	
4	海尔冰箱	BCD-527WDPC	
5	三星电脑显示器	C24T550FDC	
6	三星电脑显示器	C27R502FHC	
7	罗技键盘	K480	
8	联想键盘	K5819	
9	飞利浦剃须刀	S106/02	
10	飞利浦电吹风	HP8203	
11	美的电磁炉	C22-WH2237	
12	华为手机	Nova 7	
13	华为手机	Mate 30 pro	
14	苹果手机	iPhone 11	

现需要完成这批货物的编码工作和通信产品的货位编码工作。货物编码规则如表 3-11 所示。

表 3-11　货物编码规则

项目	名称	代码	在编码中的位置
客户	顺达科技有限公司	1	第一位
次级类别	大家电	01	第二、三位
次级类别	电脑产品	02	第二、三位
次级类别	小家电	03	第二、三位
次级类别	通信产品	04	第二、三位
明细	货物名称及型号	000	第四、五、六位

实施步骤

（1）选择一种编码方法对表 3-10 中的货物进行编码，并填入“货物编码”一栏中。

（2）选择合适的货位编码方法对表 3-10 中的通信产品进行货位编码。

（3）教师选几名学生，请他们介绍自己的编码并说明编码的依据。

任务三 货物盘点

任务导入

2020 年 4 月 18 日，JY 物流公司计划两天后对 1 号仓库内 MY 贸易公司的货物（库存信息见表 3-12）进行盘点。仓储部门主管将该项任务交给王鹏负责。

表 3-12 货物库存信息

货物编码	货物名称	数量/箱	储存位置
SP010001	薯片	20	01020101
SP010002	坚果	12	01020102
SP010003	果汁	43	01020203
SP010004	方便面	30	01020208
SP010005	蛋糕	13	01020401
SP010006	牛奶	10	01030202
SP010007	果冻	30	01030401
SP010008	肉松	17	01020202
SP010009	蜜饯	16	01010302
SP0100010	海苔	9	01030301

王鹏接到任务后便开始盘点。你认为盘点的内容有哪些？盘点工作的基本流程是怎样的？

知识讲解

盘点是指为了及时掌握货物的储存和流动情况，确保货物的实际库存量与账、卡相符，而定期或临时对仓储货物进行盘查、清点的作业活动。

货物盘点

一、货物盘点的作用

货物盘点主要有以下作用：

（1）能让企业更加清楚地了解货物的库存量。财务账目中的库存量数据来源于进出货单据，而进出货单据是否准确，主要取决于进出货是否真正经过了仓库。通过盘点，企业既能核实进出货单据是否准确，也能反过来判断仓库是否按要求做到了出入库准确无误。

（2）能给企业提供经营决策的依据。一般，进出库量大的货物在市场上比较畅销，而在库时间较长的货物则比较滞销。通过盘点，企业可得知货物的销售情况，从而据此调整自己的销售策略，改进销售方法，同时对滞销品进行清仓，以减少资金积压，提高资金的流动性。

（3）能让企业了解仓储部门的管理是否规范。经盘点，如果发现货损量大，则说明仓储部门的管理工作存在漏洞。通过分析货损数据，企业可了解问题出现在什么地方，如苫盖不当、仓库温度过高、仓库消毒不彻底等，进而有针对性地提出解决方案。

二、货物盘点的内容

（1）查数量。通过点数、计算，查明仓储货物的实际数量，核对账面库存量与实际库存量是否一致。

（2）查质量。检查仓储货物有无质量变化、有无超过有效期和保质期、有无长期积压等，必要时还应对货物进行技术检查。

（3）查保管条件。检查保管条件是否与各种货物的保管要求相符，如堆码是否合理、稳固，库内温度和湿度是否合适，各类计量器具是否准确等。

（4）查安全。检查各种安全措施和消防器材是否符合安全要求，建筑物和设备是否处于安全状态。

三、货物盘点的基本流程

货物盘点的基本流程如图 3-19 所示。

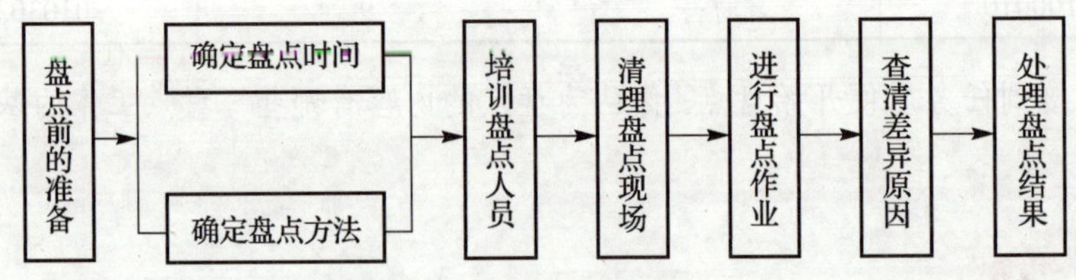

图 3-19　货物盘点的基本流程

（一）盘点前的准备

盘点前的准备工作做得是否充分，直接关系到盘点作业能否顺利进行。盘点的基本要求是准确、快速。为了达到这一要求，盘点人员应做好以下准备工作：

（1）确定盘点的作业程序。

（2）配合财务部门做好准备。

（3）设计和印制相关单据，如盘点单（见图 3-20）、盘点盈亏表等。

（4）准备盘点用的基本工具。

盘点单

编码：　　　　　　　　　　　　　　　　　　盘点日期：

货物编码	货物名称	存放位置	盘点数量	复查数量	盘点人	复查人

图 3-20　盘点单

（二）确定盘点时间

为了及时、准确地掌握仓储货物的储存状况，从理论上讲，盘点越频繁越好。但每一次盘点都要耗费大量的时间、人力、物力和财力，因此企业应根据实际情况合理地安排盘点时间。

盘点时间的确定一般有以下两种方案：

（1）对于周转率较低的货物，一般每半年或一年盘点一次。

（2）对于周转率较高的货物，可根据货物的性质、价值、周转率等因素确定盘点时间。例如，重点保管的货物，可每天或每周盘点一次；次重点保管的货物，可每半个月或每月盘点一次；一般货物，可每季度或每半年盘点一次。

小提示

盘点的具体时间一般选择在月末、财务结算前或淡季。每次盘点的持续时间不宜过长，以减少对仓储作业的影响。

（三）确定盘点方法

盘点货物前，应根据货物的性质、价值和仓储经营特点来确定盘点方法。盘点方法主要有账面盘点法和现货盘点法两种。

1. 账面盘点法

账面盘点法又称永续盘点法，是指对每一种货物分别设立存货账卡（见图 3-21），然后将出入库货物的数量、单价等信息详细地记录在账面上，逐笔汇总账面结存数，以便随时从计算机或账册上查询此货物的出入库情况和结存量。这种方法适用于盘点数量少、单价高的货物。

2. 现货盘点法

现货盘点法又称实地盘点法，是指先到仓库查点货物数量，再根据货物数量和单价计算出库存金额的方法。现货盘点法又可分为动态盘点法、重点盘点法、循环盘点法和期末盘点法，这几种方法的操作说明和特点如表 3-13 所示。

存货账卡

品名：　　　　　　　　　　　　　　　　　　编码：

请购点：　　　　　　　　　　　　　　　　　经济订购量：

日期		订购		入库			出库		现存		备注
月	日	数量	请购单	数量	单价	总价	数量	货单	数量	总价	

图 3-21　存货账卡

表 3-13　几种现货盘点法的操作说明和特点

方　法	操作说明	特　点
动态盘点法	对出入库货物的数量和金额进行及时清点、核对，以查看货物的实际库存量与账、卡是否相符	能及时反映货物的收发和结存动态
重点盘点法	对价值高、周转率高和易损耗的货物进行定期清点	针对性强，工作量相对较小，盘点范围相对狭窄
循环盘点法	分时段、按顺序地分批清点货物，在一个循环周期对所有货物至少完成一次清点	所需的时间和人员较少，能及时发现差错并查明原因
期末盘点法	在一段时期的末尾对所有货物进行全面清点	可简化日常核算工作，但工作量大，需要动用大量的盘点人员，且须停止仓库作业，会给企业造成一定损失

小提示

目前，国内许多仓库都使用计算机来处理库存账务。当账面库存量与实际库存量不符时，很难断定是记账有误还是实际盘点中出现错误，所以仓库可采用账面盘点法与现货盘点法相结合的方式进行盘点。

活学活用

某仓库将到库货物货卡的正反面分别用白色和黄色来标记，即入库货物均在白色面登记，若中途有来货或取货，即翻至黄色面进行登记。下次盘点时，货卡白色面朝上的货物就不用盘点了，只需对货卡黄色面朝上的货物进行盘点。你知道该仓库使用的是哪种盘点方法吗？这种盘点方法有什么优点？

（四）培训盘点人员

要使盘点工作顺利进行，事先应对盘点人员进行有效的培训和合理的分工。盘点人员的培训主要包括以下两个方面的内容：

（1）对复盘和监盘人员进行货物识别培训。复盘和监盘人员大多对货物并不熟悉，为了便于盘点工作的开展，有必要通过培训来增强他们对货物的认识与了解。

（2）对所有参与盘点的人员进行盘点作业培训。要对所有参加盘点的人员进行盘点程序、盘点方法、盘点单填写等内容的培训，使其在充分了解整个盘点过程的基础上开展盘点工作。

（五）清理盘点现场

盘点现场即仓库内进行货位管理的区域。在盘点开始之前，必须清理盘点现场，以提高盘点作业的效率和盘点结果的准确性。盘点现场的清理工作主要包括以下几个方面的内容：

（1）对已验收入库的货物进行整理，并归入货位；对未验收入库的、属于供应商的货物，应区分清楚，避免混淆。

（2）盘点前，要提前通知各需求部门预领所需货物，并准备好需出库的货物。

（3）账、卡、单据、资料均应整理后统一结清。

（4）收集、整理散乱的货物，并查看有无变质、损坏的货物。

（六）进行盘点作业

在正式开始盘点作业之前，盘点的仓库应停止有关出入库的各项操作。盘点人员在盘点期间，要认真核对货物的名称、数量等内容，做到盘点工作准确无误。

1. 初盘作业

初盘作业一般由两人同时进行，一人点数，一人记录、填写盘点单。盘点单一式三联，一联贴于货物上，另外两联转交复盘人员。

2. 复盘作业

初盘结束后，复盘人员进入盘点区域进行复盘。复盘人员既可采用全面复盘的方式，也可采用抽盘的方式（抽盘比例不得低于 30%）。抽盘可分为由账至物和由物至账两种形式：由账至物是在盘点单上随意抽出若干项目，逐一到现场核对，检查盘点单上的内容与现场情况是否一致；由物至账是在现场随意指定一种货物进行盘点，再与盘点单进行核对，检查两者是否一致。

对于复盘没有问题的项目，复盘人员应在盘点单上签字；对于有问题的项目，复盘人员要与初盘人员和仓管员一起再次进行盘点，修改盘点单并签字确认。盘点结束后，复盘人员将签好字的两联盘点单一并上交财务部。

（七）查清差异原因

盘点结束后，应分析盘点所得数据与账面数据之间的差异，若两者的差异超出容许的误差范围，则应从以下几个方面着手分析差异形成的原因：

（1）账务处理制度和流程不完善导致货物数量不准确。

（2）进行出入库作业时产生误差。

（3）记账人员素质低或责任心不够，导致多记、漏记或误记。

（4）盘点前进出货单据未结清，导致账面数据不准确。

（5）盘点时出现漏盘、重盘、错盘现象，导致盘点数据错误。

（6）盘点时因操作不当导致货物损坏或丢失。

小提示

盘点结果常用以下指标表示，各指标的计算方法如下：

盘点数量误差＝实际库存量－账面库存量

盘点数量误差率＝（盘点数量误差÷实际库存量）×100%

盘点品项误差率＝（盘点误差品项数÷盘点实际品项数）×100%

盘点次数误差率＝（盘点误差次数÷盘点总次数）×100%

平均每件盘点金额误差＝盘点误差总金额÷盘点误差总件数

平均每品项盘点误差次数率＝（盘点误差次数÷盘点误差品项数）×100%

活学活用

除了上述造成盘点差异的原因外，你还知道哪些因素会导致盘点出现差异？

（八）处理盘点结果

查清差异产生的原因后，应对主要问题进行处理，从而使货物的实际库存量与账面库存量保持一致。

处理盘点结果的措施主要包括以下几种：

（1）修正账、卡错误。按盘点的实际货物数量和质量状况，对记录有误的账面和货卡进行修正，以防止错误延续、扩大和再发生。

（2）处理呆滞货物。呆滞货物是可用品，但由于其周转率极低，所以特别容易被忽视。盘点时发现的呆滞货物应以打折出售、改造利用、交换交易等方式进行处理。

（3）处理盘点盈亏。仓管员应根据盘点结果填写货物盘点盈亏调整表（见表3-14），请上级主管部门就盘点差异的处理方法进行批示，并调整库存账目和货卡。

表3-14　货物盘点盈亏调整表

年　月　日

<table>
<tr><th rowspan="3">货物名称</th><th rowspan="3">单位</th><th colspan="3">账面数据</th><th colspan="3">盘点实存</th><th colspan="4">盈亏数据</th><th colspan="4">价格增减</th><th rowspan="3">差异原因</th><th rowspan="3">调后数量</th><th rowspan="3">备注</th></tr>
<tr><th rowspan="2">数量</th><th rowspan="2">单价</th><th rowspan="2">金额</th><th rowspan="2">数量</th><th rowspan="2">单价</th><th rowspan="2">金额</th><th colspan="2">盘盈</th><th colspan="2">盘亏</th><th colspan="2">增价</th><th colspan="2">减价</th></tr>
<tr><th>数量</th><th>金额</th><th>数量</th><th>金额</th><th>单价</th><th>金额</th><th>单价</th><th>金额</th></tr>
<tr><td></td><td></td><td></td><td></td><td></td><td></td><td></td><td></td><td></td><td></td><td></td><td></td><td></td><td></td><td></td><td></td><td></td><td></td><td></td></tr>
<tr><td></td><td></td><td></td><td></td><td></td><td></td><td></td><td></td><td></td><td></td><td></td><td></td><td></td><td></td><td></td><td></td><td></td><td></td><td></td></tr>
<tr><td></td><td></td><td></td><td></td><td></td><td></td><td></td><td></td><td></td><td></td><td></td><td></td><td></td><td></td><td></td><td></td><td></td><td></td><td></td></tr>
<tr><td colspan="4">财务部门</td><td colspan="5"></td><td colspan="3">使用部门</td><td colspan="7"></td></tr>
<tr><td colspan="4">仓库主管</td><td colspan="3"></td><td colspan="5">货物所属公司主管</td><td colspan="3"></td><td colspan="2">制表人</td><td colspan="2"></td></tr>
</table>

小提示

盘点盈亏包括盘盈和盘亏。其中，盘盈是指实物库存量或价值大于账面库存量或价值；盘亏是指实物库存量或价值小于账面库存量或价值。通常情况下，因次品、不良品造成货物减少的情况也视为盘亏。

任务实施

任务描述

教师组织学生对学校某个仓库内的货物进行全面盘点。

实施步骤

（1）将全班学生分成若干小组，每组 4 人。其中，2 人负责初盘，1 人负责复盘，1 人负责核对初盘和复盘的结果。

（2）教师下达盘点任务，划分各小组的盘点区域，并进行人员分工。

（3）开始实物盘点。

（4）完成盘点任务后，核对盘点结果与账面库存量，分析差异原因。

（5）处理盘点结果，填写货物盘点盈亏汇总表。

（6）教师对各组的表现进行点评。

任务四 货物保管与养护

任务导入

2020 年 5 月 3 日，JY 物流公司接到客户的投诉电话，客户称存放在 JY 物流公司仓库的部分货物受潮，外包装变形并出现霉点。JY 物流公司立即致电仓库主管，询问原因。原来，由于连续下了几场大雨，仓库排水不畅，造成部分货物受潮，并出现了霉变。

面对客户的投诉，JY 物流公司承诺将采取措施，为客户提供更好的货物保管与养护服务，保证仓储货物的安全。

仓库主管将这项任务交给王鹏完成。请你帮王鹏想一想，货物的保管与养护都包括哪些内容？他该采取哪些措施来进行货物保管与养护呢？

知识讲解

一、货物质量变化的类型

要学习货物保管和养护的相关知识，首先必须了解货物质量变化的类型。货物质量变化的类型主要包括物理机械变化、化学变化和生理生化变化。

（一）物理机械变化

物理机械变化是指仅改变货物的外部形态，而不改变货物本质的质量变化现象。物理机械变化过程中没有新的物质产生，并且此变化可能反复发生。

常见的物理机械变化有挥发、溶化、熔化、串味、沉淀、玷污、破碎与变形等，如表 3-15 所示。

表 3-15　货物的物理机械变化

方式	易发生此类变化的货物	危　害	影响因素
挥发	酒精、香精、香水、部分化肥农药、油漆等	降低货物的有效成分，增加货物损耗，降低货物的质量等级	气温、空气流动速度、液体接触空气的表面积大小
溶化	食糖、食盐、明矾、硼酸、尿素等	改变货物的形态，给货物的储存、运输和销售带来不便	仓库的温度、湿度和堆码高度
熔化	香脂、蜡烛、石蜡、医用胶囊、糖衣片、复写纸、蜡纸、打字纸等	货物流失，粘黏包装，玷污其他货物；货物因产生熔解热而膨胀，导致包装破裂；货物软化导致货垛倾斜或倒塌	气温、货物的熔点、货物中杂质的含量
串味	常见的易被串味的货物有面粉、大米、茶叶、卷烟、饼干、木耳等，常见的易引起其他货物串味的货物有汽油、煤油、桐油、腌鱼、肥皂、农药等	降低货物的储存质量，导致货物的使用价值降低，甚至使货物变质	货物的包装情况、货物与异味物质的接触面积和接触时间、异味的浓度
沉淀	墨汁、化妆品、眼药水、饮料等	货物的使用价值降低，或失去使用价值	货物的性质和气温
玷污	服装、针织品、精密仪器等	货物的外观质量受损或货物的功能遭到破坏	货物包装、仓储场所的卫生条件等
破碎与变形	脆性大的货物（如玻璃、陶瓷等）和塑性大的货物（如铝制品、皮革、橡胶、塑料等）	降低货物的外观质量和使用价值	货物包装、货物受挤压或碰撞的程度

（二）化学变化

化学变化是指构成货物的物质发生本质变化，进而使货物的外观状态发生变化的现象。货物发生化学变化后会产生新的物质，且不能恢复原状。货物的化学变化严重时，会使货物失去使用价值。

常见的化学变化形式有分解、化合、水解、氧化、聚合、裂解、老化、风化、曝光等。

活学活用

请在下列横线上分别填写货物发生的化学变化的名称。

（1）桐油中的高度不饱和脂肪酸在阳光、氧气和温度的作用下，能_____生成桐油块。

（2）橡胶、塑料、合成纤维等受到光、氧、热等因素的影响，会出现_____现象。

（3）碱块在一定温度和干燥空气中容易______而变成碱面。

（4）胶卷______后就会发生感光变色反应，从而失去使用价值。

（三）生理生化变化

1. 货物自身的生理生化变化

货物自身的生理生化变化是指货物在生长发育过程中发生的一系列变化。货物的生理生化变化主要包括呼吸作用、发芽、胚胎发育和后熟等，如表 3-16 所示。

表 3-16 货物自身的生理生化变化

方式	解释	对货物的不利影响	预防不利影响的措施
呼吸作用	粮食、水果、蔬菜等有机物内的有机物质氧化分解，并释放出能量的生命活动。呼吸作用可分为有氧呼吸和无氧呼吸	有氧呼吸会产生和积累水分、热量，导致有害微生物繁殖，使货物腐败变质；无氧呼吸则会产生并积累酒精，引起有机体细胞中毒和产生生理病害。无论哪种呼吸作用，都会消耗货物的营养，降低货物的质量和耐储性	保证鲜活货物能正常进行呼吸作用，并尽可能地缩短储存时间
发芽	马铃薯、花生、大豆等在适宜的条件下，开始萌发而长出幼苗的现象	发芽通常伴有发热、发霉现象，会增加货物损耗，降低货物的质量	降低货物的储存温度，延长其休眠期
胚胎发育	鲜蛋在温度和供氧条件适宜时，会发育成血丝蛋或血坏蛋	大大降低鲜蛋的新鲜度和食用价值	低温储藏或密封
后熟	瓜果、蔬菜等鲜活货物在离开植株之后，继续其成熟过程的现象。该变化实质上是成熟过程的延续，并且在收获后进行，所以称为后熟	容易导致鲜活货物腐烂、变质，使其难以继续储存	在成熟期之前采收鲜活货物，并控制其储存环境中的日光和温湿度

2. 其他生物引起的生理生化变化

其他生物引起的生理生化变化主要是指微生物和害虫等的活动使货物质量发生变化的现象。

（1）霉腐现象，即货物在霉腐微生物的作用下发霉和腐败的现象。发生霉腐现象的货物会完全丧失使用价值，有时甚至会产生有毒物质。

（2）虫蛀现象，即货物在储存期间受到害虫蛀蚀的现象。凡是含有有机成分的货物，都容易遭到虫蛀。虫蛀会破坏货物的组织结构，且害虫排泄的各种代谢物会污染货物，从而影响货物的外观和使用价值。

二、影响货物质量变化的因素

影响货物质量变化的因素包括外因和内因。外因是促进货物发生变化的条件，内因则决定了货物变化的可能性和程度。

（一）影响货物质量变化的外因

影响货物质量变化的外因主要包括自然因素、货物储存期和人为因素，如表 3-17 所示。

表 3-17　影响货物质量变化的外因

影响因素		说　明
自然因素	温度	在常温下，货物一般比较稳定；在高温下，货物易发生挥发、熔化、老化等变化；在低温下，货物易出现冻结、沉淀等变化。此外，温度急剧变化或忽高忽低，也会影响货物质量的稳定性
	湿度	不同的货物对环境湿度的要求不同，大部分货物怕潮湿，也有部分货物怕干燥
	日光	日光可以抑制微生物的生长，也可以去除货物中多余的水分。但过于强烈的日光会导致货物褪色、老化、变色、开裂等
	大气和尘土	大气中的氧气、二氧化碳、二氧化硫、硫化氢等气体及其他固体杂质，会促使货物发生物理化学变化或导致货物受到污染
	生物	老鼠、白蚁等生物及霉菌、酵母菌等微生物易破坏货物，进而影响货物的储存质量
货物储存期		货物储存期越长，其受各种因素影响而发生质量变化的可能性就越大，程度也会越深
人为因素		主要指作业人员操作错误或操作失误而使货物受到影响的各种情况，如货物堆码苫垫不合理、货位安排不合理、货物保养不合理等

（二）影响货物质量变化的内因

影响货物质量变化的内因主要包括货物的化学成分、化学性质、物理性质、结构形态、工艺性质等，如表 3-18 所示。

表 3-18　影响货物变化的内因

影响因素	说　明
化学成分	货物的化学成分及化学含量会影响其基本性质及抵抗外界侵蚀的能力
化学性质	主要包括化学稳定性、腐蚀性、可燃性、毒性和爆炸性等
物理性质	主要包括挥发性、吸湿性、导热性、耐热性、透气性、透水性，以及强度、硬度、韧性、脆性、弹性、可塑性等
结构形态	主要表现形式为固态、液态和气态
工艺性质	包括货物的加工程度和加工精度等。例如，根据加工程度的不同，将货物分为毛坯、半毛坯和成品

三、货物保管的常规工作

仓储货物的保管是一项综合性工作，其内容烦琐、复杂，一般包括日常在库检查和仓库的清洁卫生两个方面。

（一）日常在库检查

仓库内的货物性质各异、品种繁多、规格型号复杂，在储存期间由于受到各种因素的影响，导致正常货物在经过一段时间的储存后可能会出现一些问题。仓管员如果能够进行日常在库检查，及时发现问题并采取措施，就能有效地避免货物受到损失。

日常在库检查可定期进行，也可不定期进行。在库检查时应重点检查的货物有：入库时发现已有问题的货物，性能不稳定或自己不够熟悉的货物，堆放场所不太适宜的货物，已有轻微异状但尚未处理的货物，储存时间较长的货物，储存在临窗、靠墙、垛底等易发生问题处的货物。

检查完毕后应填写仓库检查记录表（见表 3-19）和异常货物情况表（见表 3-20）。当货物出现问题时，能够解决的应及时解决；不能解决的，应向上级汇报。

表 3-19 仓库检查记录表

序号	内容	月 日	月 日	月 日	月 日	月 日	月 日	月 日
		周一	周二	周三	周四	周五	周六	周日
1	货物摆放							
2	货物状态							
3	用具管理							
4	作业通道							
5	仓库门窗							
6	仓库照明							
7	仓库清洁							
8	标志内容							
检查人签字								

表 3-20 异常货物情况表

序号	货物编码	货物名称	异常情况	货物数量	处理结果	质检员
1						
2						
3						
4						
5						
6						
仓管员签字				日期		

（二）仓库的清洁卫生

货物的储存环境不清洁，容易引起微生物、虫类寄生繁殖，从而影响货物的质量。因此，仓管员应经常清理仓库，彻底清除仓库周围和内部的杂草、杂物、垃圾等，必要时可使用药剂杀灭微生物和潜藏的害虫。对容易受到虫蛀、鼠咬的货物，要根据货物性质和虫、

鼠的生活习性，及时采取有效的防治措施。

精业笃行

走近大国粮仓“最美粮食保管员”

李某是中国储备粮管理集团有限公司（以下简称“中储粮”）萍乡直属库有限公司的粮食保管员，她于 2001 年 3 月进入中储粮萍乡直属库担任粮食检验员，2014 年开始担任粮食保管员，负责粮库 3 号仓和 4 号仓，管理着近万吨稻谷。

李某的日常工作主要是检查仓库中粮食的温度、湿度、虫情，另外每周对粮食进行两次粮情电子检测。李某说，她做的事很平凡，但看似简单的工作背后，有着沉甸甸的责任，因为她是在为国家守护粮食。

“最忙的时候是夏秋两季收储粮食的时候，每天早上 7 点半甚至更早就要开始作业。在粮食入库前需要实时查看质量，高温下，飞扬的尘土和从额头流下的汗水让人睁不开眼。”李某说。

在粮食收储的高峰时期，中午也不能休息。保管员要确保粮食质量达标、粮食数量真实、准确，哪怕工作强度大，持续时间长，也得时刻在粮仓前紧盯每一个细节。“躺在仓库里的一颗颗粮食，像是自己的孩子，每天要做的事，是要保证粮食存储安全。有时下班了，在家里看到外面下起大雨，就会担心仓库里的粮食受潮，心里忐忑不安。”李某说。

仓库外的地面异常整洁。李某在粮库来回巡查时，看到一片落叶也会捡起来，看到一根杂草也会拔起来，时刻保持粮库环境的洁净。

“现在工作相比以前轻松了许多，粮库采用智能化、科学化、精细化管理手段，科技赋能储粮工作，节能节耗，省时省力。”李某说，现在她只要根据粮仓中分布的传感器了解每个点的温度、湿度，再进行数据分析，决定是否通风控湿，或调节氮气防虫杀虫，从而保障粮食质量。

工作细心、执着、爱学习，这是同事们给李某最多的评价。20 年芳华，她献给了最平凡的岗位。她坚持做好本职工作，力求尽善尽美，所管理的粮仓多次被评为“红旗仓”。在中储粮江西分公司评比活动中，李某获得“最美保管员”称号。

“我只是千万普通护粮人中的一员，坚守在岗位上，为保护粮食做一些小事。”李某说，“我们每一个劳动者都是美丽的，这份荣誉我应该和大家共享，我们做的都是平凡的工作，共同守护国家粮食安全。”

（资料来源：中国青年网，http://qnzs.youth.cn/tsxq/202010/t20201030_12552514.htm）

四、货物的养护

（一）温湿度的控制

温湿度是影响货物质量变化的重要因素，因此仓管员应根据货物的性质、仓库条件和气候变化规律等，采取相应的措施控制仓库温湿度的变化，为货物创造良好的储存环境。常用的控制温湿度的方法有通风、密封、降温、吸湿等，仓管员可根据仓库的具体情况进行选择。

货物的养护

1. 通风

通风是指根据空气流动的规律，采用自然或机械方法，实现仓库内外空气的对流和交换。通风可以降温、驱潮，还可以排除库内污浊空气和货物散发的有害气体。

通风的方式主要有自然通风和强迫通风两种：自然通风是利用仓库内外空气的压力差，来实现仓库内外空气的对流和交换，如利用仓库的门、窗、过道等进行通风；强迫通风是利用通风机械产生的压力或吸引力，来实现仓库内外空气的对流和交换，如使用负压风机、工业大风扇等进行通风。

小提示

对货物采取通风措施时应注意以下事项：

（1）夏天或气温较高时，宜在晴天的凌晨或夜晚通风，雨天不宜通风。

（2）库内湿度较高时，应在库外湿度低于库内湿度时通风散潮。

（3）采用自然通风方式时，应注意避免通风产生的副作用。

（4）为潮湿的仓库通风散潮后，应及时密封仓库，以免库内再次受潮。

2. 密封

密封是利用不透气、能隔潮隔热的材料（如塑料薄膜、油毛毡、牛皮纸、防潮纸等）将货物严密地封闭在一定空间内，使之与周围大气隔离，防止或减弱自然因素对货物造成的不良影响。密封通常具有增温、防潮、防尘、防虫、防冻等作用。

密封的方式主要有整库密封、小室密封、货垛密封、货架密封、货箱密封和单件密封等。

小提示

密封货物时应注意以下事项：

（1）密封材料必须干燥、清洁、无异味。

（2）密封前应做好货物的检查工作，有质量问题和含水量超标的货物不宜密封。

（3）密封工作应在库内湿度较低时进行。

（4）密封须与通风、吸湿相结合。

（5）密封后还应不断地观察货物的变化情况。

3．降温

降温是指降低货物和库内的温度。常用的降温措施有以下几种：

（1）避免货物受到日光直射，或减少货物的日照时间。

（2）向库内地面洒水。

（3）在货垛内或货物旁放置冰块或释放干冰。

4．吸湿

吸湿是指降低货物和库内的湿度。常用的吸湿措施有以下几种：

（1）冷却法。降低货物或库内的温度，使货物周围的水汽在露点温度下凝结。

小提示

露点温度简称“露点”，是指在一定气压下保持空气中的水汽含量不变而使其冷却，直至水汽达到饱和状态而凝结成液态水时的温度。

（2）压缩法。利用压缩式除湿机提高库内水汽的气压，使之超过饱和点而凝结成水滴，然后将其分离出去。

（3）吸附法。利用生石灰、木炭、炉灰、吸湿剂等吸附空气中的水分。

（4）擦拭法。人工擦拭货物上或仓库内的水珠。

知识链接

部分货物的温湿度要求

不同货物对仓库温湿度的要求是不同的，部分货物的温湿度要求如表 3-21 所示。

表 3-21　部分货物的温湿度要求

货物名称	温度/℃	相对湿度/%
麻织品	25	55～65
丝、毛织品	20	55～65
皮革制品	5～15	60～75
橡胶制品	≤25	≤80
金属制品	≤35	≤75
竹木制品	≤30	60～75
塑料制品	－5～25	≤80
玻璃制品	≤80	≤80
人造革	－10～20	≤75
纸制品	≤35	≤75

（二）防霉

霉变是仓储货物的主要质量变化形式。当货物中含有可供霉变微生物利用的营养成分（如有机物），或货物处在适合霉变微生物生长繁殖的环境中时，货物可能会霉变。

要防治霉变，必须根据霉菌的生理特点和生长繁殖的环境条件，采取相应的措施抑制或杀灭霉变微生物。常用的防霉方法有以下几种。

1. 常规防霉

常规防霉有低温防霉法和干燥防霉法。低温防霉法是指根据货物的不同性质，通过控制仓库内的温度，使货物的温度低于霉变微生物生长繁殖的最低温度，从而抑制霉变微生物生长的方法。干燥防霉法是指降低仓库内空气的湿度和货物本身的含水量，使霉变微生物得不到生长繁殖所需要的水分，从而防止货物霉变的方法。

2. 药剂防霉

将对霉变微生物具有杀灭或抑制作用的化学药品撒或喷洒到货物上，可以达到防霉的效果。仓库应根据货物的品种和性质选择合适的防霉药剂，如苯甲酸和苯甲酸钠盐可用于食品防腐，托布津可用于果蔬防腐保鲜，水杨酸苯胺、五氯酚钠等可用于各类日用工业品及纺织品、服装鞋帽的防腐。

3. 气相防霉

气相防霉是指利用气相防霉剂散发的气体，抑制或毒杀货物上的霉菌。气相防霉是一种较先进的防霉方法。使用该方法时，需要把挥发物放在货物的包装内或密封垛内。

对于已经霉变但霉变程度较轻的货物，可根据货物的性质采取晾晒、加热消毒、烘烤、熏蒸等措施，以减少损失。

知识链接

常见的易霉变的货物

常见的易霉变的货物如表3-22所示。仓管员应提前做好霉变预防措施，提高这些货物的保管质量。

表3-22 常见的易霉变的货物

分　类	货　物
食品	糖果、饼干、糕点、饮料、罐头、肉类、鱼类、鲜蛋类
日用品	化妆品、床垫、木质家具等
药品	以淀粉为载体的片剂、粉剂、丸剂，以糖液为主的各种糖浆，以蜂蜜为主的蜜丸，以动物胶为主的膏药，以葡萄糖等溶液为主的针剂等
皮革及其制品	皮鞋、皮包、皮箱、皮衣等
纤维类制品	棉、毛、麻、丝等天然纤维及其制品，各种纸、纸板及其制品

（三）防锈

金属制品在储存期间如果锈蚀，不仅会影响货物的外观质量，而且会使货物的机械强度下降，从而降低货物的使用价值，严重时甚至会导致货物报废。例如，刀具锈蚀，其表面会形成斑点、凹陷，影响其锋利度；精密量具锈蚀，会影响其精确度。因此，仓管员要对金属制品进行妥善保管和养护，防止其生锈。防锈的措施主要有以下几种。

1. 选择适宜的保管场所

保管金属制品的场所，不论是库内还是库外，均应保持清洁、干燥，且金属制品不得与酸、碱、盐、气体和粉末类货物混存。不同种类的金属制品存放于同一地点时，也应保持一定的间隔，防止发生接触腐蚀。

2. 保持仓库干燥

理论上，仓库的相对湿度在 60%以下，就可以防止金属制品表面因凝结水分而遭受电化学腐蚀，但一般较难使仓库的相对湿度达到 60%以下。正常情况下，应将仓库的相对湿度控制在 65%～70%。

3. 塑料封存

塑料封存就是利用塑料对水蒸气及空气中腐蚀性物质的高度隔离性能，防止金属制品因受外界环境的影响而锈蚀。常用的塑料封存方法有塑料薄膜封存、收缩薄膜封存和可剥性塑料封存，如表 3-23 所示。

表 3-23　塑料封存的方法

方　法	说　明
塑料薄膜封存	在干燥的环境中，直接用塑料薄膜封装金属制品，以保持金属制品长期干燥
收缩薄膜封存	将薄膜纵向或横向拉伸几倍，处理成收缩薄膜，使其包装货物时紧紧黏附在货物表面。这种方法既可防锈，又可减小包装的体积
可剥性塑料封存	以树脂为基本原料，加入增塑剂、稳定剂、缓蚀剂及防霉剂等，加热溶解后喷涂在金属表面，待冷却或挥发后在金属表面可形成一层易于剥落的保护膜，它可阻隔腐蚀介质对金属制品的腐蚀作用，达到防锈的目的

4. 涂防锈油

涂防锈油是指在金属表面涂刷一层油脂，使货物在一定程度上与大气隔离，以达到防锈的目的。这种方法省时、省力，可节约大量的人力、物力，且防锈效果较好。

小提示

防锈油是在油脂或树脂类物质中加入油溶性缓蚀剂后形成的暂时性防锈涂料。常用的防锈油有润滑油、凡士林、石蜡、沥青、桐油、松香、合成树脂等。

5. 气相防锈

气相防锈是指利用挥发性缓蚀剂在金属制品周围挥发的缓蚀气体来阻隔腐蚀介质，以达到防锈的目的。挥发性缓蚀剂在使用时无须涂在金属制品的表面，只需将其放于密封包装或容器中，该缓蚀剂就能在很短的时间内挥发出缓蚀气体，这些气体很快便能充满包装

或容器内的各个角落和缝隙。气相防锈既不影响货物外观、不污染包装，也不影响货物的使用，是一种有效的防锈方法。

课堂互动

试着谈谈下列几种货物的养护措施和注意事项：

一批钢材　20 箱鸡蛋　100 口铁锅　50 双皮鞋

（四）防虫

仓库的害虫不仅会蛀食动植物类货物和包装，而且会对塑料、化纤等化工合成货物造成危害。因此，防治虫害是货物养护中一项十分重要的工作。

1. 源头防治

仓库一旦发生虫害，必然会造成极大的危害。因此，必须加强入库验收，对易染虫害的货物进行杀虫、防虫处理，并将货物根据具体情况分别入库，隔离存放。在货物储存期间，要定期对易染虫害的货物进行检查，做好预防工作。此外，还应做好日常的清洁卫生，如铲除库区周围的杂草、清除附近沟渠的污水、在仓库四周 1 米范围内喷洒药剂等，从源头上防治虫害。

2. 物理防治

物理防治就是利用物理因素（如光、电、热、原子能、超声波、远红外线、微波等）破坏害虫的生理机能与机体结构，使其不能生存或抑制其繁殖。常用的物理防治方法如表 3-24 所示。

表 3-24　常用的物理防治方法

方　法	说　明
灯光诱集	利用害虫的趋光性，在仓库内安装诱虫灯。夜晚开灯时，趋光而来的害虫随气流被吸入预先安置的毒瓶（瓶内盛少许氰化钠或氰化钾）中，最终中毒而死
高温杀虫	将温度升至 40℃以上，害虫的生命活动会受到抑制，繁殖率下降，随后害虫会进入热麻痹状态，直至死亡
低温杀虫	降低温度，使害虫的生理活动变得缓慢，进而进入冷麻痹状态，直至死亡
电离辐射杀虫	用 X 射线、伽马射线等杀伤害虫，使其不育
微波杀虫	在高频电磁场的微波作用下，害虫体内的水分、脂肪等物质会激烈地震荡，进而产生大量的热。当害虫的体温升至 68℃时，害虫将会死亡

3. 化学防治

化学防治就是利用化学药剂直接或间接地毒杀害虫。常用的化学药剂如表 3-25 所示。

表 3-25　常用的化学药剂

名　称	说　明
杀虫剂	一些杀虫剂为触杀剂，如敌敌畏、六六六等。它们接触害虫后，能穿透害虫的表皮并进入体内，使害虫中毒死亡。还有一些杀虫剂为胃毒剂，如亚砒霜、亚砒霜钠等。由其配成的诱饵被害虫吞食后，会通过害虫的胃肠吸收进入体内，从而使害虫中毒死亡
熏蒸剂	化学药剂发出的毒气通过害虫的气门、气管等进入害虫的体内，使其中毒死亡。常用的熏蒸剂有磷化铝、溴甲烷等
趋避剂	将固体药剂（如萘、樟脑精、对位二氯化苯等）放置在货物周围，使其散发出刺激性气味或毒性气体，并保持一定的浓度，使害虫不敢接近或被毒杀

在化学防治中，要选用对害虫有较高毒性的药剂，同时选择在害虫抵抗力最弱的时期施药。施药时，应严格遵守药物使用规定，注意人身安全和被处理货物、仓库建筑及备用器具的安全。

课堂互动

判断以下养护方法是否正确。如果错误，请说出正确的做法。

（1）将棉麻织物、丝织物、毛织物等置于室外太阳下晾干。

（2）将花生油、大豆油等油类货物存放在敞开的铁桶里。

（3）定期对刀具涂抹机油并检查是否生锈。

（4）在害虫抵抗力最强的时期使用化学药剂杀虫。

（5）将润滑油、沥青制品、油毡等货物密封并存放在阴凉处。

卓越创新

科技创新助力绿色储粮　守好“天下粮仓”

粮食安全关乎国计民生。正所谓“手中有粮，心中不慌”，在应急救灾、稳定粮价方面，储备粮发挥着越来越重要的作用。而随着科技的进步，科技储粮、绿色储粮成为仓储技术发展的必然趋势。

在探索绿色储粮的进程中，中储粮积极致力于科技创新，将内环流控温储粮技术、氮气气调储粮技术、智能通风技术等一系列新技术应用到粮食的保管与养护中。

内环流控温储粮技术是由中储粮北京分公司自主研发的一项新技术。我国大部分地区夏季高温，粮仓里的温度可达 37℃。应用该技术，可将仓温和表层粮温控制在 25℃甚至 20℃以下，从而解决粮堆“热皮冷心”的问题，让粮食安全度夏。此外，仓内相对湿度被控制在 35%以下，可以有效抑制有害生物的生长繁育。

在内环流控温储粮的基础上，再充分利用氮气气调富氮缺氧原理，可降低粮堆中的氧气浓度，达到防虫、杀虫、抑菌和控温的效果，延缓粮食品质变化。

应用智能通风技术，可极大地降低人力成本。保管员只需在电脑上进行简单的操作，粮仓外墙上部的通风窗就会自动打开和关闭。此外，一键可操控 20 余个大型粮仓，用时不到 1 分钟，整个过程极为便捷、快速。

（资料来源：搜狐网，https://www.sohu.com/a/169666398_99927860）

任务实施

任务描述

JY 物流公司 3 号仓库储存的是某公司的办公用品及日用品，其库存清单如表 3-26 所示。请为这批货物制订保管和养护方案。

表 3-26 货物库存清单

货物编码	名称	数量/箱	包装规格	备注
BG010001	皮面笔记本	50	120 本/箱	
BG010002	大头针	5	500 盒/箱	
BG010003	鼠标	10	20 盒/箱	
BG010004	复写纸	10	10 包/箱	
BG010005	毛巾	5	50 条/箱	
BG010006	茶叶	5	10 罐/箱	
BG010007	陶瓷杯	10	20 个/箱	

实施步骤

（1）将全班学生分为若干小组，每组 3～5 人。小组成员通过查阅相关图书或网络资料，分析上述货物的性质。

（2）根据货物保管与养护的一般方法与措施，结合所存货物的性质，制订保管和养护方案。

（3）将方案以 PPT 的形式在课堂上展示。

项目自测

1. 单项选择题

（1）堆码货物时，将内墙距设为（ ）是合理的。

A．0.2 m　　B．0.5 m　　C．1 m　　D．2 m

（2）管材类货物最好采用（ ）堆码方式进行堆码。

A．重叠式　　B．宝塔式　　C．通风式　　D．栽柱式

（3）（　　）是指将苫盖材料直接覆盖在货垛上的方法。

A．就垛苫盖法　　B．鱼鳞式苫盖法

C．隔离苫盖法　　D．活动棚架苫盖法

（4）某仓库用 530 代表饮料类货物，用 530.11 代表橙汁，这是使用（　　）对货物进行编码的。

A．数字分段法　　B．实际意义编码法

C．后数位编码法　　D．混合编码法

（5）分时段、按顺序地分批清点货物，在一个循环周期对所有货物至少完成一次清点的方法叫作（　　）。

A．动态盘点法　　B．重点盘点法

C．循环盘点法　　D．期末盘点法

（6）下列选项中不属于货物生理变化的是（　　）。

A．氧化　　B．发芽　　C．后熟　　D．胚胎发育

（7）（　　）是影响货物质量变化的内因。

A．自然因素　　B．货物的储存期

C．货物的结构形态　　D．货物堆码不合理

（8）提高库内水汽的气压，使之超过饱和点而凝结成水滴，然后将其分离出去的吸湿方法叫作（　　）。

A．冷却法　　B．压缩法　　C．吸附法　　D．擦拭法

（9）（　　）是指利用气相防霉剂散发的气体，抑制或毒杀货物上的霉菌。

A．低温防霉　　B．干燥防霉　　C．气相防霉　　D．药剂防霉

（10）仓库的相对湿度一般应控制在（　　）。

A．55%～65%　　B．65%～70%　　C．70%～75%　　D．75%～80%

2．多项选择题

（1）四位数编码是（　　）的常用方法。

A．库房内货位编码　　B．货架上货位编码

C．货场货位编码　　D．托盘编码

（2）货物盘点的内容有（　　）。

A．查数量　　B．查质量　　C．查保管条件　　D．查安全

（3）下列有关盘点的说法中，正确的有（　　）。

A．货物盘点次数越少越好

B．账面盘点法适用于盘点数量少、单价高的货物

C．重点盘点法的针对性强，工作量相对较小

D．使用循环盘点法时所需的时间和人员较多

（4）仓库常用的控制温湿度的方法有（　　）。

A．通风　　B．密封　　C．降温　　D．吸湿

（5）仓库中用于防虫的熏蒸剂主要有（　　）。

A．敌敌畏　　B．六六六　　C．磷化铝　　D．溴甲烷

3．名词解释

（1）堆码。

（2）苫垫。

（3）货位编码。

（4）盘点。

4．简答题

（1）进行货物堆码时，对堆码场地的要求有哪些？

（2）简述货物苫盖的要求。

（3）简述货物垫垛的要求。

（4）简述盘点的作用和流程。

（5）仓库中常用的防霉方法有哪些？

5．综合分析题

赤湾港是中国重要的大型集装箱码头和散杂货码头，每年处理进口化肥灌包量均在100 万吨以上。从国外进口的散装化肥到达赤湾港后，工作人员会用灌包机将这些散装化肥灌成袋装肥料，再进行储存、保管和销售。

请根据上述信息和所学知识，谈谈影响化肥质量变化的因素有哪些，以及赤湾港在储存和保管这些化肥时需要注意哪些问题。

项目四

出库作业

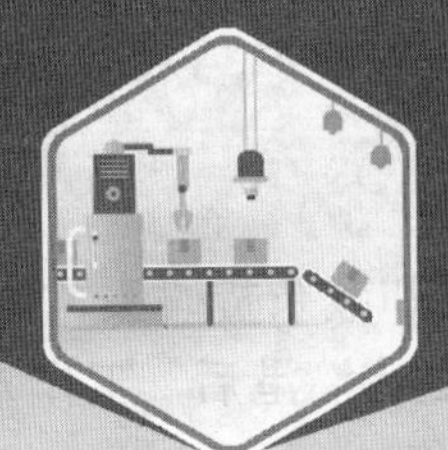

项目引言

出库作业是仓储作业的最后一个环节，它将仓储工作直接与承运单位和收货单位联系起来。及时、准确、高效的出库作业对提高物流企业的服务水平具有重要的作用。

知识目标

- ✓ 了解货物出库的基本要求和方式。
- ✓ 熟悉货物出库前的准备工作。
- ✓ 掌握出库作业的流程。
- ✓ 掌握出库作业过程中的常见问题及其处理方法。

素质目标

- ✓ 牢固树立“绿水青山就是金山银山”理念，唤起对生态环境的敬畏之心、守护之情、保护之意，传承艰苦朴素美德，践行勤俭节约风尚。
- ✓ 在实际工作中坚持具体问题具体分析，能根据出库作业中遇到的具体问题采取不同的解决方法。

任务一 出库准备

任务导入

2020年6月20日，XK贸易公司给JY物流公司发来提货单（见图4-1），并说明他们将于6月21日自派车辆前来提货。JY物流公司仓储部门的主管要求王鹏负责该批货物的出库准备工作。

提货单

供应商：XK贸易公司　　　　日期：2020年6月20日

序号	货物名称	货物编号	单位	数量	单价	金额	包装	备注
1	美菱波轮洗衣机	XQB50-9780-5KG	台	10	899	8 990	纸箱	
2	九阳电水壶	JYK-12CW03-1.2L	个	20	98	1 960	纸箱	
3	美的电饭煲	MB-WFS4018TM	个	20	299	5 980	纸箱	

仓储单位：JY物流公司　　制单人：黄××　　提货单位：XK贸易公司

图4-1　提货单

货物出库都有哪些要求？为了顺利完成这批货物的出库工作，王鹏该做哪些准备呢？

知识讲解

一、货物出库的基本要求和方式

货物出库的要求和方式

（一）货物出库的基本要求

货物出库作业是仓储部门根据业务部门或供应商开出的货物出库凭证及出库货物的明细（包括货物的名称、规格、型号、数量等），组织货物出库的一系列工作的总称。

货物出库的基本要求主要包括以下四个方面。

1. 严格遵守出库作业的规章制度

在出库作业中，仓储部门必须严格遵守货物出库的各项规章制度，以保证作业活动的顺利进行。

货物出库的规章制度一般包括以下内容：

（1）以出库凭证为依据发货。

（2）货物出库的检验计量方法应与入库计量方法一致。

（3）严格按照作业流程操作。

2．做到“三不三核五检查”

货物的出库应做到“三不三核五检查”。

（1）“三不”是指没接到出库凭证不翻账册，凭证未经审核不备货，货物未经复核不出库。

（2）“三核”是指在发货时要核实凭证、核对账卡和核对实物。

（3）“五检查”是指要对出库凭证和货物的名称、规格、包装、重量和件数等进行检查。

3．作业及时、准确

及时是指仓储部门在接到货物出库凭证后，应及时联系业务单位，办理相关手续并组织货物出库。准确是指仓储部门应严格按照出库凭证上的信息备货、检验货物质量并当面点清货物数量，确保出库货物质量完好、数量准确、包装牢固、标志清楚。

此外，仓储部门还应及时、准确地做好出库记录，核销保管账。

4．遵循“先进先出、发陈储新”原则

为了保证仓储服务质量，仓储部门在进行出库作业时，应遵循“先进先出、发陈储新”的原则。该原则的具体要求如下：① 有保管期限的先出库；② 接近失效期的先出库；③ 保管条件差的先出库；④ 容易变质的先出库；⑤ 包装简易的先出库；⑥ 已变质或失效的不可出库。

（二）货物出库的方式

货物出库的方式主要有送货、自提、托运、过户、取样和转仓等，其含义和说明如表 4-1 所示。

表 4-1　货物出库的方式及其含义和说明

方式	含　义	说　明
送货	仓储部门根据提货单等出库凭证，将货物直接送到客户指定的地点	仓储部门可提前安排相关作业，合理地使用运输工具；方便收货单位取货
自提	客户或其代理人持出库凭证，自备运输工具直接到仓库取货	具有“提单到库，随到随发，自提自运”的特点。仓管员根据出库凭证将货物当面点交给提货人员，并在库内办理交接手续，以划清责任
托运	仓库委托承运单位将货物运送到客户指定的地点	仓储部门应与承运单位做好交接手续，同时做好发运记录，以明确责任
过户	在货物并未实际出库的情况下，将货物的所有权就地转移给新客户	可省去很多日常的出库作业活动，节省时间、人力和物力。采用这种方式出库时，仓储部门必须以原客户开出的正式过户凭证为依据办理过户手续
取样	客户因货物质量检验、样品陈列等需要，到仓库提取货样	客户取样时，仓储部门必须根据客户填制的正式取样凭证发放货样，并做好详细的账务记录
转仓	仓储部门为了满足客户需要或改变货物的储存条件，将货物从一个仓库转移到另一个仓库	货物转仓时，仓储部门必须以业务部门或客户开出的正式转仓单为依据，组织货物出库并办理转仓手续

活学活用

任务导入中的货物出库属于哪种出库方式？

二、出库前的准备工作

出库前的准备工作具体包括以下内容：

（1）制订出库计划。货物出库前，仓储部门应制订出库任务分配计划和进度计划。

（2）联系客户。按照出库计划，主动与客户联系，通知客户做好接货或提货准备。

（3）整理包装。对货物的包装进行整理、加固或更换，使其符合货物运输的要求。

（4）准备场地和设备。为出库作业腾出必要的理货场地，并准备相应的装卸搬运设备、计量设备等。

（5）准备用品。准备出库时所需的包装材料、衬垫物、标签、打包工具等。

（6）安排作业人员。根据出库作业量和作业流程，合理地安排作业人员（如理货员、叉车司机、装卸人员等）。

任务实施

任务目标

根据出库作业的基本要求确定货物的出库顺序。

实施步骤

（1）将全班学生分成若干小组，每组 2～3 人。

（2）根据出库作业的基本要求，确定表 4-2 中货物的出库顺序，并说明理由。

表 4-2 仓库存货单

货物编码	入仓日期	数量/箱	生产日期	保质期
1001	2020-04-10	5 000	2020-04-01	6 个月
1002	2020-04-21	3 000	2020-01-08	6 个月
1003	2020-04-11	2 800	2020-04-08	6 个月

任务二 出库实际作业

任务导入

2020 年 6 月 28 日，A 公司向 JY 物流公司发出了出库请求，要求将其储存在 JY 物流公司西城仓库的 61 台笔记本电脑（具体品牌、型号和数量见表 4-3）以送货上门的方式分别发给5个客户，客户的需求情况如表4-4所示。仓储部门的主管让王鹏负责此批货物的出库工作。

表4-3 出库货物信息

序号	货物品牌	货物型号	数量/台	包装
1	联想	ThinkPad 翼 480	12	纸箱
2	戴尔	灵越 5000	15	纸箱
3	华为	MateBook D	18	纸箱
4	惠普	ZHAN99 G2	16	纸箱

表4-4 客户的需求情况

客户名称	需求品牌及数量			
	联想/台	戴尔/台	华为/台	惠普/台
甲	3	2	3	1
乙	2	3	3	3
丙	1	4	4	5
丁	3	3	4	4
戊	3	3	4	3

如果你是王鹏，你会按什么流程来组织出库作业？如果在出库过程中遇到错发货（包括串发货）问题，你会如何解决？

一、出库作业流程

（一）审核凭证

审核凭证是出库作业中的一个重要环节。货物出库必须有正式的出库凭证，且凭证均应有相关业务部门的签章。出库凭证包括提货单、领料单（见图4-2）、调拨单等，其格式不尽相同。

领料单

生产单号：　　　　　　　　　　　　年　　月　　日

品名	规格型号	单位	单件数量	请领数量	实发数量	备注

制单：　　　　审核：　　　　领料：　　　　发料：

图4-2 领料单

1．出库凭证的内容

一般情况下，出库凭证应包括以下内容：

审核凭证

（1）收货单位名称。

（2）发货方式，如送货、自提、托运等。

（3）货物的名称、规格、数量、单价、总价、用途或调拨原因。

（4）出库凭证的编码。

（5）有关部门和人员的签章。

（6）付款方式及银行账号。

2．出库凭证的审核

仓储部门收到出库凭证后，首先要认真地对其进行审核。审核的主要内容包括：

（1）审核出库凭证的真实性和合法性，重点检查出库凭证的签章是否齐全、是否相符、有无涂改等。

（2）核对出库凭证上所列货物的名称、规格、型号、数量、重量、单价、总值等信息是否与货物账目信息相符。

（3）审核收货（或提货）单位、货物到站名称等内容是否齐全、准确，并审查出库凭证的有效期和效力。

小提示

若出库凭证有问题，则须经原开证单位进行更正并加盖公章后，仓库才能安排发货。但在特殊情况下（如救灾、抢险等），可经领导批准后先发货，事后再补办手续。

（二）备货

仓管员按照出库凭证上所列货物去相应的货位取货。若规定了发货批次，则应按规定备货；若没有规定，则备货时应遵循“先进先出、推陈储新”的原则。

备好的货物应放于相应的区域，等待出库。同时，出库货物应附有质量证明书或抄件、装箱单等文件，机电设备、仪器仪表等货物应附有说明书及合格证，进出口货物还要附海关证明和货物检验报告等材料。

（三）出库复核

出库复核是指在货物出库过程中，根据货物出库凭证进行的反复核对工作，其目的是保证出库货物数量准确、质量和包装完好。为了避免出现差错，备货后应立即进行复核。

1．出库复核的内容

出库复核的内容主要包括以下几个方面：

（1）货物的名称、规格、型号、数量等是否与出库凭证所列的内容一致。

（2）货物的外观质量和包装是否完好，怕潮货物密封是否严格，是否便于装卸搬运作业；怕震货物衬垫是否稳妥；包装上的收货人、到站地点、箱号等是否准确；危险品、防震、防潮标志是否明显等。

（3）货物的配件和所附证件、单据是否齐全。例如，是否有装箱单，装箱单上所列项目是否和实物、凭证等相符合。

2. 出库复核的方式

仓管员可根据货物的数量、种类的多少，以及作业条件的限制等，选择不同的出库复核方式。常用的出库复核方式有四种，如表 4-5 所示。

表 4-5　常用的出库复核方式

方　式	含　义	适用情况
个人复核	仓管员自己发货、自己复核，并对所发货物的数量、质量负全部责任	适用于专业化程度较高的仓库，或者仓储货物品种较单一、同一品种发货批量较大而工作人员较少的仓库
相互复核	又称交叉复核，即两名仓管员分别对对方所发货物进行照单复核，复核后应在对方的出库凭证上签名，以与对方共同承担责任	比个人复核更容易发现问题，适用于出库业务繁多和货物品种繁杂的仓库
专职复核	设置对出库货物进行复核的专职复核人员，专职复核人员与发货的仓管员共同对出库货物的数量和质量承担责任	有利于提高复核人员的工作效率，适用于出库量较大的综合性仓库
环环复核	在货物出库的各个环节都对单证与货物进行反复核对	工序较多，但准确率高，适用于分工细致的大型现代化仓库

（四）包装刷唛

1. 包装

为了减少货损，降低包装成本，在包装出库货物时应满足以下要求：

（1）尽量将同一种货物的包装标准化，即统一包装的材料、规格、容量、标志和封装方式。

（2）根据货物的外形特点选用重量和尺寸适宜的包装材料，使货物便于装卸和搬运。

（3）确保包装牢固、稳定，符合运输要求，并采取适当的防潮、防震措施。

（4）在不影响运输及搬运效率的前提下，尽量将同一类货物混合包装，严禁将互相影响或性能互相抵触的货物混合包装。

（5）充分利用包装的容积，节约包装材料。

（6）尽量使用可循环利用或可降解的包装用品，不用有毒物质、有害物质作为填充物。

绿色发展

菜鸟的“绿色回箱”计划

近年来，我国快递行业发展十分迅猛。2011 年，我国日均快递业务量仅为 1 000 万件；到 2021 年，日均快递业务量已突破 3 亿件大关。“双十一”期间，快递包裹数量更是年年创历史新高。然而，海量包裹的背后，是快递包装废弃物的持续增加，这给生态环境保护带来了巨大压力。

从 2018 年“双十一”起，菜鸟便开始推行“绿色回箱”计划，鼓励消费者循环使用快递纸箱。截至 2021 年“双十一”，该计划已覆盖全国 31 个省的 315 个城市。2021 年“双十一”，菜鸟联合天猫再投放 1.3 万个绿色回收箱，并于 11 月 1—15 日推出“包装换鸡蛋”活动（见图 4-3）。同时，在全国 20 个城市的 1 万家菜鸟驿站试行“旧包装循环寄件”，打通循环寄件闭环。

此外，菜鸟还推出了“个人减碳账单”（见图 4-4），从而实现线上线下一同推动快递包装的回收和循环再利用。消费者既可以通过线下包装回收、扫码参与领蛋活动，也可以通过分享个人减碳账单倡导绿色回收。

图 4-3 “包装换鸡蛋”活动

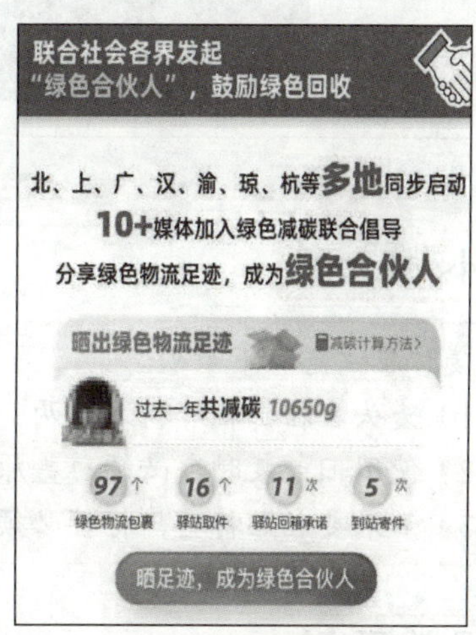

图 4-4 个人减碳账单

从环保包装材料、集约化仓储配送，到快递箱末端回收，菜鸟构建了一条全链路减碳的绿色供应链。据测算，一个包裹历经完整的菜鸟绿色物流全链路，可减碳超过 1 000 g。2021 年，菜鸟绿色物流全链路已产生 194 亿次绿色物流行为，共减碳超 25 万吧。

（资料来源：凤凰网，https://tech.ifeng.com/c/8AoKQysXQK6）

2. 刷唛

刷唛即印刷唛头。唛头（见图 4-5）通常由一个简单的几何图形和一些简单的文字组成，其作用在于使货物在装卸、运输、保管过程中容易被有关人员识别，以防错发、错运或保管不当等。

唛头

唛头通常包括四个要素，即收货人代号、目的地、参考号（运单号、订单号、合同号等）和件数。另外，对于易碎、易损、易变质的货物，通常应在包装上刷上醒目的图形或文字，以提醒相关人员注意。例如，对于易碎品，外包装应刷易碎标志；对于怕潮、怕雨淋的货物，外包装应刷怕湿标志；对于有堆码限制的货物，外包装应刷堆码极限标志。

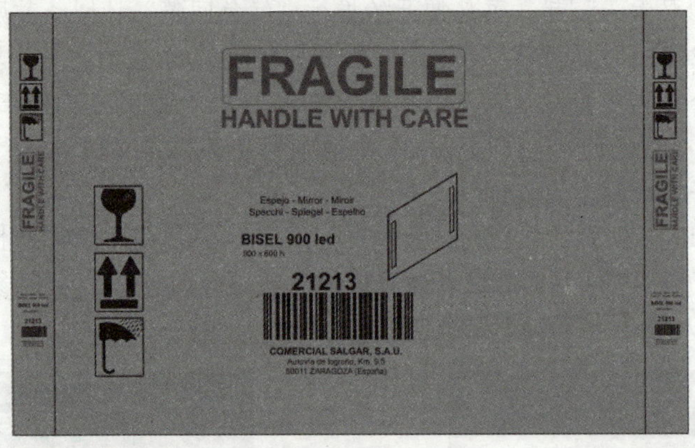

图 4-5　唛头

小提示

刷唛时应注意以下事项：

（1）唛头应在货物外包装的两头，字迹清楚，不错不漏。

（2）使用旧包装时，必须覆盖原有标志。

（3）如果要粘贴标签，标签必须粘贴牢固。

课堂互动

请说出图 4-6 中的包装纸箱上各个标志的含义。

图 4-6　包装纸箱上的标志

（五）点交

出库的复核、点交

出库货物经过复核确认无误后，仓管员即可办理点交手续，以完成货物交接并划清责任。若客户自提货物，仓管员应将出库货物当面点交给提货人，并办理交接手续；若仓储部门自行送货或办理托运，仓管员应将出库货物当面点交给送货人或承运人，并办理交接手续。

小提示

点交货物时应注意以下事项：

（1）仓储部门应主动将重要货物或特殊货物的保管要求、运输注意事项等告知提货人或承运人。

（2）点交完毕后，仓管员应做好出库记录，并由提货人和承运人在相关出库凭证上签字确认。

（六）登账

货物点交出库之后，仓管员应在出库单（见图 4-7）上签字确认，然后及时、准确地记录货物账目，以便仓库结算人员或财务人员进行结算。

出库单

客户单位： 提货单号： 出库日期： 出库单编号：

序号	货物编号	货物名称	规格	型号	单位	提货数量	实发数量	单价	金额小计	备注
1										
2										
3										
总计金额（人民币大写）：						总计金额（小写）：				
其他记载事项：										
提货方式： 提货车号： 结算方式： 出货仓库：										

审核： 记账： 提货人： 制单人：

图 4-7 出库单

（七）清理

货物发出后，仓管员需进行库内清理。库内清理包括现场清理和档案清理。

现场清理的主要内容有：① 并垛或将被拆开的货物归位；② 整理被打乱的货位，清扫发货现场的垃圾、杂物等；③ 检查相关设施设备和工具有无损坏或丢失。

档案清理主要是指将留存的提货凭证、货物单据及相关文件等原始资料归入档案，以备查用。

同步案例

JY 物流公司的出库流程管理制度

1．客户提货

客户在出库通知单上填写提货人的信息，并提前将出库通知单传给 JY 物流公司仓储部门的料账处。料账员根据出库通知单核对提货人信息。确认无误后，提货人应在出库通知单上登记姓名、身份证号码、车牌号码等。

2. 制作出库单

料账员根据出库通知单，核查相应批次货物的库存信息和货位信息。确认出库通知单上的数据准确无误后，根据出库通知单上的信息制作出库单。

制作出库单时，料账员应根据盘点表中的库位信息填写库位栏，在制表栏中签名并盖 JY 物流公司的发货专用章，然后交复核人员核对。复核人员核对出库单，确认无误后将出库单打印三份，然后交给提货人。

3. 核对出库单

提货人把出库单交给仓管员，仓管员根据存货台账核对出库单上货物的批次、名称、规格、生产厂家、结存数量、库位等信息。若发现异常情况，仓管员应立即与料账员进行核对。信息核对无误后，再根据收发台账上的批次和库位信息找到应发货物，并组织人员备货。

4. 备货

备货人员在备货的同时必须做好循环盘点工作，盘点无误后应做好存货卡。备货完毕后，备货人员将备好的货物交复核人员复核，确认无误后，予以发货。

5. 交货并签认出库单

仓管员根据出库的实际情况，在出库单上填写货物实发数量，然后与提货人进行核对。经核对无误后，由双方在出库单上签字确认（提货人必须注明相关证件号）。出库单一式三份，一份给仓管员留底做台账，一份给提货人，另一份由提货人交给料账处。

6. 制作电子台账

料账员收到出库单后应及时按实际数量做电子台账，若发现异常情况，及时联系相应的仓管员并协同处理，直至问题妥善解决。

7. 日常维护账目

每日下班前，仓管员应将货物收发台账交料账员，由料账员与电子台账核对。核对时若发现问题，应当场解决。若货物库位发生变动，仓管员要及时通知料账员更改电子台账。

二、出库作业中常见问题的处理

在出库作业过程中，经常会出现各种问题，仓储部门应根据实际情况采取相应的措施进行处理。

（一）出库凭证出现问题

在出库作业过程中，出库凭证通常会出现以下几种问题。

1. 出库凭证的真实性异常

仓管员在发现出库凭证有假冒、复制、涂改现象，或者有其他疑点时，应及时联系保卫部门及出具出库凭证的单位或部门，以妥善处理。

2. 出库凭证上的信息有误

若出库凭证上的货物名称、规格等信息与货物的实际信息不相符，仓管员不得自行换货，而应告知提货人到相关单位或部门重新开具出库凭证，然后根据新的出库凭证发货。

3. 出库凭证超过提货期限

当提货人持超过提货期限的出库凭证来提货时，仓管员应告知提货人必须先办理相关手续，并按规定缴足逾期的仓储保管费用后，仓库方可发货。

4. 出库凭证遗失

若客户遗失了出库凭证，仓管员应立即为其办理挂失手续并要求客户出具单位证明。如果挂失时货物未被提走，经仓管员和财务人员查证属实后，由仓储部门为其办理挂失登记手续，将原出库凭证作废，并缓期发货；如果挂失时货物已经被提走，则仓储部门不承担责任，但有义务协助客户找回货物。

小提示

若提货人持期货凭证前来提货，而该货物尚未验收入库，仓管员应告知提货人待货物验收后再发货，并为其办理暂缓发货手续。

（二）提货数与实存数不符

当提货数大于实存数时，无论是何种原因引起的，仓管员都需要与仓储部门主管和供应商及时取得联系并妥善处理。具体处理方法如下：

（1）如果是由入库时记错账引起的，可以采用“报出报入法”进行调整。“报出报入法”是指先按库存账面数开具货物出库单进行销账，然后按照实存数重新入库登账，并在入库单上注明情况。

（2）如果是由仓管员串发、错发引起的，应由仓储部门负责解决实存数与提货数之间的差异问题。

（3）如果是由供应商漏记账引起的，应由供应商出具新的提货单。

（4）如果是由仓储过程中的损耗引起的，则需要考虑该损耗是否在合理的范围内，并与供应商协商解决。通常情况下，合理范围内的损耗应由供应商承担，但超过合理范围的损耗，则由仓储部门负责赔偿。

（三）漏记账或错记账

漏记账是指在出库作业中，由于没有及时核销明细账而造成货物账面库存量多于或少于实际库存量的现象。错记账是指货物出库后，仓管员在核销明细账时没有按实际发货的货物名称、数量等进行登记，从而造成账物不相符的现象。

无论是漏记账还是错记账，一经发现，除及时向有关领导如实汇报外，还应根据原出库凭证查明原因，调整保管账，使之与实存数保持一致。因漏记账和错记账而给供应商和承运单位造成损失的，物流企业应予以赔偿，并追究相关人员的责任。

（四）错发货

错发货（包括串发货）是指发货人员因不熟悉货物的品种和规格，或者由于工作中的疏漏，将规格或数量错误的货物发出的情况。这种情况会导致一种货物的实际库存量少于账面库存量，而另一种货物的实际库存量多于账面库存量。

出现错发货情况时，如果货物尚未出库，应组织重新发货；如果货物已经出库，仓管员应根据库存的实际情况，如实向仓储部门主管和供应商通报串发货和错发货的品名、规格、数量等，并与供应商和运输单位协调解决。

（五）包装破损

包装破损主要是由作业过程中操作不慎、货垛挤压等引起的。出现包装破损情况时，仓管员应及时整理或更换破损的包装。否则，仓储部门应承担由此造成的损失。

课堂互动

A公司委托B物流公司将一批货物从上海某配送中心运到天津，B物流公司将货物运到后通知C公司的收货人前来提货。操作过程中出现了下列问题：

（1）B物流公司需要提取某种货物600件，但在配送中心的仓库中，该货物的实存数只有500件。

（2）B物流公司在提货时发现货物规格不符，250 mL的罐装旺仔牛奶错发成了125 mL的盒装旺仔牛奶。

（3）C公司提货人不慎将出库凭证丢失。

（4）C公司在提货时发现，由于受到挤压，牛奶的包装出现了不同程度的损坏。

3～5人一组，分组讨论上述案例中各个问题的处理方法，教师随机选择几组学生回答。

任务实施

任务背景

2020年7月22日，JY物流公司接到CN公司的提货单（见图4-8），仓库需要马上组织人手进行货物出库作业。

提货单

供应商：CN公司　　　　日期：2020年7月22日

序号	货物名称	型号	数量/台	单价/元	金额/元	包装	备注
1	小熊多功能酸奶机	SNJ-5311-1 000mL	20	68	1 360	纸箱	
2	九阳榨汁机	JYZ-E8	30	199	5 970	纸箱	
3	美的豆浆机	DS12G31 1.2L	30	299	8 970	纸箱	

仓储单位：JY物流公司　　制单人：刘××　　提货单位：CN公司

图4-8　提货单

实施步骤

（1）将全班学生分成若干小组，每组5～6人，每组指定一名组长。

（2）以小组为单位，制订货物出库的工作流程，并现场模拟货物出库作业。

（3）教师对各组的表现进行点评。

1．单项选择题

（1）货物出库作业要做到“三不三核五检查”，其中“三不”所指的内容不包括（　　）。

A．没接到出库凭证不翻账册

B．凭证未经审核不备货

C．账卡未经核对不备货

D．货物未经复核不出库

（2）客户因货物质量检验、样品陈列等需要，到仓库提取货样的出库方式被称为（　　）。

A．自提　　B．过户　　C．取样　　D．转仓

（3）（　　）是指客户或其代理人持出库凭证，自备运输工具直接到仓库取货。

A．送货　　B．自提　　C．取样　　D．转仓

（4）下列出库方式中，货物没有离开仓库的是（　　）。

A．取样　　B．转仓　　C．自提　　D．过户

（5）若客户或货主的出库凭证遗失，下列说法中正确的是（　　）。

A．客户或货主可等有空了再跟仓管员和财务人员联系挂失

B．挂失时货物已被提走，仓储部门不负任何责任，也没有义务协助寻找货物

C．挂失时货物未被提走，客户或货主不用再挂失就可直接提走货物

D．挂失时货物未被提走，经仓管员和财务人员查实后做挂失登记，并将原凭证作废，缓期发货

2．多项选择题

（1）货物出库作业要做到“三不三核五检查”，以下属于“五检查”内容的有（　　）。

A．品名　　B．规格　　C．包装　　D．重量

（2）下列选项中，可作为出库凭证的是（　　）。

A．付款单　　B．提货单　　C．领料单　　D．调货单

（3）下列有关备货的说法中，正确的有（　　）。

A．无论出现什么情况，备货时都应遵循“先进先出、推陈储新”的原则

B．出库货物应附有质量证明书或抄件、装箱单等文件

C．机电设备、仪器仪表等货物的说明书及合格证应随货同行

D．进出口货物要附海关证明和货物检验报告等材料

（4）出库复核方式有（　　）。

A．个人复核　　B．相互复核　　C．专职复核　　D．环环复核

3．名词解释

（1）货物出库作业。

（2）转仓。

（3）出库复核。

4．简答题

（1）在货物出库作业中，仓管员应对哪些内容进行复核？

（2）库内清理工作包括哪些内容？

（3）在货物出库作业中，如果遇到提货数与实存数不符的情况，该如何处理？

5．综合分析题

某企业专营游泳吸水毛巾，在某次出库作业过程中，仓管员小李在审核出库凭证时，发现客户提货单上的货物信息为“40 cm×40 cm 粉色毛巾 100 条”，而货物实物信息为“40 cm×38 cm 红色毛巾 100 条”。小李正打算就此事询问仓库主管部门，恰逢主管部门负责人外出，而此时客户又不断催促，小李便将仓库内的 40 cm×38 cm 红色毛巾发给客户。

小李在出库作业中犯了什么错误？正确的处理方法是什么？

配送作业篇

项目五 配送与配送中心概述

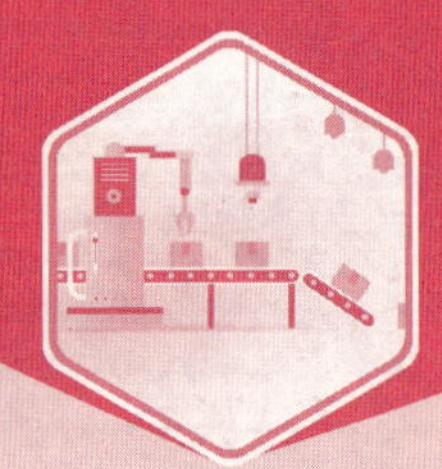

项目引言

为了满足多品种、小批量、多批次、高频率的配送要求，物流企业开始对运输资源进行科学、合理的配置，从而产生了“配送”这一物流活动。配送中心将收货验货、储存保管、装卸搬运、分拣、流通加工、配送、结算、信息处理等作业有机地结合起来，形成多功能、节约化和全方位服务的供货枢纽。

知识目标

- ✓ 了解配送的概念、特点和基本要求。
- ✓ 熟悉配送的分类。
- ✓ 了解配送中心的概念、功能和分类。
- ✓ 熟悉配送中心的规划布局。
- ✓ 了解配送中心的作业流程和岗位设置。

素质目标

- ✓ 通过学习物流企业提高配送效率的措施，认识科技进步对物流产业发展的重要推动作用，为建设科技强国、实现中华民族伟大复兴贡献力量。
- ✓ 通过学习配送中心各部门的主要岗位及岗位职责，强化角色意识和责任意识。

任务一　认识配送

任务导入

刘培是石家庄某院校物流管理专业的一名学生，他利用暑假进入北京嘉美超市配送中心实习。入职第一天，师傅要求他先了解配送的相关知识，并询问了他两个有关配送的问题："什么是配送？配送有哪些特点和要求？"刘培被问得有点不知所措。

你能帮刘培找到这两个问题的答案吗？

知识讲解

一、配送的概念

配送是指在经济合理区域范围内，根据客户要求，对货物进行拣选、加工、包装、分割、组配等作业，并按时送达指定地点的物流活动。

配送的常见要素有集货、拣货、配货、配装、加工、送达服务、运输等。

（1）集货：将分散的或小批量的货物集中起来，以便配送和运输。

（2）拣货：依据客户的订货或配送中心的送货计划，将货物从其储位中拣取出来，并按一定的方式进行分类、集中。

（3）配货：检查拣取并完成分类的货物，将其装入容器后做好标志，再运到发货准备区。

（4）配装：对配送给不同客户的货物进行组合、装载。

（5）加工：按照客户的要求对货物进行加工。

（6）送达服务：将客户所需货物运送到客户手中或客户指定的地点。

（7）运输：包括末端运输和支线运输。与普通运输的主要区别在于，配送活动中的运输属于短距离、小规模运输，一般使用汽车运输。该运输以服务为主，具备装卸、保管、分拣、流通加工等功能。

二、配送的特点

（1）配送强调满足客户的需求。配送是以满足客户对货物数量、质量、时间和空间等的需求为出发点，实现货物的位置转移。物流企业必须从客户的利益出发，为客户提供及时、准确、安全的服务。

（2）配送是"配"与"送"有机结合的形式。"配"是对货物进行集中、分拣和组配，

“送”是以各种方式将货物送至指定地点。在现代物流管理中，只有有组织、有计划的“配”，才能实现低成本、高效率的“送”，进而满足客户的需求。

（3）配送强调实效性。配送不仅仅是“配货”与“送货”的结合，它更强调按照双方的约定，在指定的时间和地点完成货物的交付活动，充分体现实效性。

（4）配送应限定在经济合理区域范围内。物流企业应从经济合理的角度来划分配送区域，建立高效、快捷的配送网络，尽可能地降低配送成本。

三、配送的基本要求

物流企业应明确配送要实现的目标，有效地组织配送服务，保证配送活动及时、准确、安全、经济地进行。

1. 及时

及时即在指定的时间内把货物送到客户手中，这就要求物流企业能够及时、快速地对客户的要求做出响应。同时，配送环节的各项作业衔接要紧密，各种登记、统计工作也应及时完成。

2. 准确

准确具体包括以下内容：

（1）从客户处得到的信息要准确、完整。

（2）按照客户要求的名称、规格、数量等配送货物。

（3）为客户提供指定数量的货物，做到数量准确。

（4）将货物送到客户指定的地点，做到地点准确。

（5）办理业务手续时，做到账、卡、证、物准确。

（6）财务结算时，做到单据、金额准确，核收杂费准确，银行帐号和户头的相关信息准确。

3. 安全

保证配送的货物不受损失和配送人员不发生伤亡事故，是配送管理工作中极其重要的内容，也是配送环节不可忽视的问题。安全的要求具体如下：

（1）配送过程中，要做好防潮、防冻、防火、防盗、防撞击等工作，确保货物不发生霉烂变质、虫蛀鼠咬、过期失效、丢失、爆炸和碰撞损坏等状况。

（2）配送人员要严格按照操作规程和各项安全制度进行配送作业，确保人身安全。

（3）司机在送货过程中要注意安全，遵守交通规则，避免发生交通事故。

4. 经济

配送活动的经济要求主要包括以下几点：

（1）要经常清点货物，掌握货物的储存情况，保证仓储货物数量准确，质量完好。

（2）提高仓容利用率，降低储存保管费用。

（3）合理地调度车辆并组织装卸搬运，以降低运输成本。

（4）合理地选择配送线路和配送方式，以提高配送效率。

科技之光

丹鸟物流提高配送效率的措施

在网购已成为人们最重要的购物方式的今天，物流配送速度显得尤为重要。作为一个新兴的品牌，丹鸟物流由多家落地配送公司共同推出。丹鸟物流以大数据为基础，在效率、成本、用户体验等方面较以前的物流模式有了极大的提高。

1．“丹鸟鲜送”设立冷链分仓，直接从分仓就近给消费者发货

在仓储配置上，“丹鸟鲜送”在武汉、广州、北京、成都、西安、沈阳、青岛等7大枢纽城市设立了冷链分仓，将产品提前运送至分仓暂存，并直接从分仓就近给消费者发货。丹鸟通过销售预测数据分析，为商家定制个性化物流解决方案，以降低物流成本。此外，丹鸟物流的生鲜包裹在运行中都贴有专属标签，全程可被优先中转、极速配载、优先配送。

2．丹鸟物流运用技术手段和智能算法，赋能于新零售生态

丹鸟物流利用技术手段和智能算法，联合配送网络上下游生态合作伙伴，对全国落地配网络进行升级，赋能商家，打造本地生活的极致物流体验。此外，丹鸟物流依靠大数据建立了数字化配送模型，实现智能调配人、车、货、场等资源，赋能于新零售生态。

3．丹鸟物流通过缩短运距，实现高效配送

丹鸟物流专注于提供优质的区域性、本地化配送服务，为商家提供集运输、配送、售后服务等于一体的综合物流解决方案。截至2019年底，丹鸟物流在全国范围内共有70多个分拨中心、3 000多个站点、50 000多个配送员，日操作能力超过1 000万件，业务覆盖200多个城市。利用数字化配送模型，丹鸟物流可以快速找到离送货点最近的站点，实现高效配送。

（资料来源：东方资讯，https://mini.eastday.com/a/191117172456972.html）

四、配送的分类

（一）按配送时间和数量分类

按配送时间和数量不同，可将配送分为定时配送、定量配送、定时定量配送、定时定路线配送和即时配送等，如表5-1所示。

表5-1　按配送时间和数量分类

类　型	概　念	特　点
定时配送	按规定的时间间隔配送，如每隔数天或数小时配送一次。每次配送的品种和数量可按原计划执行，也可按客户的要求执行	时间固定，有利于配送部门制订工作计划，也有利于客户安排接货

（续表）

类　型	概　念	特　点
定量配送	每次按固定的品种和数量配送	对配送部门来说，每次配送的品种和数量固定，因此备货工作比较简单且有计划性；对客户来说，每次接货的数量固定，有利于提前准备人力和物力
定时定量配送	按规定的时间、品种和数量配送	兼有定时配送和定量配送的优点，但因特殊性强、计划难度大，故通常只适用于固定的客户
定时定路线配送	通过分析客户的分布状况，设计合理的运输路线，再根据运输路线安排时间表，并按时间表和规定的运输路线配送	对配送部门来说，采用这种配送方式有利于安排车辆及驾驶人员；对客户来说，由于接货的地点和时间固定，因此可有计划地安排接货
即时配送	根据客户突然提出的送货时间及其对货物品种、数量等要求及时地配送	适合零星货物、临时需要的货物和急需货物的配送。为了使配送更有计划性，可提前按预测结果制订计划，并准备相应的人力和物力

视野拓展

即时配送未来的发展趋势

即时配送起源于餐饮外卖，随着消费需求的增长，即时配送的服务范围已由餐饮外卖的配送，逐渐扩展到生鲜配送、商超配送、药品配送及其他生活用品的配送。

《2019 中国即时配送行业发展报告》显示，2014—2019 年，我国即时配送用户规模逐年增长。2019 年，即时配送用户达到 4.21 亿，较 2018 年增长 17.6%。同时，该报告还预测，2020 年中国即时配送用户规模将达到 4.82 亿。

随着订单量的不断增加和科技的不断发展，依靠大数据、AI 等技术的智能配送体系将日益成熟，即时配送将从劳动密集型走向技术密集型。未来，提供即时配送服务的企业、商家、创业者将挖掘更多需求，并不断拓宽即时配送所涵盖的品类。

（资料来源：搜狐网，https://www.sohu.com/a/403923165_120741859）

（二）按经营形式分类

按经营形式不同，可将配送分为销售配送、供应配送、销售—供应一体化配送、代存代供配送等，如表 5-2 所示。

表 5-2　按经营形式分类

类　型	概　念	特　点
销售配送	销售型企业为了提高销售量和市场占有率而进行的促销型配送	以销售为目的，以配送为手段，随机性较强，计划性较差。大部分商店采用这种配送方式
供应配送	企业为了满足自己的生产需要而采用的配送方式，往往由企业或企业集团组建配送据点并集中组织大批量进货，然后向本企业或企业集团内若干子公司配送	能保证供应能力和供应水平，大型企业集团或联合公司通过大批量进货还可以获得价格优惠，从而达到降低供应成本的目的。连锁商店广泛采用这种配送方式

（续表）

类　型	概　念	特　点
销售—供应一体化配送	销售型企业在对需求基本稳定的客户进行销售的同时，还承担着供应职责，即销售型企业既是销售者，又是客户供应代理人	有利于形成稳定的供需关系，保持流通渠道畅通
代存代供配送	客户把属于自己的货物委托给物流企业代存、代供或代订，然后由其组织配送	货物所有权不发生变化，所发生的只是货物位置的转移。物流企业仅从代存、代供中获取代理收益，不能获得销售货物的经营性利润

活学活用

某服装配送中心的高层自动化仓库可储存众多服装制造厂的各种服装。此外，该配送中心还设立了样品陈列室、批发洽谈室等。客户在陈列室看好样品，在洽谈室订好服装后，配送中心就能准时将其所需服装送达指定地点。

请判断该配送中心采用的是何种配送模式。

（三）其他分类方式

（1）按节点差异不同，可将配送分为配送中心配送、仓库配送、企业门店配送和生产企业配送。

（2）按配送对象的种类和数量不同，可将配送分为单品种大批量配送，多品种小批量配送和配套、成套配送。

（3）按配送服务的专业程度不同，可将配送分为综合配送和专业配送。

（4）按加工程度不同，可将配送分为加工配送和集疏配送。

任务实施

任务背景

福海配送中心是一家电子产品零件配送企业，为方圆 20 km 内的 50 家客户配送材料，平均每个客户需要配送的零件在 60 种左右，客户要求的送货时间集中在上午 9:00—10:00 和下午 15:00—16:00。

为了更好地为客户服务，福海配送中心开发了一个电子网络系统。通过该系统，福海配送中心可以随时查询客户的库存情况，然后组织配送工作。由于这 50 家客户分布较为分散，零件需求变化也较大，福海配送中心常常为了配送客户紧急需要的少量零件而占用车辆，严重地影响了正常的配送计划。

实施步骤

（1）将全班学生分成若干小组，每组 2～3 人。

（2）以小组为单位，分析福海配送中心的配送属于哪种配送类型，并讨论该配送中心提高工作效率的方法。

（3）将分析及讨论结果以 PPT 的形式在课堂上展示。

（4）教师对各组的成果进行点评。

任务二 认识配送中心

任务导入

JY 物流公司收购了 SL 日用品仓库（平面图示意见图 5-1），准备将其改建成一个辐射全市的 JY 日化用品配送中心。JY 物流公司将改建 SL 日用品仓库的任务交给了王鹏，让他提交一份规划方案。

<table>
<tr><td>仓库入口</td><td rowspan="2">储存区</td><td>仓库出口</td></tr>
<tr><td>入库工作台</td><td>出库工作台</td></tr>
</table>

图 5-1 SL 日用品仓库平面示意图

改建 SL 日用品仓库时需要增加哪些功能区域？应怎样布置？请你帮助王鹏完成此次的仓库改建任务。

知识讲解

一、配送中心的概念和功能

（一）配送中心的概念

配送中心是指从事配送业务且具有完善信息网络的场所或组织，如图 5-2 所示。作为现代化的物流节点，配送中心将收货验货、储存保管、装卸搬运、分拣、流通加工、配送、结算、信息处理等作业有机地结合起来，形成多功能、节约化和全方位服务的供货枢纽。

配送中心一般应符合以下要求：① 主要为特定客户或末端客户提供服务；② 配送功能健全；③ 辐射范围小；④ 能提供小批量、多批次的配送服务。

配送中心、仓库与物流中心的对比如表 5-3 所示。

图 5-2　配送中心

表 5-3　配送中心、仓库与物流中心的对比

对比项目	配送中心	仓　库	物流中心
服务对象	特定客户	特定客户	面向社会
主要功能	具备各项配送功能	货物保管	具备各项物流功能
经营特点	配送为主，储存为辅	库房管理	具有强大的储存和吞吐能力
配送品种	多		少
配送批量	小		大
辐射范围	小	小	大

（二）配送中心的功能

一般来说，配送中心的功能主要包括采购、集货、储存、分拣、配装、加工、送货和信息处理等。此外，配送中心还具有装卸搬运、包装等功能。

1. 采购功能

采购功能是配送中心的首要功能。配送中心首先需要根据市场的供求情况，制订并及时调整采购计划，然后采购所要配送的货物。采购工作一般由专门的工作人员与采购部门组织实施。

2. 集货功能

配送中心凭借其特殊的地位及各种先进的设施和设备，能够将分散在各个生产企业的货物集中到一起，以满足客户的要求。集货功能是配送中心获得规模优势的基础，也是配送中心的基础功能。

3. 储存功能

为了保证资源供应，并且顺利、有序地完成配送，更好地发挥保障生产和满足消费的作用，配送中心通常要兴建现代化仓库并配备一定数量的仓储设备，进而储存一定数量的货物。

4. 分拣功能

不同客户对货物的种类、规格、数量及送达时间等都有不同的要求，为了同时向不同的客户配送多种货物，配送中心必须采用适当的方法对货物进行拣选。因此，在货物流通过程中，配送中心需要具有分拣货物的功能。

5. 配装功能

客户为了降低库存、加快资金周转，往往进行小批量、多批次订货。为了满足客户的这种需求，配送中心大量购进货物后，还必须按照客户的要求对其进行拆分、组配。可见，配装功能是配送中心的必要功能。

6. 加工功能

配送中心利用其配备的加工设备，可以将货物按一定的规格、尺寸或形状加工，以方便客户订货。配送中心开展加工业务，不但免去了客户的烦琐劳动，提高了配送效率，扩大了经营范围，而且客观上强化了配送中心的整体功能。

7. 送货功能

配送中心的末端功能是送货功能，即按照客户对货物品种、数量、规格、送货时间和地点的要求，将货物送至客户的手中。

8. 信息处理功能

配送中心具有完善的信息管理系统，可以对各个物流环节中的作业信息进行实时采集、分析和传递，并向货主提供各种作业明细及咨询信息，为整个物流过程的控制、决策和运转提供依据。

二、配送中心的分类

（一）按经营主体分类

按经营主体不同，可将配送中心分为制造商主导型配送中心、批发商主导型配送中心、零售商主导型配送中心和物流企业主导型配送中心，如表 5-4 所示。

表 5-4 按经营主体分类

类 型	概 念	特 点
制造商主导型配送中心	制造型企业为满足本厂产品的生产和销售所建立的配送中心	一般来说，这类配送中心只能为零售商配送某家生产企业的产品，难以满足零售商对多家产品的需要，是一种社会化程度较低的配送中心
批发商主导型配送中心	批发商为实现产品的汇集和再销售而建立的配送中心	一方面可使批发商通过集中采购获得规模效益，从而降低采购价格，节省运输成本；另一方面可实现多品种一次送货，充分满足零售商的需求，是一种社会化程度较高的配送中心
零售商主导型配送中心	由零售商向上整合所成立的配送中心	以零售业为主体，零售商可以将库存货物集中存放于配送中心，由配送中心不断地向各零售商送货，以减轻零售商仓库的压力。这种配送中心的社会化程度介于制造商型配送中心和批发商型配送中心之间
物流企业主导型配送中心	由物流企业建立的为供应商提供配送服务的配送中心	具有较强的运输能力和配送能力，能按照供应商的要求迅速地将货物运送到指定地点，且物流设施的利用率高、成本低、服务范围广

（二）按服务范围分类

按服务范围不同，可将配送中心分为区域型配送中心和城市型配送中心。

1. 区域型配送中心

区域型配送中心是指为某一区域、全国乃至国际范围内的客户配送货物的配送中心。区域型配送中心的业务范围广、辐射能力较强，经营规模与配送批量也较大，服务对象往往是下一级城市型配送中心、生产企业、批发商和零售商等。

区域型配送中心一般由大型连锁集团建立，负责某一区域范围内某些商品的集中采购，并将采购的商品配送给下一级配送中心。例如，美国沃尔玛的区域型配送中心经营的商品有 4 万多种，每天可为分布在 6 个州的 100 多家连锁店配货。

2. 城市型配送中心

城市型配送中心是指在城市范围内，向众多客户提供“门到门”配送服务的配送中心。一般来说，城市型配送中心的辐射能力较弱，配送的货物品种多、批量小，服务对象多为城市范围内的零售商、连锁店和生产企业等。

由于城市范围内货物的配送距离较短，因此城市型配送中心往往和零售经营相结合。目前，我国一些城市已建立或正在建立的配送中心绝大多数属于城市型配送中心。

小提示

“门到门”配送服务是指由供应商发出配送指令，由配送中心调派车辆上门取货，由配送中心的目的地网点或合作公司负责将货物送达指定地点并交给收货人的一种配送服务。

（三）按流通职能分类

按流通职能不同，可将配送中心分为供应型配送中心和销售型配送中心，如表 5-5 所示。

表 5-5　按流通职能分类

类　型	概　念	特　点
供应型配送中心	执行供应职能，专门为某个或某些客户供应的配送中心	配送的客户有限并且稳定，属于企业型客户；客户的配送要求比较确定；库存货物的品种比较固定，进货渠道也比较稳固
销售型配送中心	执行销售职能，以销售经营为目的，以配送为手段的配送中心	配送的客户属于消费者型客户，即客户一般不确定，并且客户数量很大，每个客户购买货物的数量较少；库存货物的品种多，采用共同配送方式才能取得较好的经济效益

活学活用

美国福来明食品配送中心的建筑面积为 70 000 m^2，其中 40 000 m^2 为冷库，30 000 m^2 为杂货仓库。该配送中心的商品达 8 万多种，其主要任务是为美国国际独立杂货商联盟在加州的 350 家加盟店配送商品。

按服务范围和功能分类，美国福来明食品配送中心属于哪种配送中心？

（四）按归属分类

按归属不同，可将配送中心分为自有型配送中心、公共型配送中心和合作型配送中心，如表 5-6 所示。

表 5-6 按归属分类

类 型	概 念	特 点
自有型配送中心	所有物流设施和设备归一家企业或企业集团所有，并且只为一家企业或企业集团内部各个企业提供配送服务的配送中心	属于企业或企业集团的有机组成部分，只服务于一家企业或企业集团内部各个企业，通常不对外提供配送服务
公共型配送中心	可为所有客户提供配送服务的配送中心	以营利为目的，服务范围广
合作型配送中心	由几家企业合作兴建并共同管理的配送中心	多为区域型配送中心，辐射范围广

课堂互动

除上述分类方法外，还可采用哪些方法对配送中心进行分类？若根据配送货物的种类来划分配送中心，应如何分？

3～5 人为一组，以小组为单位讨论上述问题，教师随机选择学生进行回答。

三、配送中心的规划布局

配送中心一旦建成，就需要利用各种管理和技术手段，以最低的成本为客户提供物流服务。对配送中心进行合理的规划布局是一项十分重要的管理手段。

（一）配送中心网点的布局

配送中心网点是组织配送活动的基础条件，由于受货物资源分布、客户需求状况、运输条件和自然环境等因素的影响，在同一区域内的不同地方设置规模和供货范围不同的配送网点，整个物流系统的经济效益是不同的，有时甚至差别很大。因此，在对配送中心网点进行布局之前，需要了解配送中心网点的布局形式及选择配送中心网点需要考虑的因素。

1. 配送中心网点的布局形式

配送中心网点的布局形式主要有辐射型、吸收型、聚集型和扇型。

（1）辐射型。配送中心与多个客户的距离相当，货物从配送中心运往各个客户的路线呈辐射状，如图 5-3 所示。

（2）吸收型。配送中心与多个货主的距离相当，货物从各个货主向该配送中心运送的路线呈吸收状，如图 5-4 所示。

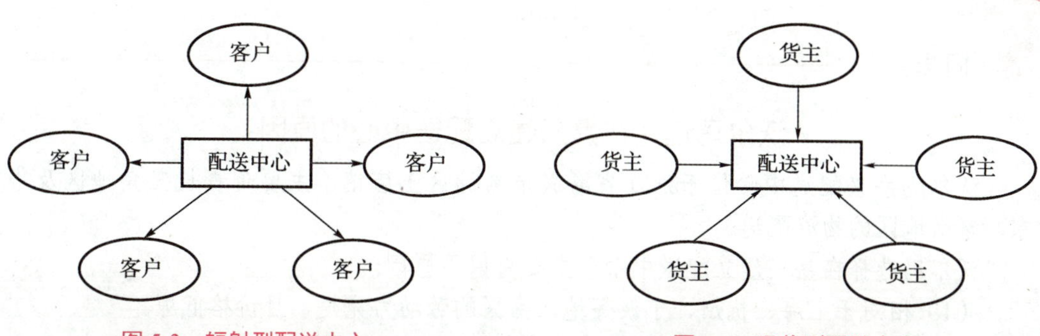

图 5-3　辐射型配送中心　　图 5-4　吸收型配送中心

（3）聚集型。类似于吸收型布局，但处于中心位置的是一个生产企业密集的经济区域，四周分散的是若干个配送中心，如图 5-5 所示。

（4）扇型。货物从配送中心向某个扇型区域运送，其线路呈扇型辐射状，如图 5-6 所示。

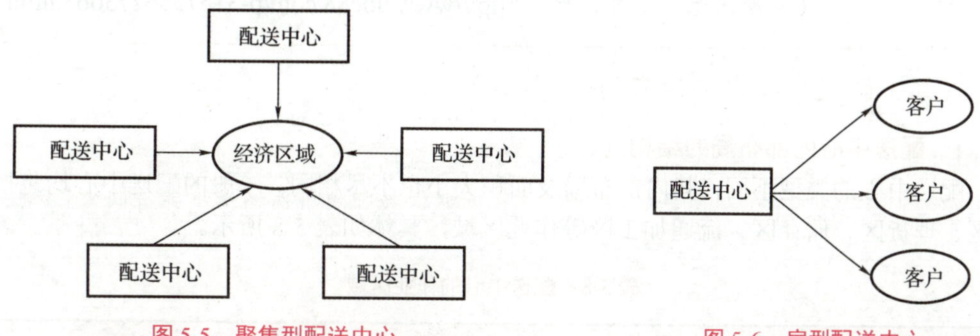

图 5-5　聚集型配送中心　　图 5-6　扇型配送中心

2．选择配送中心网点需要考虑的因素

选择配送中心网点需要考虑的因素如表 5-7 所示。

表 5-7　选择配送中心网点需要考虑的因素

考虑因素	说　明
自然条件	包括气候、温湿度、风向、地质条件等。例如，沿海地区湿度较大，有可能会影响货物的储存质量
交通条件	在条件允许的情况下，配送中心应尽量靠近交通运输枢纽（如高速公路、铁路货运站、港口、机场等），以保证配送服务的及时性
用地条件	配送中心的用地必须符合国家的土地政策和本地的城市规划，并且应根据当前的地价、未来的增值情况及扩充的需求程度等，确定最合适的面积
政策条件	包括当地政府的行政效率、产业政策和奖励优惠措施等
客户的分布	零售商主导型配送中心的主要客户是超市和零售店，这些客户大部分分布在人口密集的地方。为了提高服务水准及降低配送成本，配送中心多建在城市边缘并且靠近客户分布的地区
供应商的分布	配送中心靠近供应商时，其货物的安全库存可以控制在较低水平

同步案例

沃尔玛选择在嘉兴建立配送中心的原因

沃尔玛嘉兴配送中心位于浙江省嘉兴市秀洲区王店镇，主要负责长三角地区及华东、华南地区的物流配送。

沃尔玛选择在嘉兴建立配送中心，主要有以下原因：

（1）相对于上海、杭州、宁波等地，嘉兴的劳动力充足，且价格低廉。

（2）嘉兴的交通便利，铁路、公路、水路四通八达。

（3）以秀洲为中心的 100 km 范围内，制造业物流、商贸物流、社会物流等物流资源十分充足，使得嘉兴具备现代物流业发展的条件。

（4）沃尔玛投资建立配送中心时，嘉兴的地价相对较低。

（5）嘉兴市政府从水电、税收等方面给予了充分的支持。

（资料来源：道客巴巴，http://www.doc88.com/p-3157556273063.html）

（二）配送中心内部的布局

1. 配送中心内部布局的结构

配送中心的类型不同，其内部布局及面积大小也不尽相同。一般的配送中心均包括进货区、理货区、储存区、流通加工区等作业区域，具体如表 5-8 所示。

表 5-8 配送中心的作业区域

区 域	说 明
进货区	收货、验货、卸货、搬运及供货物暂停的场所，在该场所可完成接货及入库前的准备工作
理货区	对进货进行简单处理的场所。在这里，货物被分为直接分拣配送货物、待加工货物、入库储存货物和不合格需清退货物，并被送往不同的功能区
储存区	对暂时不需要配送的货物和可作为安全库存的货物进行保管和养护
流通加工区	对货物进行必要的生产性和流通性加工，如分割、剪裁、重新包装等
拣货配送区	进行分货、拣货、配货作业，为送货做准备
出货区	对待运货物进行检验、出货
退货处理区	存放进货和退货时残损、不合格或需要处理的货物
设备存放及维护区	存放叉车、托盘等设备及其维护（如充电、充气、紧固等）工具
废弃物处理区	对废弃包装物、破碎货物、变质货物、加工残屑等废弃物进行清理和回收

小提示

除了上述作业区域外，配送中心内通常还设有员工休息区、管理区等其他相关区域。

2. 配送中心内部布局的形式

要保证从进货到出货物流顺畅，就要根据实际情况对配送中心内部进行区域划分。区域划分好后，进货到出货的主要线路也就确定了。

配送中心内部布局

在配送中心内，由进货到出货的主要行进路线称为动线，动线的常见形式有 I 型、L 型和 U 型。

（1）I 型：适用于进、出货月台分别位于配送中心两端的情况，如图 5-7 所示。

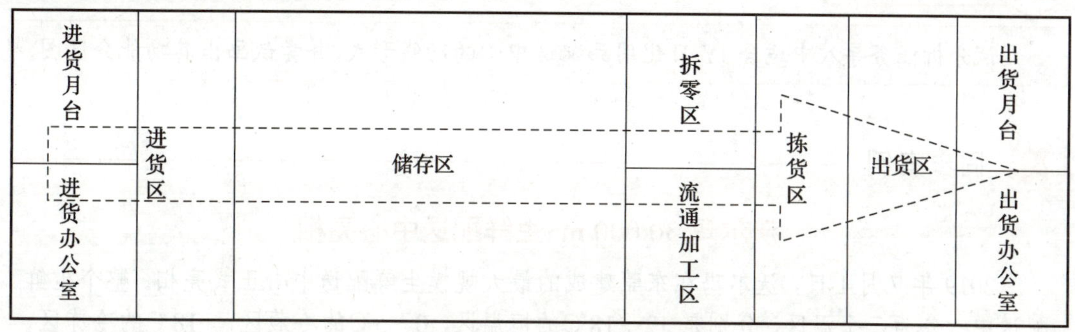

图 5-7　配送中心 I 型动线平面示意图

（2）L 型：适用于进、出货月台分别位于配送中心对角线方向的情况，如图 5-8 所示。

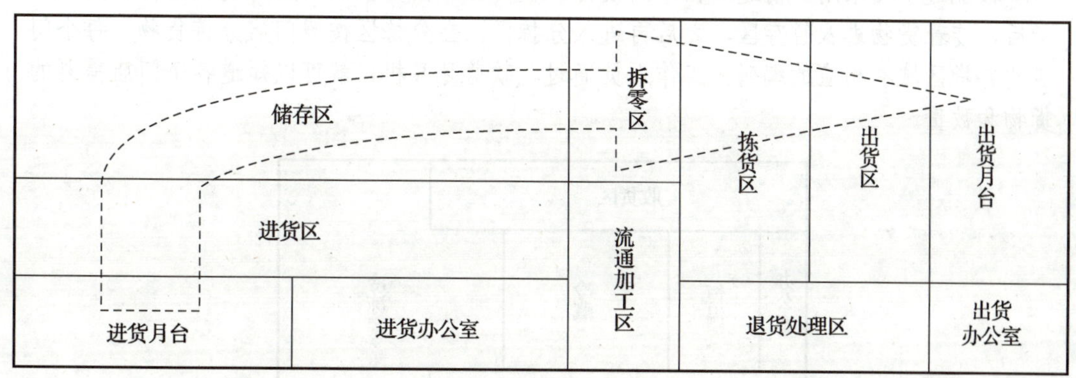

图 5-8　配送中心 L 型动线平面示意图

（3）U 型：适用于进、出货月台位于配送中心同侧的情况，如图 5-9 所示。

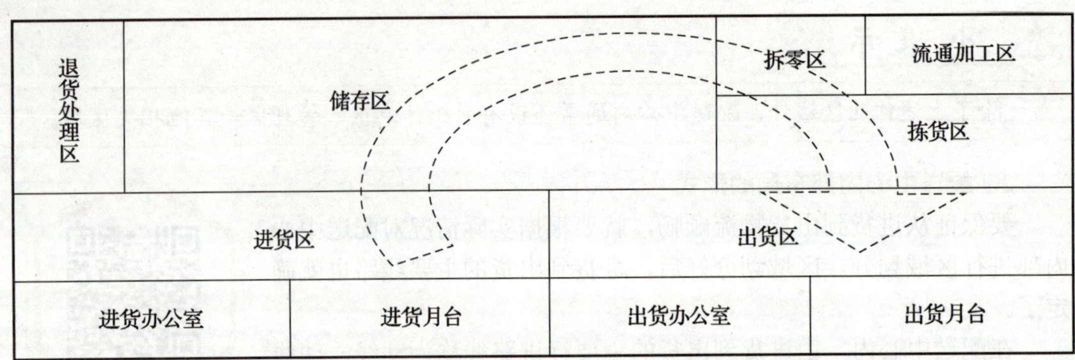

图 5-9　配送中心 U 型动线平面示意图

活学活用

试分析任务导入中适合 JY 日化用品配送中心的动线形式，并尝试画出其功能分区图。

同步案例

沃尔玛 30 000 m^2 生鲜配送中心亮相

2019 年 7 月 1 日，沃尔玛在东莞建成的最大规模生鲜配送中心正式亮相。整个生鲜配送中心分为三个温区，分别是 12～18℃的恒温区，0～5℃的冷藏区，−18℃的冷冻区。收货区和出货区分别布置在各个温区的两侧，实现一面进一面出的效果，极大地减少了货物的搬运次数。沃尔玛配送中心库区平面图如图 5-10 所示。

该配送中心采用“前进后出”的设计，收货区和出货区相对应，也就是前端完成收货后，接着货物进入暂存区，之后再进入分拣区，在分拣区按照门店分拣货物。每个门店的存货区域有相应的编码，工作人员通过一款蓝牙耳机，就可以知道各个门店需要的货物和数量。

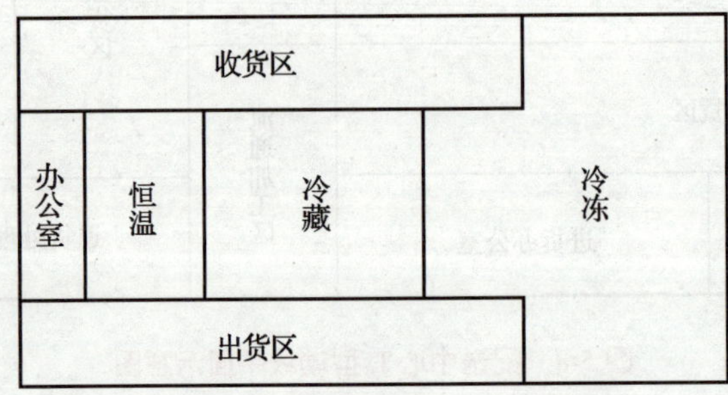

图 5-10　沃尔玛配送中心库区平面图

（资料来源：搜狐网，https://www.sohu.com/a/325005174_649545）

四、配送中心的作业流程

（一）一般作业流程

配送中心的功能必须通过具体的作业流程来实现。配送中心的一般作业流程为：进货→储存→拣货和配货→送货，如图 5-11 所示。

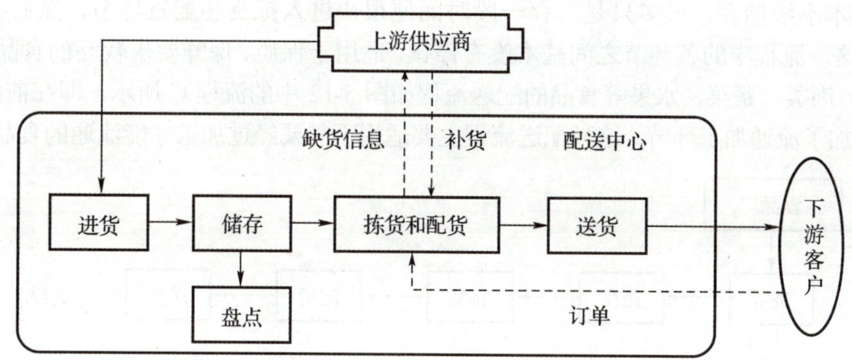

图 5-11　配送中心的一般作业流程

1. 进货

进货即组织货源，其方式有订货（或购货）和集货（或接货）两种。其中，通过订货方式采购的货物，其所有权属于配送中心；通过集货方式采购的货物，其所有权属于供应商。

配送的一般流程

2. 储存

储存是指配送中心按照客户的要求及配送计划，对所进的各种货物进行检验，然后分类储存在适宜的区域，以备拣货和配货。

3. 拣货和配货

拣货和配货是同一个作业环节中，有着紧密联系的两项物流活动。有时，这两项活动是同时进行的，如散装货物的拣货和配货。

4. 送货

送货是配送中心的最后一个作业环节，其工作重点是充分利用运输工具的容积和载重量，对货物进行配装，并选择合理的运输方式和路线将货物运送给客户。

配送中心从接到客户订单到完成送货的整个流程可概括如下：① 将订单按其性质进行处理；② 根据处理后的订单信息，从仓库中取出客户需要的货物，即进行拣货作业；③ 从仓库拣选出的货物经整理后，便可装在配送车上，然后运送给客户。值得注意的是，拣货完成后，若发现拣货区所剩货物较少，则必须从储存区补货。若储存区的货物不足，仓储部门应立即向供应商采购。

（二）特殊作业流程

货物的特质不同，其配送流程也有所差异。下面介绍几种典型货物的配送流程。

1. 副食品、生鲜食品的配送流程

副食品、生鲜食品的种类和性质不同，其配送流程也不同。

（1）酒类、粮食类、糖果类、罐头类食品的配送流程如图 5-12 中的流程 A 所示：大量进货后进行集中储存，然后经过一般的拣货、配货等流程，将货物送达客户。该流程中的拣货和配货任务较重，主要适用于保质期较长、包装完整的食品的配送。

（2）点心类、散装饮料类、酱菜熟食类食品的配送流程如图 5-12 中的流程 B 所示：进货后基本不经储存，最多只是暂存一段时间便很快进入拣货和配货环节，然后将货物送达客户。这一流程中的各环节之间基本没有停顿，适用于保质、保鲜要求较高的食品的配送。

（3）肉类、蔬菜、水果等食品的配送流程如图 5-12 中的流程 C 所示，即在前两种业务流程中增加了流通加工环节。这种配送流程主要适用于需要经过加工才能流通的食品的配送。

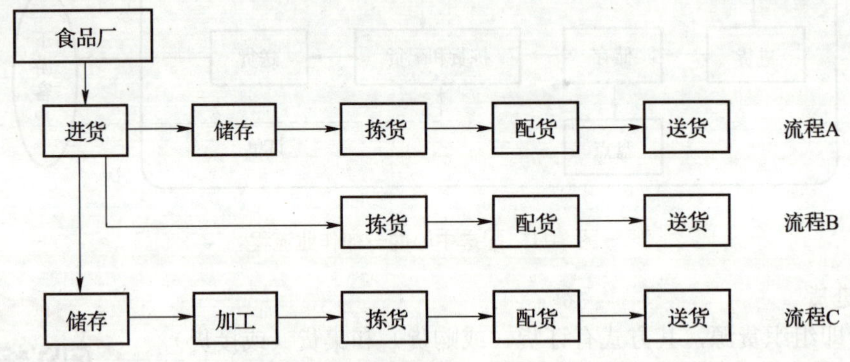

图 5-12　食品的配送流程

知识链接

肉类和蔬菜水果的流通加工内容

对肉类和蔬菜水果进行的流通加工主要有：

（1）定量化小包装，如将大包装改为小包装。

（2）贴标签，如在包装上贴重量标签、价格标签、有机食品标签等。

（3）混装，如将水果洗净、切块后混装，配置半成品蔬菜等。

（4）分割，如将肉类分割切块。

（5）去杂质，如将蔬菜去根、鱼类去头和内脏等。

2. 大件家电、家具的配送流程

大件家电、家具大多属于体积、重量相对较大的耐用消费品。对于家庭来说，购买此类货物后，长期内不会再对它们有新的需求。因此，这类货物配送的计划性不强，通常采用即时配送方式，其配送流程如图 5-13 所示。

图 5-13　大件家电、家具的配送流程

3. 长条及板块形货物的配送流程

长条及板块形货物主要有金属材料、玻璃、木材及其制品，这类货物的共同特点是：超宽或超长，重量大或体积大，少有或没有包装，对保管、装运条件要求不高（除玻璃外）。

对于这类货物，有的需要经过流通加工后才能配送，其流程如图 5-14 中的流程 A 所示；有的需要经过理货检尺后，配送车辆才可进入存放场地装货，其流程如图 5-14 中的流程 B 所示；有的则不需要事前拣货、分放，配送车辆可直接进入存放场地装货，其流程如图 5-14 中的流程 C 所示。

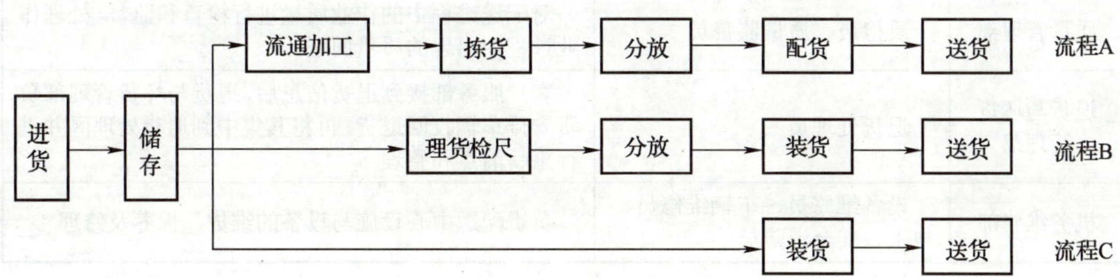

图 5-14　长条及板块形货物的配送流程

活学活用

假设你是某配送中心的配送员，你会如何配送日用百货类货物？具体的配送流程是什么？

五、配送中心的岗位设置

配送中心的岗位应根据配送中心的类型和作业流程来设置。一般情况下，配送中心的部门主要有采购管理部、仓储管理部、加工管理部、配货管理部、运输管理部等，各部门的主要岗位及岗位职责如表 5-9 所示。

表 5-9　配送中心的岗位设置

部　门	主要岗位	岗位职责
采购管理部	接单员、进货员	负责订货、采购、进货等环节的安排及相应事务的处理，同时负责货物的验收工作
仓储管理部	仓管员、盘点员	负责货物保管、拣取、养护等作业的运作与管理
加工管理部	流通加工员	按要求对货物进行包装和加工
配货管理部	包装设计师、包装人员、包装检验员、配送计划编制员、配送信息管理员、理货员	对配送货物的组配和拣选作业进行管理
运输管理部	送货员、运输计划编制员、车辆调度员	按客户的要求制订合理的运输方案，并将货物送交客户

（续表）

部门	主要岗位	岗位职责
客户服务部	市场业务员、业务受理员	管理订货信息和送货信息，处理客户投诉，受理客户的退货申请等
财务管理部	会计、出纳、业务结算员	校对配送表单、进货表单、出货表单和库存管理表单，控制、监督、协调整个配送中心的货物流动，负责管理各种发票、结算配送费用及编制会计报表等
质量管理部	质检员、质量监督员	对配送过程中的作业质量进行检查和监督，处理作业过程中出现的质量问题
退货与坏货管理部	退货处理员	客户服务部接到退货信息后，退货与坏货管理部负责安排车辆收回退货，再将其集中到退货处理区并进行重新清点和整理
机务维修部	设备维修员、车辆维修员、电工、安全消防员	负责配送中心设施与设备的维护、保养及修理

任务实施

任务目标

通过参观配送中心，加深学生对配送中心的认识。

任务实施

（1）将全班学生分成若干小组，每组 6～8 人，以小组为单位参观学校附近的某个配送中心。

（2）观察该配送中心的内部布局及不同作业区域的作业流程。

（3）小组成员一起讨论该配送中心所属类型及其内部布局所属形式，并画出配送中心的平面布局图和动线图。

（4）每组派一名代表以 PPT 的形式展示本组的成果。

（5）教师对各组的成果进行点评。

项目自测

1. 单项选择题

（1）（　　）是指按规定的时间、品种和数量配送。

A．定时配送　　B．定量配送

C．定时定量配送　　D．即时配送

（2）（　　）功能是配送中心的首要功能。

A．采购　　B．储存

C．分拣　　D．送货

（3）（　　）是以暂存或随进随出方式进行配货和送货的配送中心。

A．储存型配送中心　　B．流通型配送中心

C．加工型配送中心　　D．制造型配送中心

（4）（　　）是对暂时不需要配送的货物或作为安全库存的货物进行保管和养护的场所。

A．进货区　　B．理货区

C．储存区　　D．流通加工区

（5）配送中心的一般作业流程为（　　）。

A．进货→拣货→配货→送货

B．进货→储存→拣货与配货→送货

C．进货→储存→加工→拣货→配送→送货

D．进货→储存→集货→送货→安装

2．多项选择题

（1）关于配送的特点，下列说法中正确的是（　　）。

A．配送是在经济合理区域范围内的送货

B．配送是是“配”与“送”有机结合的形式

C．配送强调实效性

D．配送强调满足客户的需求

（2）配送的基本要求为（　　）。

A．及时　　B．准确

C．安全　　D．经济

（3）配送中心应符合的要求包括（　　）。

A．主要为特定客户或末端客户服务

B．配送功能健全

C．辐射范围小

D．能提供小批量、多批次的配送服务

（4）城市型配送中心的特点为（　　）。

A．配送范围大，辐射能力强

B．货物的配送距离较短

C．往往和零售经营相结合

D．配送的品种多、批量小

（5）配送中心网点的布局形式主要有（　　）。

A．辐射型　　B．吸收型　　C．聚集型　　D．扇型

（6）配送中心的动线形式主要有（　　）。

A．I 型　　B．L 型　　C．H 型　　D．U 型

3．名词解释题

（1）配送。

（2）配送中心。

4. 简答题

（1）配送有哪些作用？

（2）配送中心有哪些功能？

（3）选择配送中心网点时，需要考虑哪些因素？

5. 综合分析题

某配送中心属于流通型配送中心，货物一般只在配送中心做少许停留。图 5-15（a）为该配送中心原有的布局，因业务量增加，该布局已不适应现有的物流作业，故需对其进行改造。改造后的布局如图 5-15（b）所示。

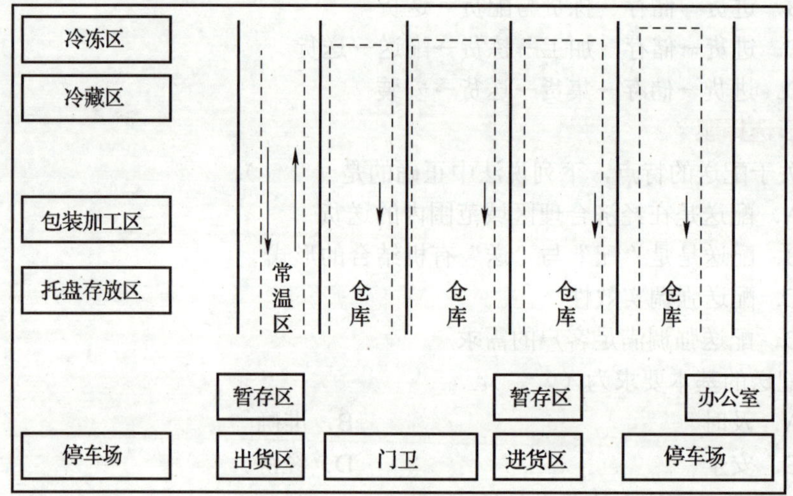

（a）改造前的布局

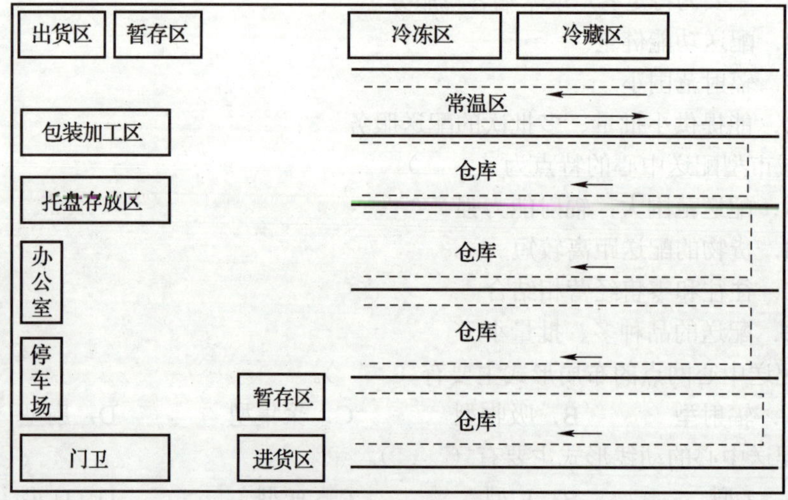

（b）改造后的布局

图 5-15　配送中心的布局

（1）请说明该配送中心布局改造的依据。

（2）改造后，该配送中心的作业流程如图 5-16 所示。请根据该流程图，说明改造后的布局有何优点。

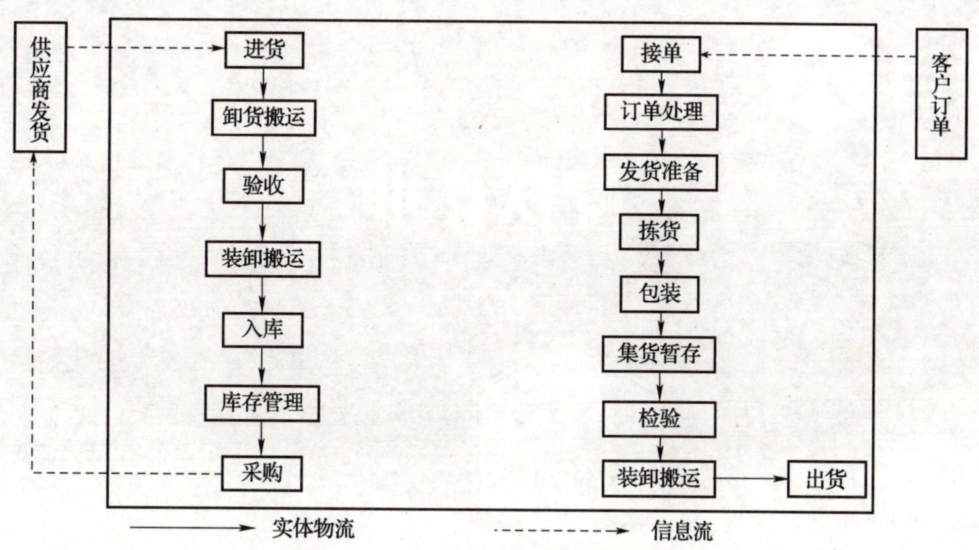

图 5-16　配送中心改造后的作业流程图

项目六

配送作业

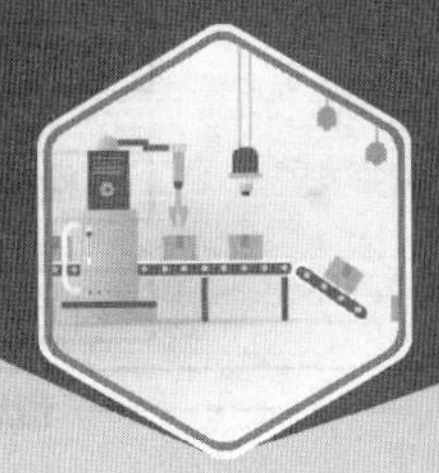

项目引言

在配送活动中，无论配送中心规模大小，配送货物的形态如何，整个配送活动都是按照一定的流程运作的。配送作业的一般流程包括订单处理、拣货、配货、送货等，其中掺杂着补货和退货作业。这些作业环节之间衔接紧密，才能实现商流、物流、资金流、信息流的畅通。

知识目标

✓ 掌握订单处理的一般流程。
✓ 理解各种拣货单位、拣货方式和拣货路径，熟悉拣货作业的过程。
✓ 掌握配货作业和送货作业的基本流程。
✓ 熟悉补货的时机和补货方法，掌握补货作业的流程。
✓ 了解退货的原因和主要原则，掌握退货作业的流程。

素质目标

✓ 勇做合格的时代新人，培育岗位责任意识，勇于担当，善于作为，甘于奉献。
✓ 认识科学技术在配送作业各环节中的重要作用，不断加强学习，提高科学文化修养。
✓ 增强节约资源意识，自觉杜绝浪费行为。

任务一　订单处理

任务导入

2020 年 7 月 20 日，嘉美超市北京市朝阳区光华路店通过嘉美数据通信平台向嘉美配送中心发出订单申请表（见表 6-1），请求配送订单上的货物。

表 6-1　订单申请表

<table>
<tr><td colspan="2">订货单位</td><td colspan="3">嘉美超市北京市朝阳区光华路店</td><td colspan="2">订货日期</td><td colspan="2">2020.7.20</td></tr>
<tr><td colspan="2">收货地址</td><td colspan="3">北京市朝阳区光华路 22 号</td><td colspan="2">发货日期</td><td colspan="2">2020.7.22</td></tr>
<tr><td colspan="2">联系电话</td><td colspan="3">010-6451××××</td><td colspan="2">付款方式</td><td colspan="2">月结</td></tr>
<tr><td>序号</td><td>产品名称</td><td>产品编码</td><td>规格</td><td>数量</td><td>单位</td><td>单价/元</td><td>金额/元</td><td>备注</td></tr>
<tr><td>1</td><td>红心蜜柚</td><td>SX010010</td><td>0.8 kg×5 个</td><td>30</td><td>箱</td><td>22</td><td>660</td><td></td></tr>
<tr><td>2</td><td>伊利纯牛奶</td><td>SX050040</td><td>250 mL×12 盒</td><td>20</td><td>箱</td><td>40</td><td>800</td><td></td></tr>
<tr><td>3</td><td>鸡全翅</td><td>SX030010</td><td>250 g×2 包</td><td>10</td><td>袋</td><td>50</td><td>500</td><td></td></tr>
<tr><td>4</td><td>樱桃谷鸭</td><td>SX030023</td><td>950 g×1 只</td><td>30</td><td>袋</td><td>25</td><td>750</td><td></td></tr>
<tr><td>5</td><td>排酸牛肉</td><td>SX030005</td><td>400 g×2 包</td><td>30</td><td>袋</td><td>50</td><td>1 500</td><td></td></tr>
<tr><td colspan="2">总金额（大写）</td><td colspan="5">肆仟贰佰壹拾元整</td><td>4 210</td><td></td></tr>
</table>

接到订单后，嘉美配送中心马上开始进行订单处理。你知道订单处理都有哪些步骤吗？

知识讲解

订单处理是指从接到客户订单到准备拣货之间的作业。订单处理是配送作业的核心业务，是配送中心实现客户服务目标的重要因素。改进订单处理过程，缩短订单处理周期，提高供货的准确率，为客户提供订单全程跟踪信息，不仅可以大大提高物流企业的服务水平，还可以降低配送中心的库存水平，使企业获得竞争优势。

订单处理的一般流程如图 6-1 所示。

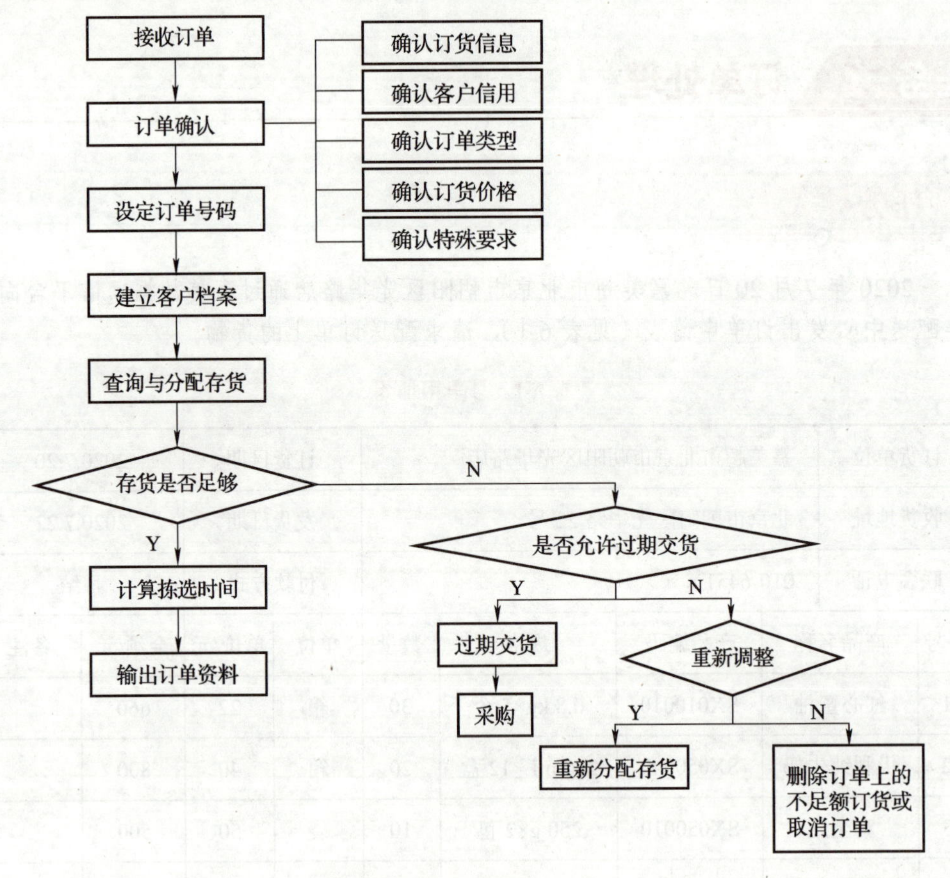

图 6-1　订单处理的一般流程

一、接收订单

接收订单即配送中心接收客户的订货信息。客户向配送中心订货的方式有传统订货方式和电子订货方式两种。

（一）传统订货方式

传统订货方式是指以人力为主传递订货信息的方式，包括电话订货、传真订货、邮寄订货、用户自行取货等。由于该方式存在订货过程烦琐、人工处理错误率高、订单传递时间长等弊端，目前已不常使用。

（二）电子订货方式

电子订货方式是指客户借助计算机信息处理系统，将订货信息转为电子信息，并且通过网络传送订单的一种订货方式。采用电子订货方式订货的具体做法主要有以下几种：

（1）扫描货物条码标签进行订货。仓管员携带订货簿、手持终端机及扫描器巡视货架，若发现缺货，则用扫描器扫描订货簿或货架上货物的条码标签（见图 6-2），再输入订货数量。所有的订货资料都输入完毕后，仓管员还需要利用计算机将订货信息传给配送中心。

图 6-2 仓管员扫描货物的条码标签

（2）利用 POS 系统进行订货。客户若有 POS 机，则可在货物库存档里设定安全库存量。每销售一笔商品，系统自动扣除该货物的库存；当库存量低于安全库存量时，系统便自动生成订单。客户确认后，便可通过网络将订单传给配送中心。

（3）利用订货应用系统进行订货。客户利用订货应用系统将订货信息转化成与配送中心约定的格式，并在约定的时间内将订货信息传出。订货应用系统通常有 PC 订货端、App 订货端、小程序订货端等多种形式。图 6-3 是某订货应用系统界面。

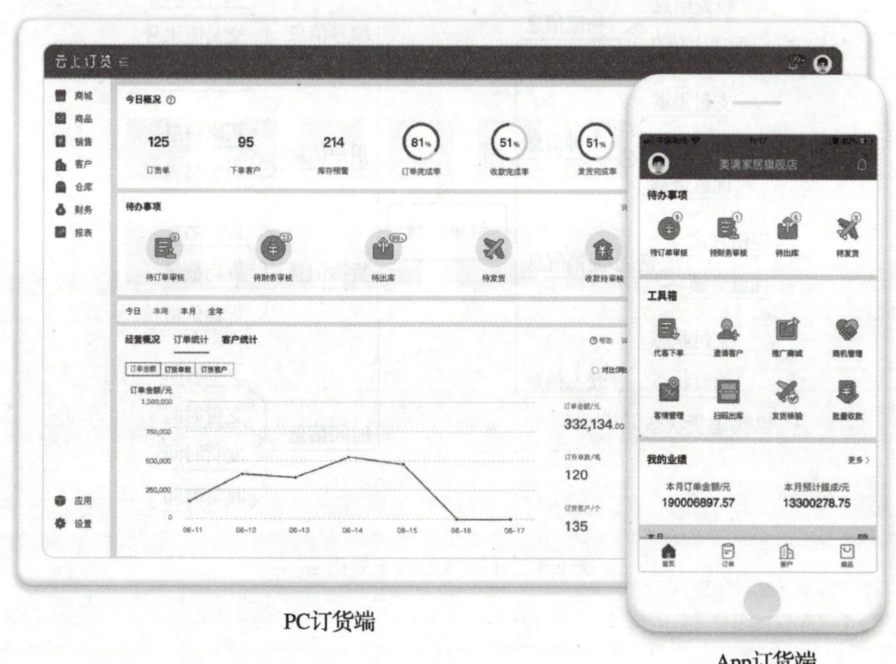

图 6-3 某订货应用系统界面

活学活用

假设你是武汉中百鲁巷卖场的采购人员，该卖场计划在2020年3月8日向中百配送中心订购一批货物，并于2020年3月10日在中百鲁巷仓库交货。请想一想：你可以通过哪些方式完成订货？

二、订单确认

接收订单后，接单员要对订货信息、客户信用、订单类型、订货价格、特殊要求等进行确认，确保配送作业的准确性和有效性。

（一）确认订货信息

接收订单后，接单员首先需要确认货物的名称、数量以及送货日期等是否有误或存在不符合配送中心要求的情形。如果送货时间有问题或出货时间已延误，接单员需要与客户协商配送时间。

此外，客户如果采用的是电子订货方式，接单员还需要确认支付信息和物流信息。图6-4是采用电子订货方式订货时，订单处理系统生成的订货信息的主要内容。

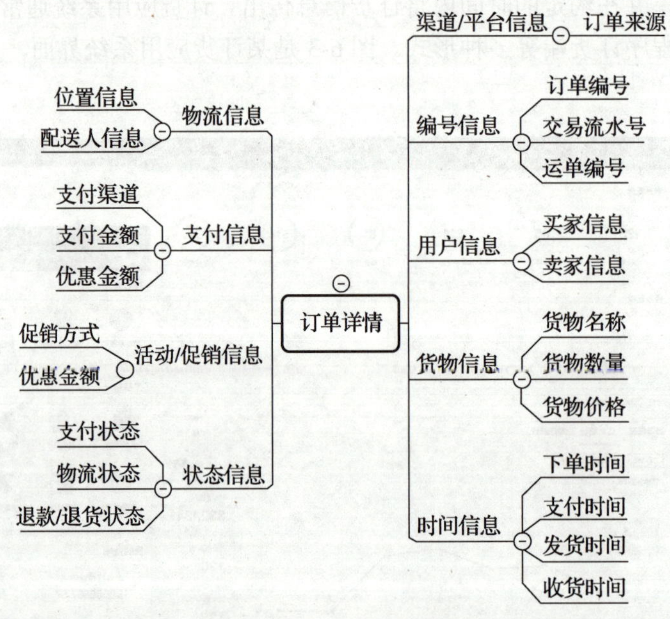

图6-4 订货信息的主要内容

（二）确认客户信用

核查客户的财务状况，判断其支付该订单账款的能力。通常的做法是检查客户的应付账款是否已超出其信用额度。如已超出，则须经过主管审核后，才能进入下一环节。

（三）确认订单类型

根据交易形态的不同，订单可分为一般交易订单、现销式交易订单、间接交易订单、合约式交易订单、寄库式交易订单等。不同类型订单的交易形态及具体的处理方式如表 6-2 所示。

表 6-2 不同类型订单的交易形态及具体的处理方式

订单类型	交易形态	具体的处理方式
一般交易订单	接单后按正常的作业程序进行拣货、配货、送货和收费	接单后，将相关信息输入订单处理系统，然后按订单处理程序进行处理，处理完毕后进行拣货、配货、送货、收费等
现销式交易订单	与客户当场交易，直接给货	输入订单信息前，货物就已交给客户，故拣货、配货、送货等环节不需要订单信息，只需记录交易信息即可
间接交易订单	客户向配送中心订货，但由供应商直接配送给客户	接单后，配送中心将客户的订货信息传给供应商，由其代配。采用这种方式时，送货单是客户自己制作或供应商制作的，因此配送中心应对出货信息加以核对确认
合约式交易订单	通过与客户签订配送合约的方式进行交易，如签订在某时期内定时配送指定数量货物的合约	配送中心在约定的送货日将配送信息输入系统，以便出货配送；或一开始便输入合约中的订货信息并设定各批次的送货时间，系统在约定日期来临时自动生成订单
寄库式交易订单	客户因促销、降价等需要先订购一定数量的货物，需要时再要求出货	客户要求配送货物时，配送中心应核查仓库中是否有客户要求配送的寄存货物。若有，则出此货物，并扣除此项货物相应的寄库量。注意：此货物的价格应按客户订购时的单价计算

（四）确认订货价格

客户及其订购批量不同，同样货物的售价可能会不同。在输入订货价格时，系统会自动加以审核。若输入的价格有误，系统将锁定此订单，以便主管审核。

（五）确认特殊要求

对于客户订购的货物，配送中心应确认其是否有包装、分装、贴标签等方面的特殊要求。若有，则应详细记录。

活学活用

武汉中百配送中心收到中百鲁巷卖场的订单，接单员应确认订单的哪些内容？确认的目的是什么？

三、设定订单号码

客户的订单上一般都有订单编码，不过这是客户企业对订单的编码。为了便于管理，配送中心一般还需按自己的习惯或编码原则对收到的订单设定订单号码。设定订单号码，不仅可以方便系统查询订单、核算相关账目，还有利于配送等其他相关工作的开展。所有与订单有关的后续处理工作的单证上及进度报告中，都应附有相应订单的号码。

四、建立客户档案

（一）客户档案的内容

详细记录客户信息，不仅有利于此次交易的顺利进行，还可以增加以后的合作机会。客户档案应包含处理订单时要用到的资料，以及与物流作业相关的资料，具体内容如下：

（1）客户的名称、代号、等级等。

（2）客户的信用额度。

（3）客户的付款方式及享受折扣的条件。

（4）开发或负责该客户的业务员的资料。

（5）客户的收货地址。

（6）送货车辆的类型。如果客户所在地的道路对车辆大小有限制，则应将适合该客户的车辆信息记录在客户档案中。

（7）客户点的卸货特点。客户指定的卸货位置有时会受到建筑物（如地下室有限高）或周围环境的影响，使得卸货的难易程度不同。因此卸货时，应对车辆和卸货设备加以考虑。

（8）客户的配送要求。若客户对送货时间有特殊要求，或有协助上架、贴标签等方面的要求，也应将其记录在客户档案中。

（9）延迟订单的处理方式。若客户明确规定了延迟订单的处理方式，则事先应将其写入客户档案，以免临时询问耽误时间或造成处理不当。

（二）客户档案的形式

客户档案有多种形式，配送中心可根据订单处理系统的要求自行设计。某配送中心的客户档案如表 6-3 所示。

表 6-3　客户档案

编制日期：　　　　片区：　　　　业务员：

客户全称：	客户编码：
单位详细地址：	
法人代表：	联系电话：
订（供）货负责人：	联系电话：
送货地址：	
送货车辆的类型：	
客户点的卸货特点：	
客户的配送要求：	

（续表）

付款方式：		折扣率的条件：	
延迟订单的处理方式：			
其他说明			
企业规模		注册类型	
单位类别		隶属关系	
上年固定资产值		上年总产值	
潜在购买力			
往年信用情况说明			
今年信用情况分析			
受信等级	□一级　□二级　□三级　□四级　□五级		
上年销售情况：		上年货款回笼情况：	
本年销售计划：		本年货款回笼计划：	
与我司合作历史：		主要竞争对手：	
本年销售采用的方案说明：			
备注：			

五、查询与分配存货

（一）存货查询

存货查询的目的在于确认库存是否能满足客户需求。存货资料一般包括货物的名称、编码、库存量（包括原始库存量和现有库存量）、储存期限、期望进货时间等。在订单处理系统中输入客户所订货物的名称及编码后，系统会自动查询该货物的库存情况。若缺货，系统会提供货物的详细资料以便采购，或显示此货物已采购但未入库的信息，便于接单员与客户进行沟通和协调，从而提高接单和订单处理的效率。

（二）存货分配

将订单信息输入系统，经确认无误后，接下来最主要的作业就是将大量的订货信息进行最有效的汇总分类并调拨库存，以便后续物流作业能有效地进行。存货分配有单一订单分配和批次订单分配两种方式。

1．单一订单分配

单一订单分配多为线上即时分配，也就是在输入订单信息时，系统就将存货分配给该订单所对应的客户。单一订单分配的流程较简单，但是采用该方式分配存货时，每次只能分配一张订单，因此工作效率较低。大批量存货的分配适合采用这种方式。

2. 批次订单分配

批次订单分配是指累计汇总数笔订单后，再一次性分配存货。这种方式适用于订单数量多、客户类型等级多，且每天配送次数固定的配送中心。

各配送中心的配送作业不同，订单分批方法也可能不同。总的来说，有以下几种分批方法：

（1）按接单顺序分批。若一天有多个配送批次，可根据配送批次，将订单按接单先后分为几个批次处理。

（2）按配送区域或路径分批。将同一配送区域或同一送货路径的订单汇总后统一处理，如图 6-5 所示。

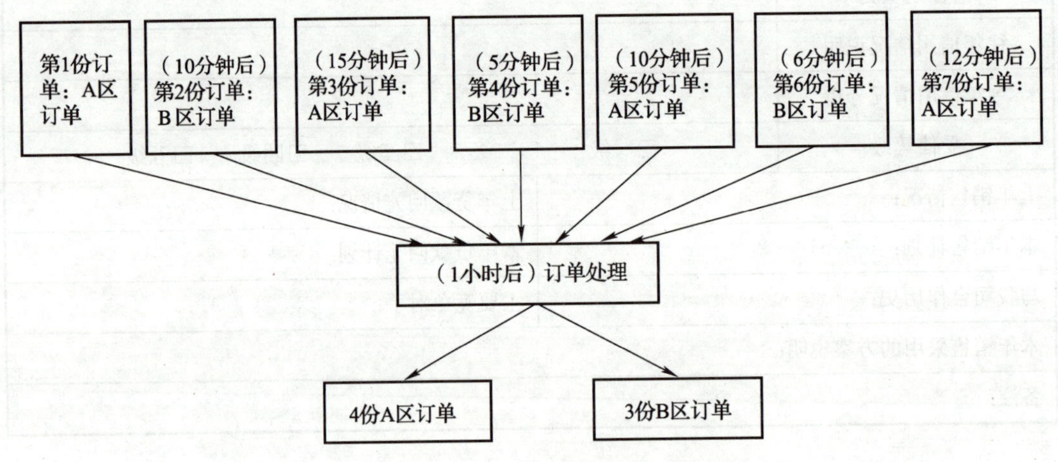

图 6-5　按配送区域分批处理

（3）按流通加工需求分批。将加工处理需求或流通加工需求相同的订单汇总、合并后统一处理，如图 6-6 所示。

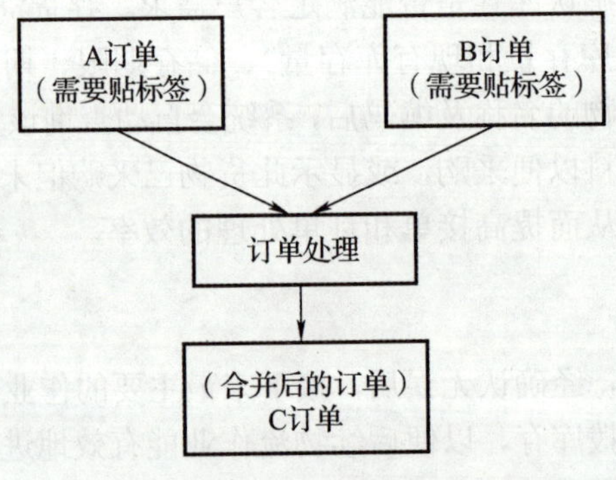

图 6-6　按流通加工需求分批处理

（4）按车辆需求分批。将对配送车辆有相同需求（如低温、冷冻、冷藏等）的订单汇总、合并后统一处理，如图 6-7 所示。

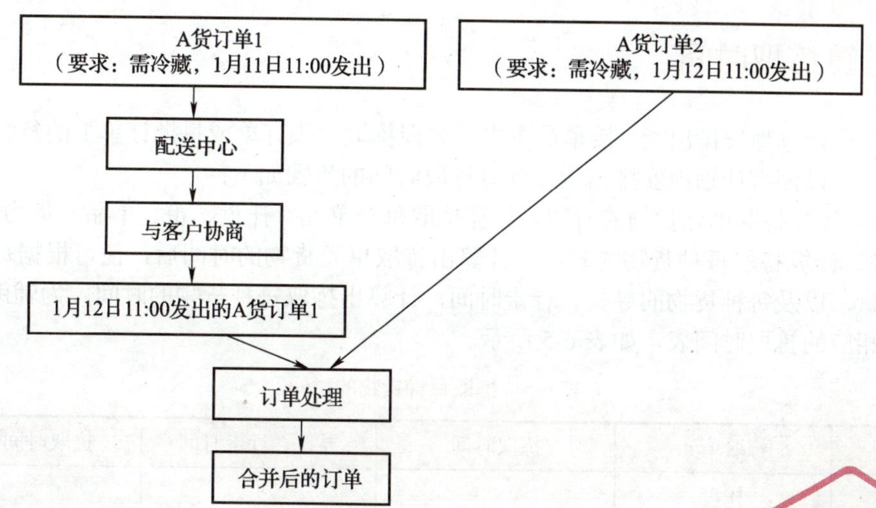

图 6-7 按对配送车辆的需求分批处理

（三）分配后存货不足的处理方法

分配后存货不足的处理方法

若现有存货的数量无法满足客户的需求，且客户不愿意以替代品替代，则应根据客户的意愿与配送中心的政策，采用合适的处理方法，具体如表 6-4 所示。

表 6-4 分配后存货不足的处理方法

类 别	约束条件	处理说明
客户不允许延期交货	配送中心无法重新调拨	删除订单上不足额的订货，甚至取消订单
	配送中心可以重新调拨	重新分配订单
	客户希望所有订单一起配送，但是配送中心无法重新调拨	取消客户订单
客户允许延期交货	客户允许延期交货，且希望所有订单一起配送	等待所有货物备齐后一起配送
客户允许不足额订单	配送中心不允许分批出货	删除不足额订单
	配送中心政策允许分批出货	等待有货时再补送
	客户同意在处理下一张订单时补送	与下一张订单合并配送

课堂互动

某配送中心的客户订单上有 A 类货物 180 件，客户要求尽快送达。经查询，发现仓库里没有足够的该类货物，与客户沟通后，客户不允许延期交货。此时，配送中心该如何处理？如果客户同意延期交货，又该如何处理？

3～5 人为一组，讨论处理方法，教师随机选择学生回答。

六、计算拣取时间

为了有计划地安排出货，接单员事先要掌握拣取每张订单或每批订单上的货物可能花费的时间，以便有计划地安排出货。计算拣取时间的步骤如下：

（1）计算拣取单元货物的时间。计算拣取每一单元（托盘、箱、单品）货物的时间。

（2）计算拣取每种货物的时间。计算出拣取单元货物的时间后，便可根据每品项的订购数量，以及每种货物的寻找、行走时间，计算出拣取每种货物的时间。为辅助计算，可列出相应的拣取时间表，如表 6-5 所示。

表 6-5　拣取每种货物的时间

品项	拣取单元	拣取时间	寻找、行走时间	拣取时间合计
货物 A	托盘			
	箱			
	单品			
货物 B	托盘			
	箱			
	单品			

（3）计算拣取整张或整批订单上所有货物的时间。根据每一订单或每批订单的订货品项和辅助作业的时间，便可计算出拣取整张订单或某批订单上所有货物的时间。为辅助计算，可列出相应的拣取时间表，如表 6-6 所示。

表 6-6　拣取整张或整批订单上所有货物的时间

品项	拣取单元	单元数量	单元拣取时间	品项拣取时间
货物 A	托盘			
	箱			
	单品			
货物 B	托盘			
	箱			
	单品			
拣取时间合计				

小提示

由于不同拣货员的行走时间、作业的熟练程度等存在差别，因此采用上述计算方法只能粗略地计算出货物的拣取时间。在进行拣货作业时，拣货员应在保证准确的前提下，尽可能地缩短行走和寻找时间，提高拣货效率。

七、输出订单资料

完成上述流程后，接单员应打印系统中生成的作业单据，如拣货单、送货单、缺货资料等。

（一）拣货单

拣货单是拣货作业的主要依据，其作用是为货物的出库作业提供相应指示。接单员应根据货物货位的前后顺序填写拣货单，尽量减少拣货员往返取货的次数。拣货单的常见格式如图 6-8 所示。

拣货单

编码： 填写日期： 年 月 日

<table>
<tr><td colspan="2">订单编码</td><td colspan="3"></td><td colspan="5" rowspan="4">加工要求：</td></tr>
<tr><td colspan="2">客户名称</td><td colspan="3"></td></tr>
<tr><td colspan="2">出货类别</td><td colspan="3"></td></tr>
<tr><td colspan="2">出货日期</td><td colspan="3">年 月 日</td></tr>
<tr><td colspan="2">拣货日期</td><td colspan="3">年 月 日</td><td colspan="3">拣货人</td><td colspan="2"></td></tr>
<tr><td colspan="2">核查日期</td><td colspan="3">年 月 日</td><td colspan="3">核查人</td><td colspan="2"></td></tr>
<tr><td rowspan="2">序号</td><td rowspan="2">货位</td><td rowspan="2">货物名称</td><td rowspan="2">货物编码</td><td rowspan="2">规格型号</td><td colspan="3">包装单位</td><td rowspan="2">数量</td><td rowspan="2">备注</td></tr>
<tr><td>箱</td><td>托盘</td><td>单件</td></tr>
<tr><td></td><td></td><td></td><td></td><td></td><td></td><td></td><td></td><td></td><td></td></tr>
<tr><td></td><td></td><td></td><td></td><td></td><td></td><td></td><td></td><td></td><td></td></tr>
<tr><td></td><td></td><td></td><td></td><td></td><td></td><td></td><td></td><td></td><td></td></tr>
<tr><td></td><td></td><td></td><td></td><td></td><td></td><td></td><td></td><td></td><td></td></tr>
</table>

仓管员： 审核： 制单：

图 6-8 拣货单

（二）送货单

送货单是给客户签收、确认的出货资料，其格式如图 6-9 所示。

（三）缺货资料

如果存在缺货情况，接单员还需要提供相应的缺货资料。缺货资料主要包括以下两种：

（1）缺货单（见图 6-10）：按货物类别查询或按供应商类别查询所缺货物的资料，用以提醒采购员及时进货。

（2）缺货订单（见图 6-11）：按客户类别查询或按业务员类别查询所缺货物的订单资料，用以提醒业务人员及时处理。

送货单

编码：　　　　　　　　　　　　　　　　　　　　　　填写日期：　　年　　月　　日

<table>
<tr><td rowspan="5">客户资料</td><td>客户名称</td><td></td><td rowspan="5">送货单位资料</td><td>出货类别</td><td></td></tr>
<tr><td>客户编码</td><td></td><td>运输方式</td><td></td></tr>
<tr><td>收货单位编码</td><td></td><td>承运单位</td><td></td></tr>
<tr><td>收货单位联系人</td><td></td><td>联系人</td><td></td></tr>
<tr><td>联系电话</td><td></td><td>联系电话</td><td></td></tr>
</table>

<table>
<tr><td colspan="9">货物资料</td></tr>
<tr><td rowspan="2">货物编码</td><td rowspan="2">货物名称</td><td rowspan="2">规格</td><td colspan="3">包装单位</td><td rowspan="2">实收数量</td><td rowspan="2">金额</td><td rowspan="2">备注</td></tr>
<tr><td>箱</td><td>托盘</td><td>单件</td></tr>
<tr><td></td><td></td><td></td><td></td><td></td><td></td><td></td><td></td><td></td></tr>
<tr><td></td><td></td><td></td><td></td><td></td><td></td><td></td><td></td><td></td></tr>
<tr><td></td><td></td><td></td><td></td><td></td><td></td><td></td><td></td><td></td></tr>
</table>

押运人（司机）：　　　　　　　　　　审核：　　　　　　　　　　制单：

图 6-9　送货单

缺货单

制单人：　　　　　　　　　　　　　　　　　　　　制单时间：　　年　　月　　日

货物名称	规格	单位	生产厂家	库存量	需求量	备注

图 6-10　缺货单

缺货订单

制单人：　　　　　　　　　　　　　　　　　　　　制单时间：　　年　　月　　日

订单号	订单客户	货物名称	规格	单位	生产厂家	库存量	需求量	备注

图 6-11　缺货订单

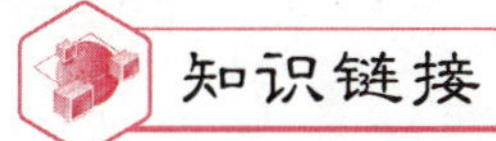

电子订单的常见状态

一个新订单从下单到订单完成，会呈现出多种状态。采用电子订货方式订货时，订单的各种状态将显示在订单详情页面，接单员可随时进行查询，及时跟踪订单状态。电子订单的常见状态及每种状态下的不同情况如图 6-12 所示。

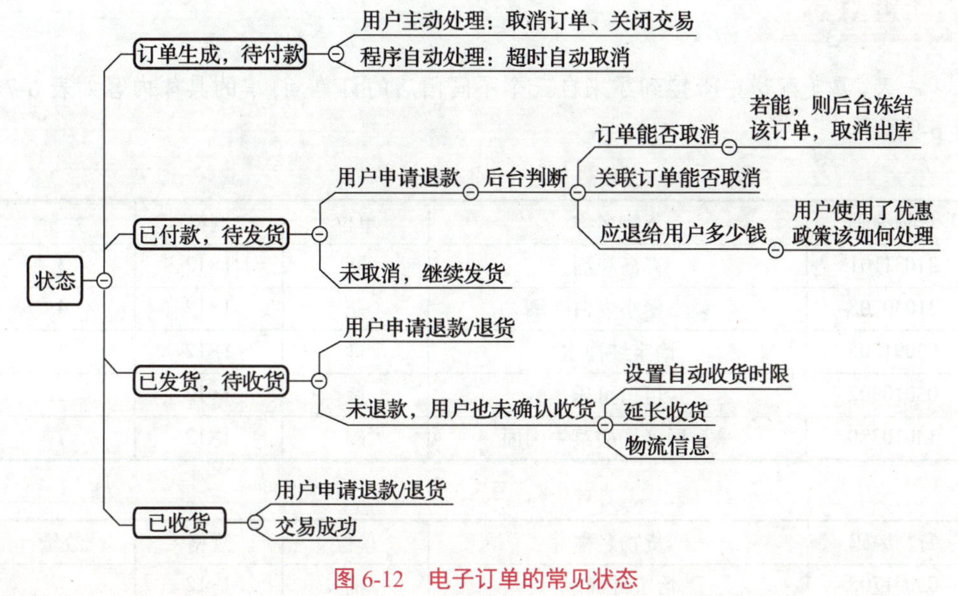

图 6-12 电子订单的常见状态

任务实施

任务目标

在物流实训室中模拟配送中心的订单处理作业，了解此项作业的基本内容和流程。

实施步骤

（1）将全班学生分成若干小组，每组 5～8 人。

（2）将各小组成员分为客户和配送中心员工两种角色。

（3）模拟接收订单作业：小组中的客户向配送中心下达订单，配送中心员工负责接收不同客户下达的订单，并按一定的标准对订单进行分类。

（4）模拟确认订单作业：配送中心员工对不同类别客户的订单内容进行确认，必要时重新向客户核实。对确认过的订单内容进行数据汇总和重新分类，然后制成配送中心的标准订单。

（5）模拟下达订单作业：配送中心员工根据标准订单的内容，计划作业时间和作业顺序（库存情况自行拟定）；根据标准订单和预计作业时间，制作配送中心的内部单据，如拣货单、送货单、缺货单等。

（6）教师点评各小组在各个阶段作业的细致程度和工作效率。

（7）小组成员撰写实训报告。

任务二 拣 货

任务导入

一天，嘉美配送中心接到了来自三个不同门店的订单，订单的具体内容如表 6-7～表 6-9 所示。

表 6-7 门店一的订单

货物编码	货物名称	单位	规格	数量
31031101	青岛啤酒	瓶	1×12	3
31030708	爱士堡小麦白啤酒	瓶	1×12	4
03091705	怡宝纯净水	桶	1×12	3
03010302	可口可乐	瓶	1×12	2
13010380	来一桶老坛酸菜牛肉面	碗	1×12	7

表 6-8 门店二的订单

货物编码	货物名称	单位	规格	数量
03091705	怡宝纯净水	桶	1×12	7
03010302	可口可乐	瓶	1×12	5
13010380	来一桶老坛酸菜牛肉面	碗	1×12	4
31030708	爱士堡小麦白啤酒	瓶	1×12	2
53171101	双船卷纸	卷	1×10	5
13010952	农心大碗面	碗	1×12	8

表 6-9 门店三的订单

货物编码	货物名称	单位	规格	数量
31031101	青岛啤酒	瓶	1×12	5
31030708	爱士堡小麦白啤酒	瓶	1×12	3
03010302	可口可乐	瓶	1×12	5
13010380	来一桶老坛酸菜牛肉面	碗	1×12	4
13070709	呈香记香辣排骨	碗	1×12	2
53171101	双船卷纸	卷	1×10	3
13010952	农心大碗面	碗	1×12	8

假如你是嘉美配送中心的拣货员，现在需要根据这三个门店的订单制作拣货单，并进行货物分拣。你知道货物分拣的方式有哪些吗？你会采用哪种拣货方式完成此次拣货作业？拣货作业的流程是什么？

知识讲解

拣货是指根据客户的订货或配送中心的送货计划，尽可能迅速、准确地将货物从货位或其他区域拣出来，并按一定的方式进行分类、集中。拣货是整个配送作业的核心，是配送中心高效运转的关键，也是决定配送中心服务水平高低的重要因素。

拣货作业

一、拣货单位

拣货单位可分为单品（bulk）、箱（case）和托盘（pallet）三种。一般来说，以托盘为拣货单位的货物体积、重量最大，其次为箱，最小者为单品，具体如表 6-10 所示。

表 6-10 拣货单位的划分情况

单位	代号	体积范围	重量范围	搬运方式
单品	B	<10 cm^3（单边长不超过 20 cm）	<1 kg	人工搬运时可以单手搬运
箱	C	10 cm^3～1 m^3（单边长不超过 1 m）	1～50 kg	人工搬运时必须用双手或用辅助工具搬运
托盘	P	>1 m^3（单边长不超过 2 m）	50 kg～3 t	只能以机械化方式搬运

此外，对于某些体积过大、形状特殊或性质特殊的货物（如家具、桶装液体或冷冻食品等），应以特定的包装形式或包装单位为标准进行拣选。

小提示

拣货单位主要取决于客户订单，即根据订单决定拣货单位的大小。拣货单位应大于或等于订货单位。例如，订货的最小单位是箱时，就不能以单品为单位进行拣货。有些货物的订货单位可能有两种以上，此时要针对各种情况综合考虑其拣货单位。

二、拣货单位的模式

不同的储存单位和拣货单位可组合成多种拣货模式，如表 6-11 所示。

表 6-11 拣货模式

序号	储存单位	拣货单位	拣货模式	拣货模式简写
1	单品	单品	单品→单品	B→B
2	箱	箱+单品	箱→箱+单品	C→C+B

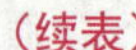
（续表）

序号	储存单位	拣货单位	拣货模式	拣货模式简写
3	箱	单品	箱→单品	C→B
4	箱	箱	箱→箱	C→C
5	托盘	箱	托盘→箱	P→C
6	托盘	托盘+箱	托盘→托盘+箱	P→P+C
7	托盘	托盘	托盘→托盘	P→P

活学活用

确定拣货单位的目的是什么？拣货员在拣货时采用不同拣货模式的依据是什么？

三、拣货方式

拣货方式主要有按订单拣货、批量拣货和复合拣货。

（一）按订单拣货

按订单拣货又称摘取式拣货或摘果式拣货，是指拣货员按照每个订单所列的货物及数量，将客户所订购的货物逐一从货位中取出，然后集中在一起的拣货方式。按订单拣货的作业流程和操作示意图分别如图 6-13 和图 6-14 所示。

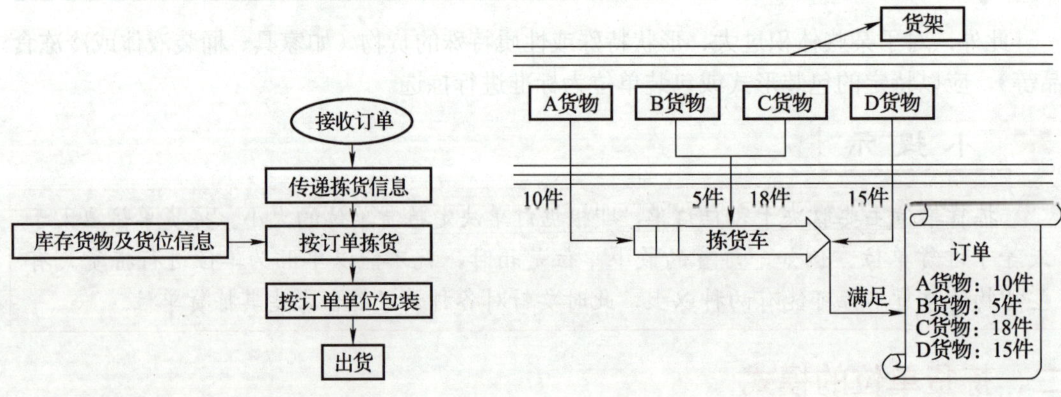

图 6-13　按订单拣货的作业流程

图 6-14　按订单拣货的操作示意图

1. 优缺点

按订单拣货的优点：① 准确率较高；② 简便易行，操作灵活；③ 对机械化、自动化设备没有严格的要求；④ 拣货后不必进行二次分拣作业。

按订单拣货的缺点：① 货物品种较多时，拣货行走的路程较长；② 少量、多批次拣取时，拣货路径重复，拣货效率较低；③ 拣货区域大时，搬运系统的设计难度较大。

2．适用范围

按订单拣货适用于以下几种情况：① 客户订单大小差异较大，数量变化频繁；② 各客户需要的货物种类有较大差别，或配送时间要求不一；③ 客户临时有紧急需求；④ 拣取大件货物。

（二）批量拣货

批量拣货又称播种式拣货，是指将多张订单加以合并，然后根据合并后的各种货物的总数量进行拣货，最后根据各个订单的要求进行分货和包装。批量拣货的作业流程及操作示意图分别如图 6-15 和图 6-16 所示。

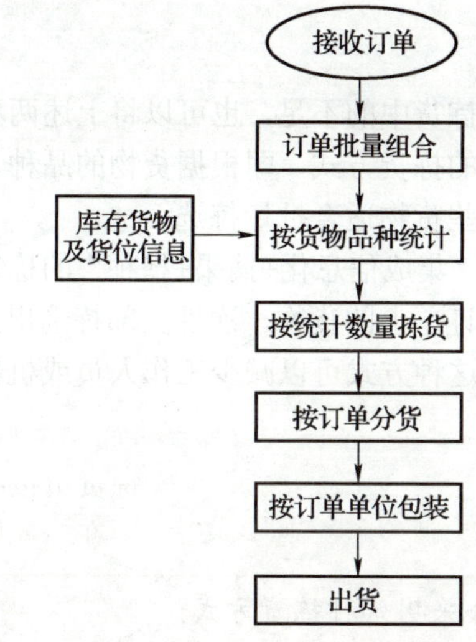

图 6-15　批量拣货的作业流程

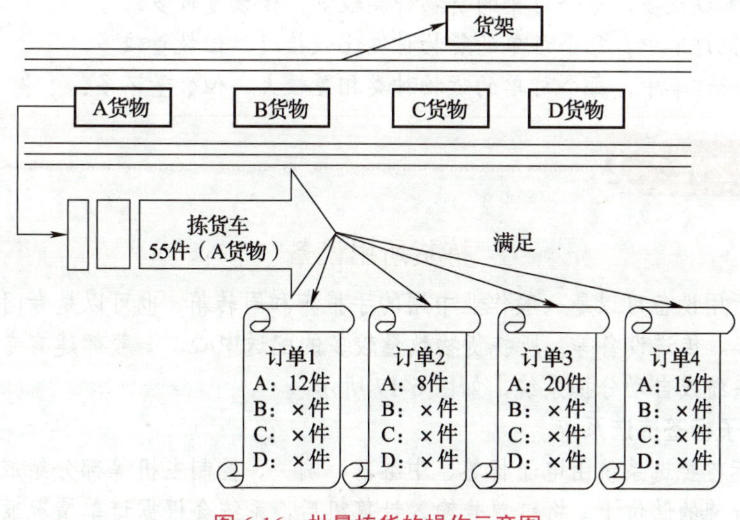

图 6-16　批量拣货的操作示意图

1．优缺点

批量拣货的优点：① 先集中再分类，可以减少拣货员的行走时间，提高拣货效率；

② 拣取大批量货物时，采用机械化、自动化作业系统较为经济；③ 拣货、分货后，可根据各客户的情况进行送货调配及线路规划，容易实现配送的规模经济。

批量拣货的缺点：① 订单累积到一定数量时才对其进行处理，因此会使某些订单滞留的时间较长；② 批量拣货后还要进行分货，因此会增加人工搬运成本；③ 信息处理量大、处理过程较为复杂，需要使用计算机进行制单和统一管理；④ 无法处理紧急订单。

2. 适用范围

批量拣货适用于以下几种情况：① 客户订单变化较小、订单数量较多；② 各客户需要货物的种类较少且每种货物的需求量不大；③ 各客户需要的货物种类差别较小；④ 客户有比较稳定的需求计划；⑤ 拣取小件货物。

（三）复合拣货

为弥补按订单拣货和批量拣货中的不足，也可以将上述两种拣货方式组合起来，对同一订单中的不同货物采用不同的拣货方式，即根据货物的品种、数量及出库频次等，确定哪些货物适合按订单拣选，哪些货物适合批量拣选。

另外，有些配送中心采用“集成信息化+摘果+播种”的拣货方式，即在进行路线优化后，把某条线路所涉及的所有订单上的货物一次性全部拣选出来，然后按订单进行分拣。相对于传统的一单一拣方式，这种方式可以减少工作人员或机器的巡回次数，缩短订单周期，大大提高拣货效率。

活学活用

请判断下列情况分别适合采用哪种拣货方式：

（1）订单数不多，每个订单的货物种类和数量较少。

（2）订单数较多，每个订单的货物种类较少，但数量较多。

（3）一批订单中，每个订单的货物种类比较接近，但数量较多。

（4）一批订单中，每个订单的货物种类相差较大，但数量不多。

科技之光

拣货所用设备

拣货所用设备可以是一般作业中用的手推车和周转箱，也可以是专门配置或设计的拣货车、传送设备等。所拣货物数量较多的配送中心，一般都建有专门的电子标签拣选系统或自动分拣系统，如图 6-17 所示。

1. 电子标签拣选系统

电子标签拣选系统由电子标签、中继器、网关、控制主机等部分组成。电子标签安装在货架的储位上，将订单号输入计算机后，系统会根据订单情况通过控制主机来控制电子标签的指示灯、蜂鸣器等，最后在显示屏上显示出所需货物的数量和货架的具体位置。拣货员只需按指令取货即可。

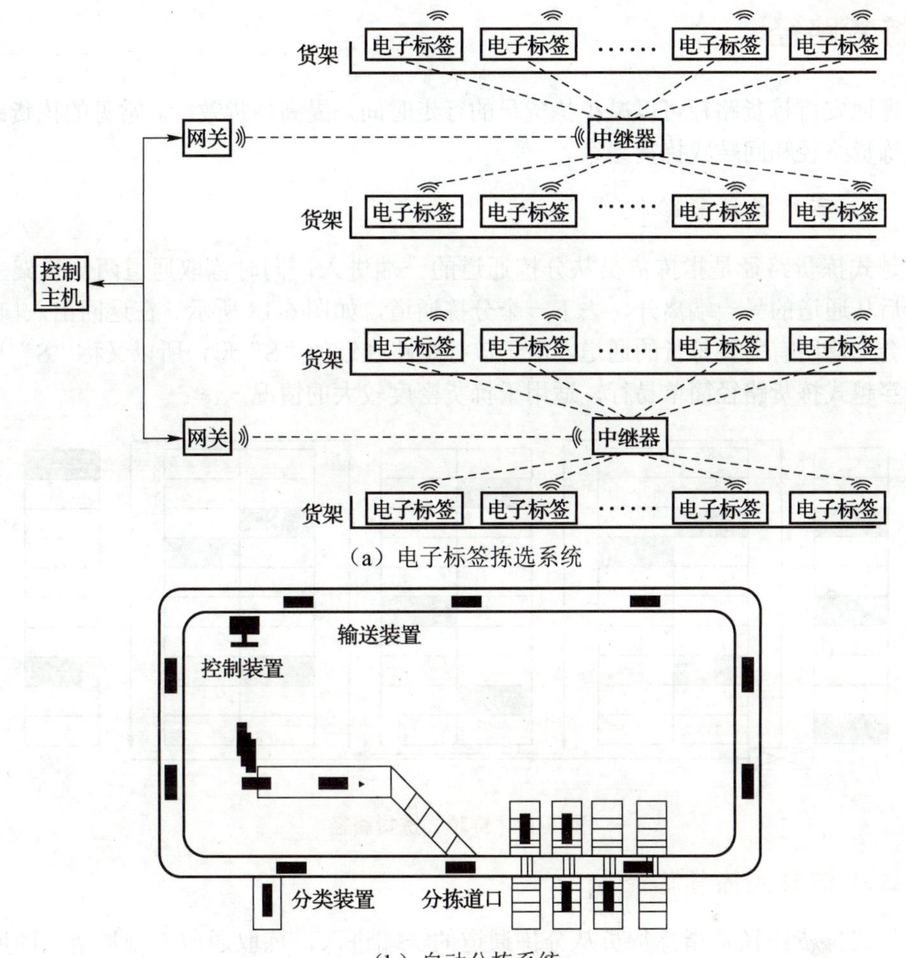

（a）电子标签拣选系统

（b）自动分拣系统

图 6-17 货物拣选系统

2. 自动分拣系统

自动分拣系统是将随机的、不同类别、不同去向的货物，按系统要求进行分类的一种物流装备，由控制装置、分类装置、输送装置和分拣道口组成。

（1）控制装置：识别、接收和处理分拣信号，并根据分拣信号的要求指示分类装置按货物品种、货物送达地点或客户类别对货物进行自动分类。

（2）分类装置：根据控制装置发出的分拣指示，对输送装置上的货物进行分类，使符合要求的货物进入分拣道口。

（3）输送装置：主要组成部分是传送带和输送机，该装置的主要作用是使待分拣货物依次通过控制装置、分类装置和若干分拣道口，以便进行后续作业。

（4）分拣道口：已分拣货物脱离主输送装置进入集货区域的通道后，拣货员会将分拣道口的所有货物集中后进行入库储存或组配装车。

以上四部分装置通过计算机网络联结在一起，配合人工控制及相应的人工处理环节，便构成了一个完整的自动分拣系统。

四、拣货路径

合理地安排拣货路径可以减少拣货员的行走时间，提高拣货效率。常见的拣货路径有穿越式拣货路径和回转式拣货路径。

（一）穿越式拣货路径

穿越式拣货路径是指拣货员从分拣通道的一端进入，同时拣取通道两侧货架上的货物，最后从通道的另一端离开，去下一个分拣通道，如图 6-18 所示。在返回出入口之前，拣货员会走遍所有需要拣货的通道。由于该行走路径近似“S”形，所以又称“S”形拣货路径。穿越式拣货路径简单易行，适用于拣货密度较大的情况。

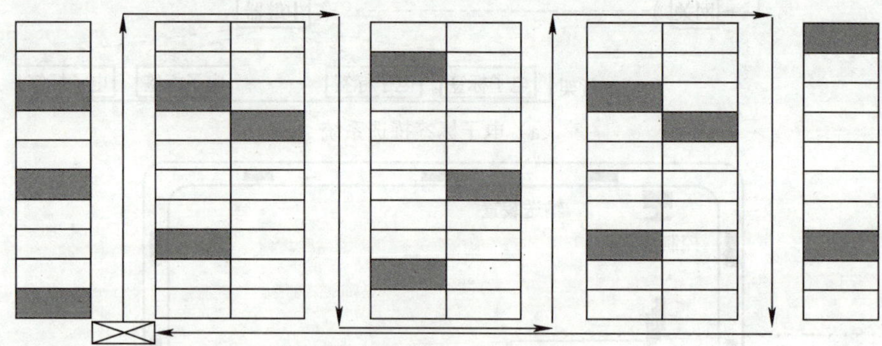

图 6-18　穿越式拣货路径

（二）回转式拣货路径

回转式拣货路径是指拣货员从分拣通道的一端进入，拣取通道一侧货架上的所需货物；当一侧货架上的货物拣取完后，再开始拣取另一侧货架上的货物，最后从进入通道的一端离开，去下一个分拣通道，如图 6-19 所示。采用这种方式时，拣货员只需进入需要拣货的通道，不需要拣货的通道则可跳过。回转式拣货路径适用于拣取货物集中分布于货架一侧的情况。

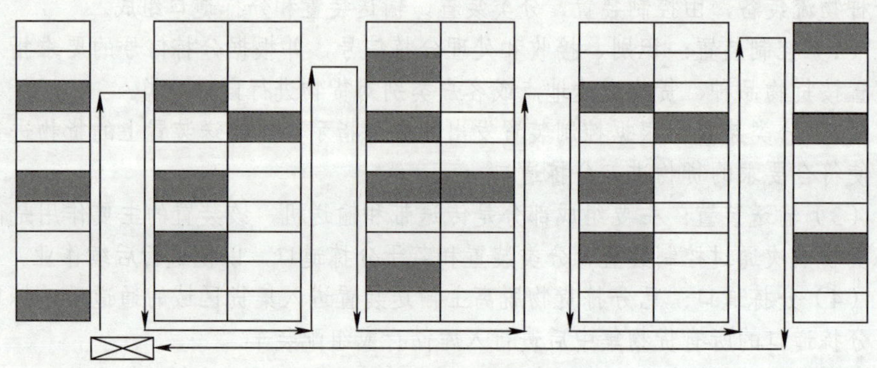

图 6-19　回转式拣货路径

课堂互动

在实际拣货作业中，拣货员还可能会采用如图6-20所示的两种回转式拣货路径。请同学们说说这两种路径的适用场合。

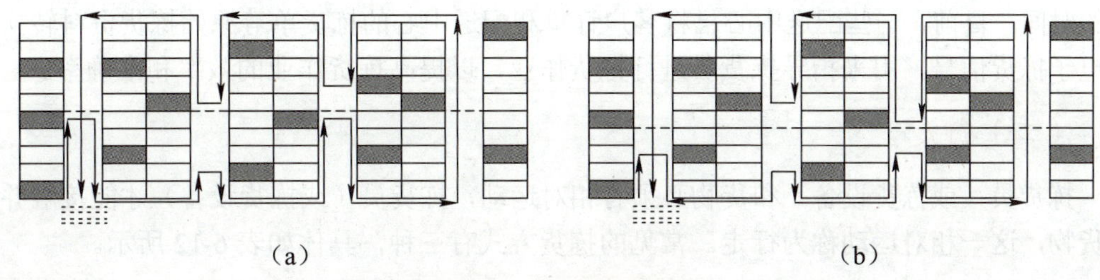

图6-20 其他拣货路径

先锋力量

生鲜拣货员的使命担当

2021年8月，苏果超市南京马群物流园生鲜配送中心内，1 400多种生鲜商品被有序地摆放在相应工作区域内，拣货员们拉着液压车，手持扫码枪，给南京市及其周边城市的不同门店拣货、搬运，最后装车。

该生鲜配送中心的拣货员小王已经连续工作了20多天，每天工作13个小时，平均30斤重的配菜箱，他和同事们每天要搬运4万次以上。小王说："最近作业时间比以前提前了两个小时，6点半就要开工，我们组27个人都主动放弃了休息。"

该生鲜配送中心的总经理说："目前配送中心每天的配送量在400吨左右，比往年同期增加了近80%。"外地的各类生鲜商品到达物流园后，会先被统一运送至收货暂存区进行农残检测和品质检测，检验合格的商品才会被有序堆放到出货区。

在配送中心整个工作流程中，拣货属于工作强度较高的环节，需要拣货员不断地弯腰、分堆，遇到西瓜等品类，一个配送箱的重量可能会达到三四十千克。每名拣货员的日均步数都在4万步左右，相当于走了20多千米，一天下来，腰酸腿疼是常态。但该生鲜配送中心的91位员工弘扬了敢于担当、攻坚克难的奋斗精神，他们按照各自不同的岗位分工，24小时不间断作业，全力确保南京700家门店及周边城市的菜篮子商品不脱销、不断档。

（资料来源：光明网，https://m.gmw.cn/baijia/2021-08/11/1302477259.html）

五、拣货作业的过程

拣货作业由生成拣货信息、行走、拣取货物、分类与集中等四个环节组成。

（一）生成拣货信息

拣货作业必须在拣货信息的指导下才能完成。拣货信息源于客户的订单或配送中心的拣货单，因此，一些小型配送中心的拣货员直接拿着客户的订单或配送中心的拣货单进行人工拣货。由于订单和拣货单上无法明确显示所拣货物的货位，因此延长了拣货员寻找货物的时间。目前，一些配送中心已将客户订单和配送中心的拣货单等原始拣货资料转换成了电子拣货信号，用来指导拣货员进行拣货作业，以提高拣货作业的效率和准确率。

（二）行走

拣货员（或拣货设备）和货物必须有相对运动，拣货员（或拣货设备）才能接触并拿取货物，这一相对运动称为行走。常见的拣货方式有三种，具体如表 6-12 所示。

表 6-12　三种行走方式

方　式	说　明	特　点
人→物	拣货员步行或搭乘拣货车到达货物的储存位置	货物静止，移动方为拣货员
物→人	利用轻负载智能仓储系统、水平式旋转料架等将货物移至拣货员面前	拣货员在固定位置作业，移动方为被拣货物
无人拣选	将信息输入自动拣货设备，由其自动完成拣货	无须人工介入

（三）拣取货物

拣取货物时，拣货员应先确认拣取货物的名称、规格、数量等是否与拣货信息一致。拣货员既可以通过人工目视的方式核对上述信息，也可以利用无线传输终端读取货物上的条码，再由计算机进行对比、确认。

确认拣货信息无误后，拣货员可借助人工、机械辅助设备或自动设备完成货物的拣取。一般来说，品种少、批量小的货物，或货重在人力范围内且出货频次不高的货物，可以采用人工方式拣取；体积大、重量大的货物，可以利用升降叉车等搬运设备进行拣取；出货频次很高的货物，可以采用自动分拣系统进行拣取。

（四）分类与集中

配送中心在接到多个客户的订单后，可以采用批量拣货的方式拣货，然后根据不同的客户或送货路线分类、集中。有些需要进行流通加工的货物，还需根据加工方法进行分类。加工完毕后，再按货物种类、客户或送货路线进行分类、集中。

分类、集中完成后，经过核对、包装，便可进行出货、装运、送货等作业。

科技之光

飞马仓储智能运输机器人

作为京东智能物流机器人创新的典型，飞马仓储智能运输机器人（见图 6-21，以下简称“飞马”）采用 SLAM 导航，不仅可以实现无轨自主移动，还能利用周围环境自主构建地图，实现室内精确定位，与拣货员协同交互作业。

图 6-21 飞马仓储智能运输机器人

接到拣货任务后，飞马会按照仓库的布局自动计算最优路径，拣货员无须再奔波于仓库内的各个区域，只需将货物放在飞马上方的货箱中，飞马便可代为“跑腿”，并按系统指示将货箱放在传输带上，然后继续执行下一次任务。

飞马后台系统还可以对大量机器人进行实时调度，以实现任务动态分配，提高拣货效率。从实际效果来看，利用飞马可以节省 40%左右的人工行走路程，大大节省了拣货员的体力。

此外，飞马还有“跟随交互”功能，即根据拣货需求，对与其配合作业的人员进行视觉识别，实现“车随人走”。并且，飞马后台系统还会实时监控飞马的电量，在合适的时机调度飞马进行自动充电。

（资料来源：搜狐网，https://www.sohu.com/a/236833178_99967243）

任务背景

某配送中心的立体货架共 10 层，其布局如图 6-22 所示。该配送中心有以单品、箱（一箱可装 10 个单品）和托盘（一个托盘可装 4 箱货物）为储存单位的三个储存区，每个储存区的每层货架存放的单品、箱或托盘数量均在 10 个以上。

	A	B	C	D	E	F	G	H	I	J	K	L
10	a	s	r	r	x	m	d	p	e	t	h	q
9	a	s	r	r	x	m	d	p	e	t	h	q
8	a	s	f	c	x	m	d	o	e	t	h	q
7	a	k	f	c	x	m	n	o	e	w	h	q
6	a	k	f	c	x	m	n	u	y	w	h	q
5	b	k	g	c	x	m	n	u	y	w	h	q
4	b	k	g	v	x	z	n	u	y	w	h	q
3	b	k	g	v	j	z	n	u	l	w	h	q
2	b	k	g	v	j	z	n	u	l	w	h	q
1	b	k	v	v	j	z	n	u	l	w	h	q

□ 单品储存区　■ 箱储存区　■ 托盘储存区

图 6-22 某配送中心的货架布局

某天，该配送中心收到了 3 个订单，订单的主要内容如表 6-13 所示。

表 6-13　订单的主要内容

项目	订单 1					订单 2						订单 3					
客户	河北零售商 0312					山东零售商 0531						河北零售商 0311					
货物	b	c	h	n	x	d	f	h	g	m	p	k	n	o	q	w	x
数量	50	10	80	30	30	20	50	80	55	60	35	100	100	30	90	50	25
拣货单位	单品					单品						单品					

实施步骤

（1）将全班学生分成若干小组，每组 2～3 人。

（2）以小组为单位，根据订单内容制订拣货策略。

（3）选择一种拣货方式，并说明选择的理由。

（4）列出订单中三种货物的拣货模式，并画出拣货路径。

（5）各小组将整个实训过程汇总成实训报告。

任务三　配货与送货

任务导入

立川配送中心所配送的货物主要包括冷冻食品、冷藏食品、酒类、方便面等，各种货物的储存量和每日配货量如表 6-14 所示。

表 6-14　立川配送中心的货物储存量与每日配货量　　单位：箱

项　目	冷冻食品	冷藏食品	酒类	方便面
储存量	65 000	15 000	15 000	10 000
每日配货量	18 000	5 000	5 000	3 000

该配送中心为了保证配货与送货的效率，将每天分为三个时间段，每个时间段为不同区域的客户配货和送货，具体如表 6-15 所示。

表 6-15　立川配送中心作业时间

班　次	接受订单时间	配货时间	发货时间	处理货物数/箱
第一班	13:31—21:30	22:00—0:30	1:00—4:00	18 000
第二班	21:31—5:30	6:00—6:30	7:00—12:30	2 000
第三班	5:31—13:30	14:00—15:00	15:30—18:30	11 000

正是因为有了高效的配货与送货系统，该配送中心才能对客户的订单做出快速响应，将货物准确、迅速地送到客户指定的地点。

上述案例说明，配送中心对配货与送货作业进行周密的计划，才能保证配送效率。那么，配送中心的配货与送货流程是怎样的呢？

一、配货作业

配货作业

配货作业是指根据出货单上的内容，按照出货的优先顺序、储位区域号、配送车辆趟次号、门店地址等，把需要配送的货物整理出来，经复核人确认无误后，放置在暂存区。配货作业环节的工作量大、作业过程复杂，且对作业的时间和准确率要求十分高，因此，加强对配货作业的管理非常重要。

（一）配货计划的编制

配货计划的科学性和合理性直接影响配送作业的绩效。编制一个科学、合理的配货计划主要包括以下四个步骤：

（1）市场调查。收集客户的需求信息，了解影响配货作业的因素。

（2）确定配货顺序。配货部门要经常与备货部门和送货部门联系，了解客户订单的变化趋势，不断调整配货顺序，优先配送最急需的货物。

（3）确定配货路线和配货员的数量。配送中心要根据配送货物的类型、货物品种数、客户订单数等确定配货路线，并根据日均发货量的大小确定配货员的数量。

（4）修订和调整配货计划。在配货计划执行过程中，配货部门要定期对执行情况进行监督和检查。若出现偏差，则应尽快找出原因，并根据原因修订和调整配货计划。

（二）配货作业的基本流程

配货作业的基本流程如图 6-23 所示。

印贴标签 → 分货作业 → 配货检查 → 包装与捆包 → 运至发货区

图 6-23 配货作业的基本流程

1. 印贴标签

印贴标签是指把印有客户名称（或代号）、地点、货物名称、货物数量等信息的标签贴在用于配货的货箱上，其作用是保证分货准确、快速，并且方便配货员识别货物的流向。

2. 分货作业

分货是指把拣取完毕的货物按客户或配送线路进行分类集中。分货作业一般包括人工分货、旋转架分货和自动分货机分货三种方式，如表 6-16 所示。

表 6-16　分货方式

分货方式	说　明	特　点
人工分货	配货员根据订单或拣货单对货物进行分类，并将客户订购的货物放入与其对应的已贴好标签的货箱中，整个分货过程不借助任何自动化辅助设备	效率较低，适用于品种单一、规模较小的配送中心
旋转架分货	把旋转架的每一格位当成客户的货箱，分货时在计算机中输入各客户的代号，旋转架自动将货箱转至配货员面前，配货员将批量拣取的货物放入其中	半自动化操作，有利于节省人工成本
自动分货机分货	利用计算机和自动识别系统进行自动化分货	准确、快捷、高效，适用于品种多、业务繁忙的配送中心

3. 配货检查

配货检查是指分货后，根据出货单信息对货物进行状态及品质检查，保证所发货物品种正确、数量无误、质量完好。配货检查的方法通常有人工检查法、条码检查法、声音输入检查法和重量计算检查法，如表 6-17 所示。

表 6-17　配货检查的方法

检查方法	说　明	特　点
人工检查法	由人工将货物与送货单进行逐一核对，同时检查货物的品质和状态	效率较低，易出差错
条码检查法	在货物上粘贴条码，检查时用条码扫描器扫描条码，计算机便自动将扫描到的货物信息与出货单信息进行对比，检查货物品种及数量是否有误	比人工检查效率高，出错率低
声音输入检查法	配货员发声读出货物名称、编码和数量后，语音识别系统自动接收声音并将其转换成资料信息后与出货单进行对比，从而判断所配货物是否有误	效率高，但要求配货员发音标准；每次发音字节有限，否则容易造成计算机识别困难
重量计算检查法	把出货单上的货物重量自动求和后，与订单上货物的总重量相对比，从而检查所配货物是否正确	效率和正确率较高

4. 包装与捆包

包装与捆包是配货作业中的一项重要内容，主要作用是保护货物，实现整箱集中装卸和成组化搬运，减少搬运次数，降低货物损坏率，提高配送效率等。同时，包装也是货物信息的载体，外包装上印刷或粘贴的条码标签，可以使客户和作业人员方便地识别货物。此外，通过扫描包装上的条码，还可以进行货物跟踪。

捆包与配货检查

配送过程中的包装主要是指运输包装，通常不要求外观精美，但要求坚固、耐用且便于装卸，以免货物经长距离辗转运输而遭受损失。

知识链接

配货过程中常用的包装材料及其特点

配货过程中常用的包装材料及其特点如表 6-18 所示。

表 6-18 配货过程中常用的包装材料及其特点

包装材料	包装容器	优点	缺点
纸	瓦楞纸箱、纸盒、纸袋等	耐冲击、耐摩擦，重量轻，成本低	难以封口，受潮后抗压能力降低
塑料	塑料桶、塑料瓶、塑料箱、塑料袋等	耐折叠、耐摩擦、耐冲击，抗震动、抗压，防潮、防水，可阻隔气体	高温下会软化，低温下会变脆，且强度降低
木	木箱、木桶、胶合板箱、木制托盘等	强度高，坚固、耐压、耐冲击，化学、物理性质稳定，易于加工	成本高
金属	金属桶、金属盒、钢瓶等	牢固、耐碰撞，不透气，防潮、耐光	在潮湿环境中易锈蚀

绿色发展 

京东无人仓的全自动打包系统

人工打包过程中，难免会出现“小商品用大包装”或“大商品用小包装”等情况，造成包装材料过度浪费。为此，京东物流在其无人仓中应用了智能耗材算法和全自动打包系统。数据显示，中国快递行业一年消耗纸箱超过100亿个。采用智能耗材算法推荐的方案，可以保证纸箱、包装袋等的精确使用，从而避免浪费。

（资料来源：搜狐网，https://www.sohu.com/a/197272976_199708）

5. 运至发货区

按车辆趟次或行车路线，将包装或捆包好的货物运至发货区暂存，等待配装积载和装车发运。

（三）配货作业的形式

与拣货作业一样，配货作业一般也以单品（B）、箱（C）、托盘（P）为单位进行。针对不同的拣货方式和拣货单位，应采用不同的配货作业形式，如表 6-19 所示。

表 6-19 不同拣货单位下的配货作业形式

拣货方式	拣货单位	配货作业的形式	配货单位
按订单拣取	P	捆包（用包装膜或绳索固定）	P
	P	卸箱—装箱—捆包	C
	C	捆包	C
	B	装箱	C
	B	装箱	B

（续表）

拣货方式	拣货单位	配货作业的形式	配货单位
批量拣取	P	① 捆包（托盘货物属于同一客户） ② 卸托盘—分类—捆包（托盘货物属于不同客户）	P
	P	卸托盘—分类—捆包	P
	P	卸托盘—拆箱—分类—包装	P
	C	① 分类—捆包（装箱货物属于同一客户） ② 拆箱—分类—装箱（装箱货物属于不同客户）	C
	C	拆箱—分类	B
	B	分类—装箱	C
	B	分类	B

二、送货作业

送货作业具体可分为送货前作业、送货中作业和送货后作业。

（一）送货前作业

1．送货前检查

送货前，通常采用人工检查法，按送货单逐一核对货物数量，检查货物的质量及包装状况。

2．划分基本配送区域

为了提高配送效率和配送质量，送货前，首先应对各客户的具体位置进行统计，并按一定的标准和要求划分配送区域。例如，可按行政区域或交通条件来划分配送区域，并加以弹性调整，以此来安排送货顺序。

3．安排车辆

安排类型、吨位合适的车辆进行送货。配送中心可根据自身情况选择自有车辆或外雇车辆，并事先掌握有哪些符合要求的车辆可供调派。此外，安排车辆之前，还要分析所送货物的信息，如体积、重量、数量及对装卸搬运的特殊要求等，综合考虑之后做出最合理的车辆安排。

4．确定配送线路

配送线路是指各配送车辆向各个客户送货时所要经过的路线。配送线路合理与否，对配送速度、成本、效益有很大的影响。采用科学、合理的方法来优化配送线路，是送货作业中非常重要的一项工作。

关于配送线路的优化设计，详见项目七。

5．进行车辆配载

车辆配载是指对货物在运输工具配置和堆放方式等方面做出合理的安排。进行车辆配载时必须遵循的原则如表 6-20 所示。

表 6-20 车辆配载的原则

原 则	说 明
轻重搭配	重货放下面，轻货放上面，既能避免重货压坏轻货，又能使车辆重心下移，保证安全
大小搭配	为充分利用车辆容积，可在堆放时将不同尺寸的货物进行合理搭配，以减少车厢内的空隙
性质搭配	拼装在一个车厢内的货物，其物理和化学性质不能相互抵触。例如，不能将散发异味的货物与食品混装，不能将粉尘类货物与清洁货物混装
后送先装、先送后装	将配送时间靠后的货物先装车，配送时间靠前的货物后装车。送往同一地点的适合配装的货物，应尽可能一次装载
保证稳固	装货完毕后，应在车门处采取适当的稳固措施，以防开门卸货时货物倾倒造成损坏
不许超限	配载的货物不能超过车辆的最大载重量及最大长度、宽度和高度要求
载荷均匀	车厢内货物的重量应分布均匀，不能出现明显的前后不均或左右不均状况

小提示

一般来说，车辆如果能够按照额定吨位满载运行，则说明车辆的吨位利用率较高。但在实际工作中，车辆往往会受到配送货物的流量、流向、配送时间和配送距离等因素的影响，因此无法做到每辆车都满载运行。

科技之光

天机系统在苏宁物流配送领域中的应用

为了推动仓储、运输和配送作业的全面数字化、智能化发展，苏宁物流自主研发的智能决策系统——天机系统于 2019 年 6 月正式投入使用。

苏宁物流拥有 23 亿年运输包裹量、500 多个中转分拨中心、4 000 多条运输路线，天机系统却如同一颗“智慧大脑”，从如此庞大且繁杂的物流运输系统中获取最优路线，并在满足配送时效性的前提下，降低整个网络的运输成本。例如，苏宁小店（2017 年开设的线下门店）每天都需要从位于城市中心的苏宁仓库中进行商品补给，而天机系统可以合理地调度车辆，规划配送路径，并在必要时合并路线以降低运输成本，或拆分路线以提高配送时效。

除此之外，天机系统的配送排程技术也在不断更新迭代，以帮助苏宁小店等线下门店实现其“3 公里 1 小时即时配送”的目标。例如，天机系统使用“动态规划+变领域搜索算法”，使 98%以上的订单获得了最优配送方案，快递员的日常配送距离减少了 13.4%。

（资料来源：搜狐网，https://www.sohu.com/a/323351807_305564）

（二）送货中作业

送货中作业是指货物从装载上车到送达接货地点前的作业环节。在该环节中，最重要的工作是对运送车辆进行管理。若运送车辆是自有车辆，则可利用 GPS 进行车辆定位，以完成在途跟踪；若运送车辆是外雇车辆，则可利用电话等方式询问车辆的在途情况，以完成在途跟踪。询问内容主要包括车辆当前所在位置、预计到达时间、货物状况、路况及有无异常情况等。在途跟踪的内容可在信息系统中记录，也可在货物跟踪记录表（见表 6-21）中登记。

表 6-21　货物跟踪记录表

序号	货物名称	托运方	托运方联系人及电话	收货方	收货方联系人及电话	到货日期	跟踪情况	处理方法	经办人
1									
2									
3									
4									

（三）送货后作业

1. 送达与回访

货物送达指定地点后，送货员应协助收货人卸载货物，并将所卸货物放到指定位置。收货人点数验收后，在送货单上注明实收情况，并签字确认。同时，送货员应请收货人填写配送质量跟踪表（见图 6-24）。收货人如果有退货或调货要求，送货员应将退调货物随车带回，并完成有关单证手续。

配送质量跟踪表

配送时间：　　年　　月　　日

××客户经营部：

我公司承运××配送业务，我们对配送质量的承诺是：安全准确、文明储运、优质高效、客户至上。为了实现上述承诺，不断改进服务质量，恳请贵经营部如实填写以下栏目：

1. 送货汽车车号	
2. 送货员的服务态度	好□　一般□　差□
3. 送货汽车车况	好□　一般□　差□
4. 装载是否合理	是□　否□
5. 送达货物的名称、规格、数量是否与送货单上的相符	是□　否□
6. 到货是否准时	是□　否□
7. 货物污染、淋湿、破损情况及程度	一般□　严重□
8. 在哪些方面还需改进，请提出宝贵意见	

填表人：　　　　填表时间：　　年　　月　　日

图 6-24　配送质量跟踪表

2. 销单与费用结算

按指定计划完成配送工作后，送货员应到销单处进行销单。销单结束后，由财务部门

进行费用结算。

课堂互动

连锁超市的配送中心接到 5 个门店的送货请求（见表 6-22）后，将分拣完毕的货物放在出货月台上等待装车送货。目前，该配送中心未分配送货任务的只有一辆厢式货车，其车厢有效容积为 20 m³（长 5 m×宽 2 m×高 2 m），最大载重为 4 吨。

表 6-22 各门店的送货请求

门店名称	送货顺序	货物名称	总质量/kg	总体积/m³	件数/托盘	单件重量/kg	单件体积/m³	外包装尺寸（长×宽×高）/m
A	1	食用油	1 200	4	4	300	1	1×1×1
B	2	液晶电视	500	4	10	50	0.4	1×0.5×0.8
C	3	瓶装饮料	900	3	5	180	0.6	1.2×1×0.5
D	4	袋装大米	1 500	9	10	150	0.9	1.5×1×0.6
E	5	盒装鸡蛋	300	2	50	6	0.4	1×0.8×0.5

要求：每个门店的货物一次性送达，并且尽可能送货给多个门店，但货物不能超过车辆最大载重及容积限制。3～5 人一组，根据上述要求制订一个配载方案，然后由教师随机选择几组学生，请他们介绍自己组的设计方案。

任务实施

任务背景

2020 年 7 月 21 日，北京某配送中心接到了 3 个客户的订单（订单内容见任务二任务实施中表 6-13），这 3 个客户的资料如表 6-23 所示。

表 6-23 客户资料

客户	河北零售商 0312	山东零售商 0531	河北零售商 0311
单品利润/元	4	5	6
合作年限/年	1	2	3
信誉度	优	优	良
订单响应时间/h	12	16	24

任务实施

（1）将全班学生分成若干小组，每组 6～8 人。

（2）以小组为单位，根据“任务背景”中所给信息编制配货作业计划和送货计划。

（3）小组成员自行选择配货员、送货员、接货人员等角色，互相配合完成一次配货和送货作业。

（4）教师进行现场指导，纠正学生在操作中的失误。

任务四 补货与退货

2020 年 7 月 23 日，嘉美配送中心客服部接到某客户的来电，该客户称嘉美配送中心于 2020 年 7 月 22 日为其配送的 200 箱伊利纯牛奶中，有 40 箱出现了包装严重破损的情况，要求退货。该配送中心的管理人员为表歉意，答应当天为客户发送 40 箱伊利纯牛奶。然而，仓库拣货员在拣货时却发现该货物的库存不足，于是只得临时安排补货，耽误了配送时间，导致客户第二天才收到该配送中心送来的牛奶。

实际作业中，配送中心应如何处理客户的退货？如何安排补货作业？

一、补货作业

补货是指在配送中心拣货区的存货量低于设定标准的情况下，将货物从保管区搬运到拣货区，并进行相关信息处理的过程。补货作业示意图如图 6-25 所示。

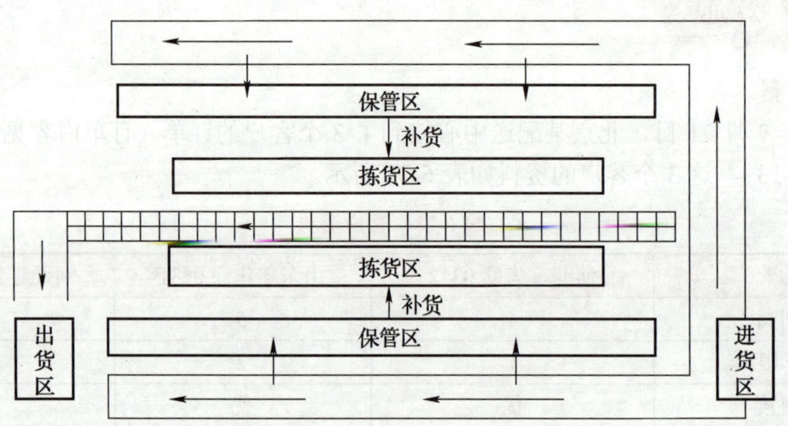

图 6-25　补货作业示意图

（一）补货的时机

配送中心应正确选择补货时机，以免在拣货过程中出现拣货区货物不足的情况。补货时机一般有批次补货、定时补货和随机补货三种，如表 6-24 所示。

表 6-24 补货的时机

时 机	具体操作	特点	适用情况
批次补货	每天拣货之前，或者在拣选每一批次货物之前，经计算机计算所需货物的总拣取量，再查看动管区的库存量，计算出差额，并在拣货作业开始前补足货物	一次补足	一天内作业量变化不大、紧急追加订货不多，或者每次拣货量较大的情况
定时补货	将每天划分为若干时段，补货员在各时段内检查动管区的库存量，在发现不足时马上予以补货	定时补足	分批拣取、时间固定，且处理紧急追加订货的时间也固定的情况
随机补货	补货员随时巡视动管区的库存量，发现不足时立即补货	不定时补足	拣货量不大、紧急追加订货较多，以至于一天内的作业量事先不易被掌握的情况

小 提 示

保管区是指暂时储存货物的区域。动管区是指在拣货时所使用的拣货区域，此区域的货物大多会在短时间内被运至拣货区。

（二）补货作业的流程

补货作业的流程如图 6-26 所示。

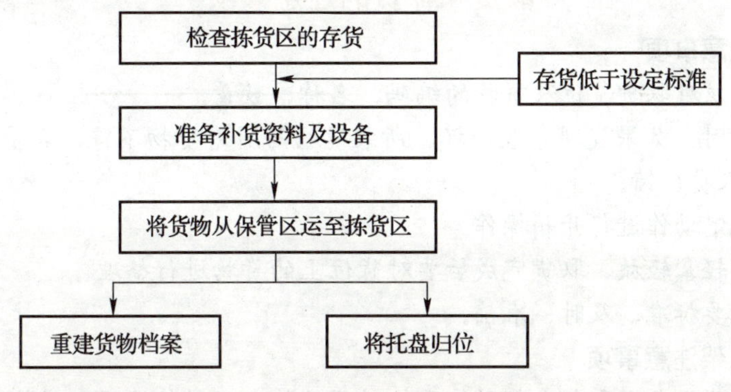

图 6-26 补货作业的流程

1. 检查拣货区的存货

拣货员在拣货过程中对拣货区货物的数量进行检查，或者由补货员随时检查拣货区货物的数量。如果发现所存货物的数量低于设定的标准，应开始准备补货。

2. 准备补货资料及设备

根据检查情况对需要补充的货物进行汇总并形成补货单（见图 6-27），然后准备相应的补货设备，如叉车、托盘、条码扫描器等。

补货单									
补货单号：						日期： 年 月 日			
序号	货物条码	货物名称	规格	单位	储存位置	拣货位置	申请数量	实际数量	备注
制单：						补货员：			

图 6-27 补货单

3. 将货物从保管区运至拣货区

补货员填写货卡或使用条码扫描器扫描货物及货架上的条码，完成货物的下架作业，并使用搬运设备将货物运至拣货区。

4. 重建货物档案，并将新托盘归位

补货员对运至拣货区的货物重新填写货卡，或者重新扫描货物及货架上的条码，完成货物的上架作业并填写补货单，最后将新托盘归位。

知识链接

取货和补货的注意事项

1. 取货注意事项

（1）认真核对取货货位及货物的编码、名称、数量。

（2）取货时，如果发现包装损坏、所装货物与所需货物不符、数量不对等情况，应及时向有关人员反馈。

（3）按规定动作进行开箱操作。

（4）注意轻拿轻放，取货完成后要对货位上的货物进行整理。

（5）作业要标准、及时、准确。

2. 补货上架注意事项

（1）从补货设备上取货上架时，要核对货位信息、货物编码和货物名称等。

（2）一种货物对应一个拣货位，并把货物整齐地放到拣货位上。

（3）补货完毕后，速将工具、纸箱等清理干净。

（三）补货方式

1. 循环式补货

循环式补货又称整箱补货。采用循环式补货方式，可将货物由货架保管区补至两面开放式流动棚架的动管区。

补货的具体做法为：补货员用取货箱到保管区取货，将取货箱装满后，用手推车运到

拣货区，从流动棚架的后方进行补货，如图 6-28 所示。这种补货方式适用于体积小、数量少，但品种多的货物。

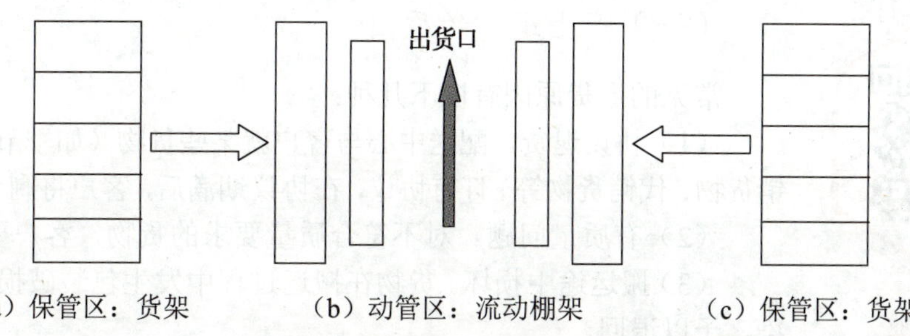

图 6-28 循环式补货示意图

2. 垂直式补货

垂直式补货是指从货架的保管区（上层）补货至货架的动管区（下层）。这种补货方式中，保管区与动管区属于同一货架，货架的中下层为动管区，货架的上层为保管区。当动管区的存货低于设定的标准时，补货员可利用堆高机将上层保管区的货物搬至中下层动管区进行补货，如图 6-29 所示。这种补货方式适用于体积不大、每品项存货量不高，且出货量较小（以箱为单位出货）的货物。

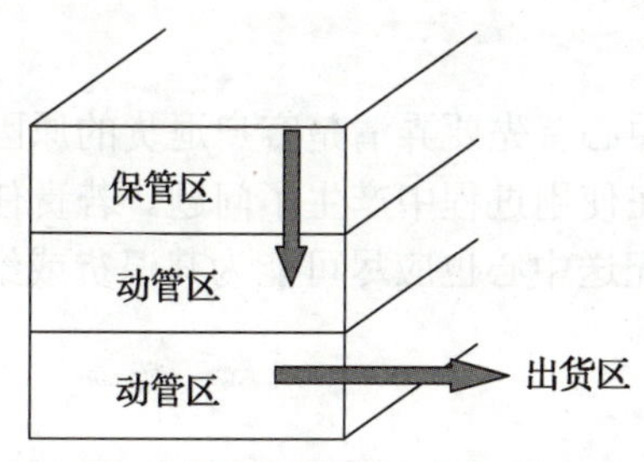

图 6-29 垂直式补货示意图

3. 复合式补货

采用复合式补货方式补货时，先将货物从第一保管区的高层货架拣出并运至第二保管区（动管区旁的临时保管处），动管区内的某一个托盘拣取完毕后，再将空托盘移出，然后将运至第二保管区的补货托盘移进动管区。这样，所有托盘依次往前推进。复合式补货示意图如图 6-30 所示。

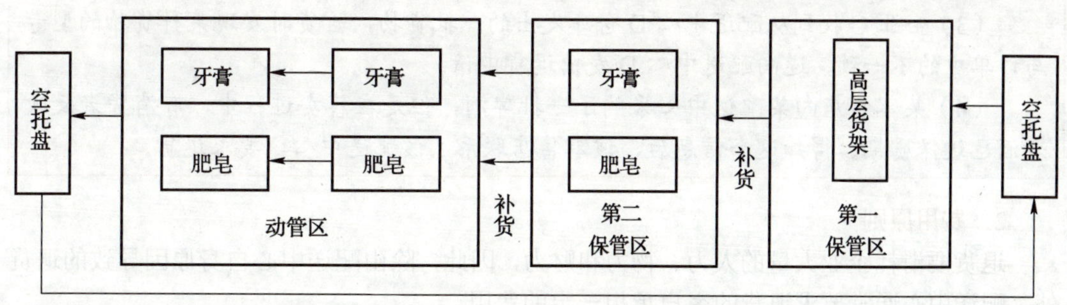

图 6-30 复合式补货示意图

二、退货作业

退货作业

（一）产生退货的原因

常见的退货原因有以下几种：

（1）协议退货。配送中心与客户就某些货物（如季节性货物、试销货物、代销货物等）订有协议，在协议期满后，客户将剩余货物退回。

（2）有质量问题。对不符合质量要求的货物，客户要求退回。

（3）搬运途中损坏。货物在搬运过程中发生包装破损情况或被污染，予以退回。

（4）超过保质期。货物在送达客户时或在销售过程中，超过其有效保质期，予以退回。

（5）送错货物。送达客户的货物，因其名称、规格、重量、数量等信息与订单中的不符而被退回。

（6）属于客户责任的退货。受市场环境、库存过高等因素的影响，客户要求退货。

（二）退货的主要原则

配送中心在处理客户的退货时，不论是客户的责任还是配送中心的责任，都必须遵循下述原则。

1．责任原则

客户要求退货时，配送中心首先要弄清楚客户退货的原因，即弄清楚是配送中心在配送时产生了问题，还是客户在使用过程中产生了问题。若责任在配送中心，配送中心应无条件退货；若责任在客户，配送中心也应尽可能为其退货或给予其他帮助。

活学活用

请分析下列案例中退货的原因，并说明责任方是谁。

（1）运送至沃尔玛中山分店的货物中，3 箱康师傅西红柿牛腩面和 10 袋奥利奥巧克力味饼干因运输途中被损坏，所以沃尔玛中山分店向承运该批货物的汇通物流公司提出退货要求。

（2）企业 A 从配送中心 B 处采购了一批材料，但企业 A 在生产过程中发现这批材料中有部分不符合生产要求，于是要求退货及赔偿。

（3）企业 C 收到从配送中心 D 仓库发出的一批货物，验货时发现某种货物的型号与订单中的不一致，遂向配送中心 D 发出退货申请。

（4）某零售店向某配送中心采购了一批啤酒，但是在售卖过程中，有消费者反映啤酒已过保质期。得知这个信息后，该零售店联系了该配送中心，要求退货。

2．费用原则

退货要消耗企业大量的人力、物力和财力，因此，除由配送中心自身原因导致的退货外，配送中心通常要求退货的客户承担一定的费用。

3. 条件原则

配送中心应事先规定接受哪种程度的退货，在哪种情况下接受退货（如“不良品或货物有破损时接受退货”），以及退货的期限，客户可以据此判断能否退货。在配送中心的退货政策和配送中心与客户签订的合同中，应对这些退货条件做出详尽的说明。

4. 凭证原则

配送中心应规定客户可以以哪些凭证作为退货证明，并说明凭证得以有效使用的方法，以免配送中心难以判断所退货物是否为其所配送的货物，进而影响退货的效率。

5. 计价原则

退货时货物的价格与客户订购时的价格可能存在一定的差异，配送中心应事先说明退货的作价方法，以减少纠纷。配送中心为保证自身的经济利益，通常以客户购进价与现行市场价中的最低价来进行结算。当购进价与现行市场价存在较大差异时，双方应协商解决计价问题。

活学活用

某配送中心明确规定，非商品质量问题的退货，应由买家承担往返运费。这遵循了退货作业管理的什么原则？

（三）退货作业流程

为了规范退货作业，保证退货业务能顺利地进行，配送中心应制订一套符合其自身的退货作业流程。退货作业的一般流程如图 6-31 所示。

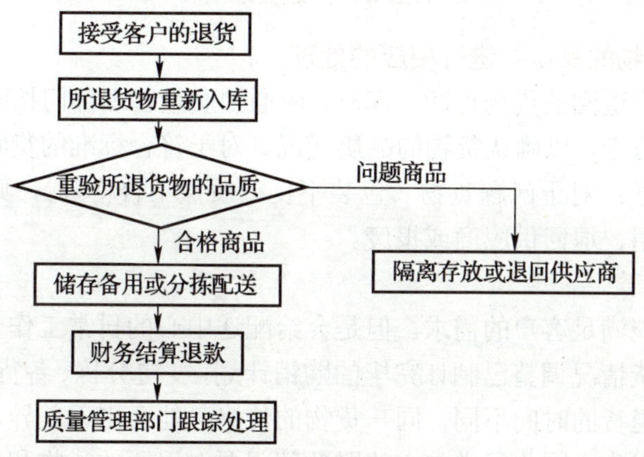

图 6-31 退货作业流程

1. 接受客户的退货

配送中心的售后服务部门收到客户的退货申请后，应核查退货原因，并根据合同内容判断其是否符合退货条件。

若符合退货条件，则售后服务人员应迅速整理好相关的退货资料，帮助客户处理退货，并及时将退货信息传达给质量管理部门及其他相关部门。

若不符合退货条件，售后服务人员应向客户说明。如果客户接受，则请客户取消退货申请；如果客户仍坚持退货，则应以“将公司损失降至最小，且不损害客户关系”为原则进行处理。

2．所退货物重新入库

对于客户退回的货物，相关部门要进行初步核对。通常，受理客户提出的退货申请后，信息系统会根据相关信息生成退货单，如图 6-32 所示。相关部门收到退货后，需要将所退货物的名称、数量等与退货单进行初步核对，在确保退货的基本信息无误后，由仓储部门将退回的货物重新入库。

退货单

退货单编码			退货日期			收货日期	
原采购单号			部门			业务员	
供应商编码			供应商				
序号	货号	品名	规格	数量	出货单号	退货原因	备注

业务员：　　部门经理：　　采购经理：

财务经理：　　总经理：

图 6-32　退货单

3．重验所退货物的品质并进行相应的处理

仓储部门将客户退回的货物重新入库时，应通知质量管理部门按照新品入库验收标准对退回的货物进行检查，以确认货物的品质状况。对于符合标准的货物，仓储部门应进行储存备用或分拣配送；对于问题货物（包装不良、质量不合格等），则贴“拒收”标签后隔离存放、降级使用、退回供应商或报废。

4．财务结算退款

实施退货虽然能满足客户的需求，但是会给配送中心的日常工作带来不便。例如，配送中心需要根据退货情况调整已制订完毕的购销计划，变更分拣、备货等工作的具体环节。此外，由于订货和退货的时间不同，同一货物的价格可能会出现差异，同质不同价、同款不同价的现象时有发生，因此配送中心的财务部门要对退回的货物和货款进行估计，将退回货物的数量、销售时的货物单价及退货时的货物单价等信息输入信息系统，并依据退货单办理扣款手续。

5．质量管理部门跟踪处理

完成退货后，质量管理部门应跟踪并记录退货的处理情况及客户的满意度，使客户对配送中心保持良好的印象。如果客户对退货的处理过程或处理结果不满意，质量管理部门应虚心接受，并分析客户不满的原因，找出解决方案，以作为今后改善工作及绩效考核的参考。

任务实施

任务描述

在物流实训室中采用角色扮演方式完成补货和退货作业，了解补货和退货作业的流程和需要注意的问题。

实施步骤

（1）将全班学生分成5个小组，分别以A、B、C、D、E进行编号。

（2）5个小组协同完成补货作业：A小组负责统计订单信息；B小组负责统计拣货区的存货情况；C小组负责编制补货单；D小组负责按补货单进行补货作业；E小组负责补货作业的管理。

（3）5个小组协同完成退货作业：A小组扮演客户，提出退货申请；B小组扮演配送中心的客服人员，接受退货申请；C小组扮演配送中心经理，做出退货决定；D小组扮演财务人员，进行退款结算；E小组扮演配送中心质量管理人员，完成质量评估报告。

（4）5个小组完成一轮上述实训以后，小组之间进行实训效果互评，教师对全部实训过程进行点评。

（5）以小组为单位编写补货和退货实训项目的总结报告。

项目自测

1．单项选择题

（1）现销式交易订单的交易形态为（　　）。

A．接单后按正常的作业程序进行拣货、配货、送货和收费

B．与客户当场交易，直接给货

C．客户向配送中心订货，但由供应商直接配送给客户

D．客户先行订购一定数量的货物，需要时再要求出货

（2）订单处理过程中，查询存货的目的是（　　）。

A．确认库存是否能满足客户需求

B．提高接单率

C．查看客户是否允许延期出货

D．查看客户是否改订替代品

（3）（　　）是体积、重量最大的拣货单位。

A．集装箱　　B．托盘　　C．箱　　D．单品

（4）下列不属于配送中心拣货模式的是（　　）。

A．B→B　　B．C→C+B　　C．C→P　　D．P→C

（5）穿越式拣货路径又称“（　　）”形拣货路径。

A．L　　B．U　　C．S　　D．Y

（6）在“人至物”行走方式中，移动方为（　　）。

A．货位　　B．货架　　C．货物　　D．拣货员

（7）某配送中心按订单拣取货物，拣货单位为箱，则配货单位为（　　）。

A．单品　　B．箱　　C．托盘　　D．集装箱

（8）（　　）最适用于体积小、数量少，但品种多的货物。

A．整箱补货　　B．托盘补货　　C．货架补货　　D．叉车补货

（9）补货员用取货箱到保管区取货，将取货箱装满后，用手推车运到拣货区，从流动棚架的后方进行补货，这种补货方式称为（　　）。

A．循环式补货　　B．整箱补货　　C．垂直式补货　　D．复合式补货

（10）（　　）是指从货架的保管区（上层）补货至货架的动管区（下层）。

A．循环式补货　　B．整箱补货　　C．垂直式补货　　D．复合式补货

2．多项选择题

（1）下列选项中，属于传统订货方式的有（　　）。

A．电话订货　　B．传真订货　　C．邮寄订单　　D．POS 系统订货

（2）接收订单后，接单员要对（　　）进行确认，确保配送作业的准确性和有效性。

A．订货信息　　B．客户信用　　C．订单类型　　D．订货价格

（3）下列属于配送中心拣货单位的有（　　）。

A．单品　　B．箱　　C．托盘　　D．包

（4）以下有关批量拣货方式的说法中，正确的是（　　）。

A．可以减少拣货时的行走时间，提高拣货效率

B．订单累积到一定数量才进行处理，因此会使某些订单滞留的时间较长

C．接到订单后可立即拣货、送货

D．拣货后不用进行分类作业

（5）分货作业一般包括（　　）三种方式。

A．计算机分货　　B．人工分货

C．自动分货机分货　　D．旋转架分货

（6）以下选项中，属于送货前作业的有（　　）。

A．划分基本配送区域　　B．安排车辆

C．确定配送线路　　D．进行车辆配载

（7）一般来说，知道了客户的配送先后顺序，应按照（　　）将货物装车。

A．订单所列　　B．“先送先装”原则

C．“先送后装”原则　　D．“后送先装”原则

（8）补货时机一般有（　　）三种。

A．批次补货　　B．定时补货

C．定量补货　　D．随机补货

（9）客户退货的原因有（　　）。

A．协议退货　　B．货物在搬运途被损坏

C．送错货物　　D．货物过期

（10）配送中心处理退货的原则有（　　）。

A．责任原则　B．费用原则　C．凭证原则　D．计价原则

3．名词解释

（1）订单处理。

（2）拣货。

（3）批量拣货。

（4）配货。

（5）配货检查。

（6）车辆配载。

（7）补货。

4．简答题

（1）客户档案应包含哪些内容？

（2）如何计算每张订单或每批订单上货物的拣取时间？

（3）简述拣货作业的流程。

（4）简述配货计划的编制步骤。

（5）简述配货作业的流程。

（6）简述送货作业的流程。

（7）进行车辆配载时应遵循哪些原则？

（8）简述退货作业的流程。

5．综合分析题

某配送中心拣货区域的布局如图 6-33 所示。

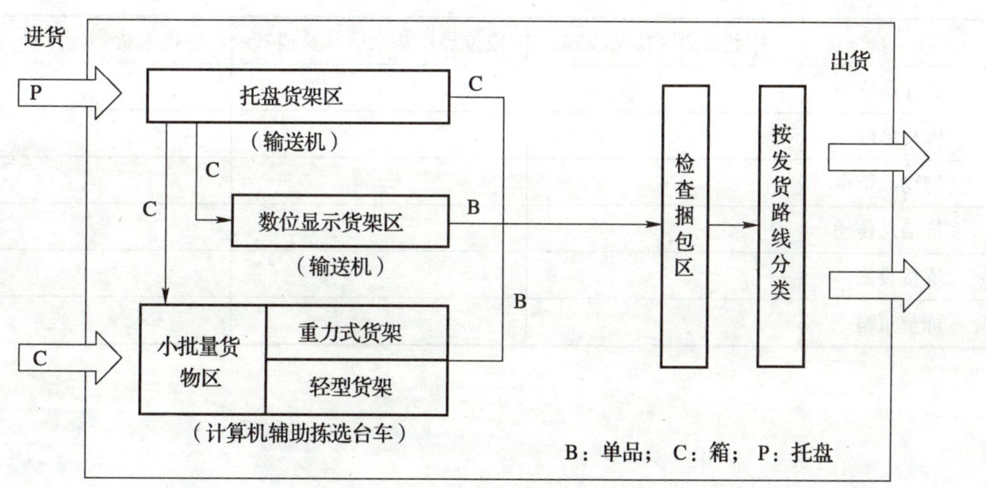

图 6-33　某配送中心拣货区域的布局

该配送中心仓储的货物约 1 200 个品种，每天出货量高达 185 000 个包装单位。为配合如此庞大的作业量，并提供优质的物流服务，该配送中心采用自动信息控制与人工控制相组合的模式来完成拣货作业。以下是该拣货区域各分区的作业情况：

（1）托盘货架区：以箱为单位拣货出库。托盘货物连同托盘一起存于托盘货架上，拣货员将托盘上的成箱货物连同箱子一起存于重力式货架上，将大批订购的货物直接以箱为单位利用输送机送往出货区，或直接补货至数位显示货架区。拣货员在托盘货架区可完成大体积、大批量货物的拣货工作。拣货时，拣货员事先将待拣货物及其数量打印在标签上，并将标签粘贴在货物上，然后按指示的拣货方式拣货。

（2）数位显示货架区：以单品为单位拣货出库。货物存于重力式货架上，各类货物储位上装有指示拣货数量的数字显示装置。拣货时，负责各自拣货区域的拣货员按显示装置上所指示的信息拣取货物，并将其放入输送机上的周转箱里，然后按下确认键（表示该货物已拣取完成），该周转箱就会移至下一个拣货员负责的区域。所有拣取工作结束后，周转箱被送往小批量货物区，空箱由上层输送机回收并送往检查捆包区。在该区域，拣货员采用按订单拣货的方式，完成多品种、中小批量货物的拣选工作。

（3）小批量货物区：以单品为单位拣货出库。货物保管于重力式货架或轻型货架上，用计算机辅助拣选台车拣货。拣货信息被传送到拣选台车上的计算机中后，计算机屏幕上会显示货架及拣货位置的分布情况，拣货员按屏幕指示至拣取位置拣取货物，扫读条码，并依照各订单上的信息将货物分别投入对应的订单格位的塑胶袋内。完成拣货后，将该塑胶袋暂存于集货用的轻型货架上，待上一区域内相对应订单的拣货周转箱送达时，加以集中并送到检查捆包区。在小批量货物区，拣货员主要完成小体积、小批量货物的拣选工作。

问题：

（1）简述该配送中心不同拣货方式的优缺点。

（2）试比较上述三种拣货模式，完成表 6-25 中的内容。

表 6-25　某配送中心拣货模式分析

项　目	托盘货架区拣货模式	数位显示货架区拣货模式	小批量货物区拣货模式
储存单位			
拣货单位			
货物物流特点			
拣货信息传递			
拣货设施			
拣货策略			

项目七

配送运输

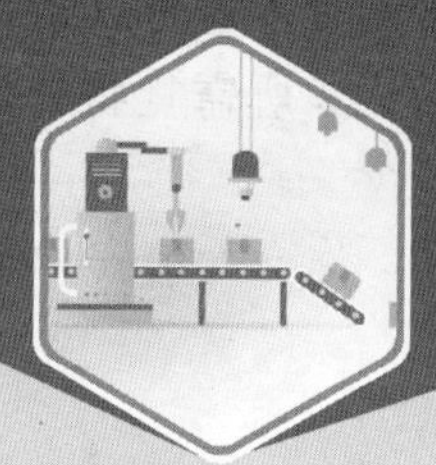

项目引言

配送运输是仓储与配送活动中的一个重要环节，该环节的重点有车辆积载、车辆调度、配送线路优化等。对配送运输活动进行合理的优化和管理，能够大大节约物流成本，提高物流企业的经济效益。

知识目标

- ✓ 熟悉配送运输的概念、特点及影响配送运输效果的因素。
- ✓ 了解影响车辆积载的因素，掌握提高车辆积载效率的方法。
- ✓ 了解车辆调度工作的内容和原则，掌握车辆调度的方法。
- ✓ 熟悉配送运输线路的类型，掌握标号法和节约里程法。

素质目标

- ✓ 强化责任意识和服务意识，努力使自己成为既具备良好职业道德修养，又具备出色业务能力的新时代人才。
- ✓ 通过学习“闻汛而动，践行担当”案例，体会我国快递企业积极履行社会责任、面对危机时敢于挺身而出的担当精神。
- ✓ 培养统筹兼顾、放眼全体的大局观，能够从整体出发，对工作进行综合考量和谋划。

任务一 车辆积载和车辆调度

任务导入

嘉美配送中心需要为位于市区的门店一、门店二和位于郊区的门店三配送货物。其中，门店一和门店二离嘉美配送中心有 2 km 左右的路程，两个门店的货物需求量差不多，且所需货物的品种相近，一般的厢式货车就可以运送；门店三离嘉美配送中心有 20 km 的路程，且该门店的货物需求量大，所需货物种类多，一辆厢式货车无法一次装下所有货物。

如果你是嘉美配送中心的车辆调度人员，你会如何安排车辆为这三个门店运货？

一、配送运输概述

（一）配送运输的概念

配送运输是指使用汽车或其他运输工具，将需要配送的货物从供应点送至客户手中的活动。这里的供应点既可以是生产企业的仓库，也可以是配送中心或物流中心的仓库。

配送运输以汽车运输为主。在具有轨道运输条件的城市，可以采用轨道运输方式配送；在需要跨城市配送运输的地区，可以采用铁路运输方式，或者在河道水域通过船舶配送。从运输的角度看，配送运输是对干线运输的一种补充和完善，属于末端运输、支线运输，以服务为目标。

（二）配送运输的特点

（1）时效性。配送运输是交货前的最后一个环节，也是最容易使交货发生延误的环节。配送中心必须认真分析影响配送时效性的各种因素，合理地选择配送线路、配送车辆和送货人员，使每位客户都能在其期望的时间内收到货物。

（2）安全性。配送运输的宗旨是将货物完好无损地送到目的地，然而影响配送运输安全的因素有许多，如货物的装卸作业、运送过程中的机械振动、配送人员的素质等。因此在配送运输过程中，必须坚持安全性原则。

（3）沟通性。配送运输是配送的末端服务，配送人员送货上门前，通常会将货物的大致情况向客户说明。可见，配送运输服务是配送人员与客户沟通最直接的桥梁。

（4）方便性。配送以服务为目标，以最大限度地满足客户需求为宗旨，因此配送中心应采取各种措施（如紧急送货、顺道送货等），尽可能地让客户享受到便捷的服务。

（5）经济性。实现一定的经济利益是企业运作的基本目标，因此企业不仅要完成高

质量的配送服务，还必须提高配送运输的效率，加强成本控制与管理，以较低的运输成本为客户提供优质、经济的配送服务。

某烟草公司对配送人员的要求

某烟草公司为了优化卷烟配送服务，提升对客服务水平，提出了“四个瞄准”，其内容如下：

（1）瞄准送货准确性。所有人员严格执行卷烟核对工作标准，在出库、装车、送货、客户交接等环节，逐一核对客户订购的卷烟品类和数量，确保送货的准确性。

（2）瞄准货物完整性。加强宣传引导，以客户满意为标尺，主动换位思考，将心比心，在卷烟搬运过程中双手托举、轻拿轻放，确保卷烟在送达店内时“零破损”。

（3）瞄准送货及时性。将送货时效作为一项基本服务标准，持续优化配送线路，不断提升配送效率，缩短送货时间，严格兑现送货的时效承诺。

（4）瞄准客我融洽性。送货人员在送货过程中应坚持微笑服务，使用文明用语，营造融洽的客我关系，对客户做到有问必答，使服务质量持续提升。

（资料来源：东方烟草网，https://www.eastobacco.com/pub/web/sypd/xdwl/202008/t20200810_579183.html）

（三）影响配送运输效果的因素

影响配送运输效果的因素有很多，既有动态因素，也有静态因素。其中，动态因素包括车流量变化、道路施工、配送客户变动、可供调动的车辆变动等，静态因素包括配送客户的分布区域、道路交通网络、车辆运行限制等。各种因素之间互相影响，容易造成送货不及时、配送路径选择不当等问题，进而贻误交货时间，影响配送效率和公司的信誉。可见，加强对配送运输的管理极为重要。

活学活用

除了上述因素外，你认为影响配送运输效果的因素还有哪些？

二、车辆积载

车辆积载是指根据货物配装计划，将货物装入车辆的过程。配送车辆积载的好坏，直接影响配送运输的质量。

（一）车辆积载评价指标

车辆积载评价指标常用吨位利用率表示，它能反映车辆在运行过程中载运能力的利用程度，其计算公式为

$$吨位利用率 = \frac{实装货物吨数}{车辆额定载重吨位} \times 100\%$$

理想状态下，配送车辆的吨位利用率是 100%，即按车辆额定载重吨位装足货物，既不要亏载，造成车辆载重能力浪费；也不要超载，形成行车安全隐患。

（二）影响车辆积载的因素

车辆按其额定载重吨位满载运行时，载运能力可得到充分利用。但在实际工作中，配送车辆往往会受到各种因素的影响而处于亏载状态。影响车辆积载的因素如下：

（1）货物特性因素，如货物的形状、密度等。轻泡货物（平均每立方米重量不足 333 kg 的货物）由于受到车辆容积限制和运行限制（主要是限高），可能会使装载车辆出现吨位利用率较低的情况。

（2）货物包装情况，如货物包装的尺寸、形状等。当货物包装的宽度为 80 cm，车厢的宽度为 220 cm 时，将会产生装 3 箱空间不足、装 2 箱空间过剩的情况。

（3）不能拼装运输。例如，配送货物的重量与所选派车辆的额定吨位相差较远，但该货物又不能与其他货物拼装运输时，便会出现亏载。

（4）装载技术不当。例如，在装载家具类货物时，没有实行合理拆装、大小件套装等。

（三）提高车辆积载效率的方法

（1）研究各类车厢的装载标准、不同货物和不同包装体积的合理装载顺序，努力提高装载技术和操作水平，力求装足车辆额定载重吨位。

（2）根据客户所需货物的品种和数量，调派适宜的车型进行配送作业，这就要求配送中心配有足量不同类型的配送车辆。

（3）凡是可以拼装运输的货物，尽可能拼装运输，但要注意防止出现差错。例如，厢式车有确定的车厢容积，敞篷车因高度所限，其载货容积也为确定值。若配送车辆的车箱容积为 V，车辆载重量为 W，现要装载质量体积为 R_a、R_b 的两种货物（重量分别为 W_a、W_b），使得车辆的载重量和车厢容积均被充分利用，则可列方程式

$$W_a + W_b = W$$

$$W_a \times R_a + W_b \times R_b = V$$

由此可得 $W_a = \frac{V - W \times R_b}{R_a - R_b}$，$W_b = \frac{V - W \times R_a}{R_b - R_a}$。

同步计算

某配送中心需配送水泥和玻璃两种货物，水泥的质量体积为 0.9 m^3/t，玻璃的质量体积为 1.6 m^3/t。计划使用的配送车辆的载重量为 11 t，车厢容积为 15 m^3。若使车辆的载重能力和车厢容积都被充分利用，可设水泥的装载量为 W_a，玻璃的装载量为 W_b，则

$$W_a = \frac{V - W \times R_b}{R_a - R_b} = \frac{15 - 11 \times 1.6}{0.9 - 1.6} = 3.71(t)$$

$$W_b = \frac{V - W \times R_a}{R_b - R_a} = \frac{15 - 11 \times 0.9}{1.6 - 0.9} = 7.29\,(\mathrm{t})$$

课堂互动

某配送中心需配送两类货物，A 类货物的容重为 10 kg/m³，单件体积为 2 m³；B 类货物的容重为 7 kg/m³，单件体积为 3 m³。配送车辆的载重量为 103 kg，容积为 13 m³。计算这两类货物的最佳配装方案，教师随机选择学生回答。

（四）车辆积载管理

车辆积载需要通过装车、堆积和绑扎等一系列工序才能完成。

1．装车

装车作业的要求如下：

（1）进行检查和清扫。装车前，需对车厢进行清洗和消毒，以达到规定的要求。

（2）确定最恰当的装车方式。装车过程中，应尽量减少劳动力的消耗，如重量大的货物可利用滑板、滑槽等来装车。同时，还应根据货物的性质及包装，选择最适当的装车方式，以保证货物完好。

（3）科学、合理地选择和配置装车机具。科学地选择装车机具，并按一定的流程对其进行合理的配置，使装卸搬运的路程最短。

（4）防止货物散落、丢失、碰撞。装车货物应数量准确，码放整齐，标志向外，箭头向上，捆扎牢靠，并做好防丢措施。

（5）提高货物集装作业和散装作业的水平。成件货物集装（如集装成托盘、集装箱、网袋等货物单元）、粉粒状货物散装（如直接装入专用车、船中）是提高车辆积载的重要手段。

（6）做好装车现场的组织工作。对装车作业的场地、进出口通道、作业流程、人机配置等进行合理的组织，避免装车现场出现拥挤、紊乱等状况，确保装车工作能安全、顺利地完成。

2．堆积

在装车时，为了充分利用车辆载重量和车辆容积，通常需要将货物进行堆积。一般情况下，应根据配送货物的性质和包装来确定堆积的行、列、层数及码放规律。

堆积时应注意以下事项：

（1）堆码要整齐、有规律。

（2）受限于道路高度及运输法律法规，货物不能堆码得太高。例如，大型货车满载时的高度从地面起不得超过 4 m；载重量为 1 t 以上的小型货车，其满载时的高度不得超过 2.5 m；载重量为 1 t 以下的小型货车，其满载时的高度不得超过 2 m。

（3）堆码货物时，货垛的横向不得超出车厢宽度，前端不得超出车身，后端不得超出车厢。

3. 绑扎

绑扎是配送发车前的最后一个环节，也是非常重要的环节。其目的是保证货物在配送过程中完好，以及避免在卸货时货物发生倾倒。

绑扎时应注意以下几点：

（1）用于绑扎的绳子要结实，绳子的端点要易于固定。

（2）应根据具体情况选择绑扎方式。

（3）注意绑扎的松紧程度，避免损坏货物或损坏货物的外包装。

小提示

为了达到既保证货物完好，又能使车辆的装载能力得到充分利用的目的，在车辆积载过程中，货物要轻重搭配、大小搭配、性质搭配，并保证车辆稳固、载荷均匀，且不超载。同时，还应按“后送先装、先送后装”的原则来装载货物。

三、车辆调度

车辆调度是指制订行车路线，使车辆在满足一定条件下，有序地通过一系列装货点和卸货点，以达到路程最短或耗时最短的目标。合理的车辆调度，不仅能保证运输任务按期完成，还有助于运输企业及时了解运输任务的执行情况，促进运输及相关工作有序进行，实现最小运力投入。

（一）车辆调度工作的内容

车辆调度是配送运输管理中的一项重要职能，是指挥、监控配送车辆正常运行，协调配送生产过程，实现车辆运行作业计划的重要手段。车辆调度工作主要包括以下内容：

（1）编制配送车辆运行作业计划，包括编制配送方案、配送计划、车辆运行计划总表、分日配送计划表、单车运行作业计划等。

（2）现场调度包括按各类作业计划调派车辆，签发行车路单；勘察配载作业现场，做好装、卸车准备；督促驾驶员按时出车；督促车辆按计划进行保养等。

（3）随时掌握车辆的运行信息，对运行车辆进行有效监督。若发现问题，应及时采取措施予以解决，以保证车辆按计划正常运行。

（4）检查配送计划和车辆运行作业计划的执行情况。

（二）车辆调度工作的原则

（1）坚持局部服从全局的原则。编制和实施车辆运行作业计划的过程中，要从全局出发，保证重点，统筹兼顾，运力的安排应贯彻“先重点、后一般”的原则。

（2）安全、质量第一原则。车辆调度过程中，要始终把安全作业和质量管理放在首要位置。

（3）计划性原则。要根据客户订单中的要求认真编制车辆运行作业计划，并以运行计划为依据，监督和检查车辆运行作业计划的执行情况，按计划配送货物和对车辆进行保养。

（4）合理性原则。要根据货物的性能、体积、重量，车辆技术状况，道路桥梁通行条件，气候变化，驾驶员技术水平等因素合理地调派车辆，合理地安排车辆的运行路线，有效地降低运输成本。

大爱接力

闻“汛”而动，践行担当

2021 年 7 月，河南省暴雨肆虐，牵动人心。申通快递积极发挥自身快递服务网络的优势，有序参与了抗洪救灾工作，彰显了申通快递的速度、力度和温度。

河南省发生洪灾后，申通快递第一时间宣布开通救灾物资运输绿色通道，积极调度车辆，为救灾物资运输提供运力支持。

7 月 23 日，一辆满载着消毒液、创可贴、自热米饭等救灾物资的申通快递运输车辆从南通市驶出，前往河南省新乡市。

7 月 24 日，申通快递贵州省分公司为某母婴品牌商提供免费承运服务，帮助其运输向安阳市妇女儿童活动中心捐赠的 20 箱纸尿裤。

7 月 25 日，由申通快递广东省分公司免费承运的近 4 000 瓶抑菌免洗洗手液从惠州市发往新乡市。

……

据不完全统计，截至 7 月 27 日，申通快递共为河南灾情运输了 50 多趟救灾物资，运输量达到近 350 吨。

为了完成运输任务，申通快递为每台运输车辆都配备了两名驾驶员，一人负责开车，一人负责下车观察车辆涉水深度。由于道路被淹，车辆行驶十分不便。虽然面临种种困难，但申通快递的员工不畏艰难，不顾劳累，始终保持昂扬的斗志，在最短的时间内将救灾物资运送到了灾情严重的地区。

面对洪灾，申通快递积极践行社会责任，彰显企业担当。其付出得到了当地政府和受灾群众的高度肯定，有利于树立良好的企业形象。

（资料来源：中国快递协会官网，http://www.cea.org.cn/content/details_53_21791.html）

（三）车辆调度的方法

车辆调度的方法有许多种，调度人员可根据客户所需货物、配送中心站点及交通线路的布局等采用不同的方法。下面主要介绍两种常用的车辆调度方法：经验调度法和运输定额比法。

1. 经验调度法

如果配送中心有多种车辆类型，则车辆的使用原则为：① 尽可能使用能满载运输的车辆进行运输，如需要运输 5 t 货物，则安排一辆载重量为 5 t 的车辆运输；② 在能够保证满载的情况下，优先使用大型车辆，且先载运大批量的货物，以提高运输效率，降低运输成本。

同步计算

某建材配送中心需要运送 580 t 水泥、400 t 盘条和不定量的平盘玻璃。该配送中心有大型车 20 辆、中型车 20 辆、小型车 30 辆，每辆车每天只运送一种货物，其运输定额如表 7-1 所示。

表 7-1　车辆运输定额　单位：t/（辆·日）

车辆类型	运送水泥	运送盘条	运送玻璃
大型车	20	17	14
中型车	18	15	12
小型车	16	13	10

根据经验调度法确定的运送顺序为大型车、中型车、小型车，货载顺序为水泥、盘条、玻璃，由此可得出表 7-2 中的派车方案。该方案中，所有车辆完成的货运量为 1 080 t。

表 7-2　根据经验调度法得出的派车方案　单位：辆

车辆类型	运水泥的车辆数	运盘条的车辆数	运玻璃的车辆数	车辆总数
大型车	20	—	—	20
中型车	10	10	—	20
小型车	—	20	10	30

2. 运输定额比法

由于货物的形状或包装尺寸不同，因此在同一个车厢装载不同类型的货物时，能够装载的最大吨位数也不同。每一种车辆都存在运输某种货物的最合适吨位数（运输定额），将每种车运送不同类型货物时的运输定额相比，得到该车运输定额比大的货物类型，就是运输定额比法的基本思想。

同步计算

以上个同步计算实例和表 7-1 为题，采用运输定额比法设计车辆调度方案，并计算能够完成的货运量。

设计及计算步骤：

（1）计算每种车运送不同货物的运输定额比，如表 7-3 所示。（其他种类的定额比都小于 1，所以不予考虑。）

表 7-3 计算不同车辆的运输定额比

车辆类型	运送水泥/运送盘条	运送盘条/运送玻璃	运送水泥/运送玻璃
大型车	1.18	1.21	1.43
中型车	1.20	1.25	1.50
小型车	1.23	1.30	1.60

（2）在表 7-3 中，小型车运送水泥的运输定额比最大，因此应首先安排小型车运送水泥，其次由中型车运送盘条，剩余的由大型车完成，由此可得到表 7-4 中的派车方案。采用该方案可完成的货运量为 1 106 t，大于由经验调度法得出的派车方案中的货运量。

表 7-4 利用运输定额比法得出的派车方案 单位：辆

车辆类型	运送水泥车辆数	运送盘条车辆数	运送玻璃车辆数	车辆总数
大型车	5	6	9	20
中型车	—	20	—	20
小型车	30	—	—	30

（四）车辆调度人员的责任

为了做好车辆调度工作，调度部门一般都设有调度长、计划调度员、值班调度员、综合调度员等岗位，各岗位工作人员的职责如表 7-5 所示。

表 7-5 车辆调度人员的职责

岗 位	职 责
调度长	全面领导和安排车辆调度工作，正确贯彻和执行有关政策及法令，充分调动全组人员的工作积极性，确保运输任务圆满完成
计划调度员	① 编制、审核车辆平衡方案和车辆运行作业计划，并及时进行检查和总结 ② 掌握重点运输任务的完成情况，及时进行分析研究，提出改进措施和意见
值班调度员	① 正确执行车辆的运行计划，发布调度命令，及时处理调度工作中出现的问题，保证上下级调度机构之间沟通顺畅 ② 随时了解运输计划和重点运输任务的进度，认真听取各方面反映的情况，做好调度记录，发现异常情况及时向领导汇报 ③ 随时掌握车况、货况和路况，加强与有关单位的联系，保证单位内外沟通和协作顺畅 ④ 签发行车路单，向运输人员详细交代任务和注意事项 ⑤ 做好车辆动态登记工作，收集行车路单及有关业务的单据
综合调度员	① 及时统计运力及其分布、增减情况 ② 统计安全运输情况 ③ 统计运输计划和重点运输任务的完成进度 ④ 统计车辆运行作业计划的完成情况 ⑤ 及时进行有关资料的汇总和保管

科技之光

美团配送智能调度全面升级

配送网络的运行效率是决定用户体验的重要因素之一。随着“万物到家”时代的来临，用户对即时配送的品类、时效和距离的需求也在发生变化，即时配送平台迎来了新的挑战。

作为行业内领先、复杂的多人多点实时调度系统，美团的智能调度系统——“超脑系统”在高峰时期每小时可执行路径规划算法约 29 亿次。为了更好地满足用户和商家的差异化需求，美团配送（美团点评旗下的即时物流平台）将原有的智能调度升级为全域柔性调度，将模式创新和技术升级相结合，实现了跨商圈级别的全域调度。

全域柔性调度系统的升级与数字化技术的升级密切相关，后者主要依赖 AIoT（人工智能物联网）技术在深度与广度上的拓展。在数字化深度方面，美团配送主要致力于高精度、低延时的精细刻画能力的建设，为提升业务决策的精准性提供更准确、更实时的数据；在数字化广度方面，美团配送的主要目标是将配送各要素全面数字化，实现多场景、全链路的协同联动。

（资料来源：新浪网，https://tech.sina.com.cn/roll/2020-05-20/doc-iircuyvi4114039.shtml）

任务实施

任务描述

某废旧家电回收中心需回收废旧电视 700 台、废旧冰箱 400 台和不定量的废旧空调。该回收中心拥有大型车 24 辆、中型车 20 辆、小型车 25 辆，每种车每天只运输一次货物，车辆运输定额如表 7-6 所示。假如你是该回收中心的调度人员，请安排合理的派车方案来完成此次家电回收任务。

表 7-6　车辆运输定额　　单位：台/（辆・日）

车辆类型	运废旧电视	运废旧冰箱	运废旧空调
大型车	30	25	28
中型车	25	20	24
小型车	20	15	16

实施步骤

（1）将全班学生分成若干小组，每组 3～5 人。

（2）以小组为单位，进行车辆运输定额比计算，并制订派车方案。

（3）每组派一名代表以 PPT 的形式展示本组的任务实施成果。

任务二　配送线路优化设计

任务导入

F公司负责一家家电连锁企业的电器配送工作。最近，该公司经常出现货车不够用的情况，货运部主管张经理认为是公司的运力不足，要求公司购买或租赁货车。财务部主管却持反对意见："我们有8辆载重量为5 t的货车，如果每辆货车每天送货两次，就有80 t的运力。而现在每天的送货量大约为50 t，最高峰的时候也不超过65 t。怎么可能是运力不足呢？"

为了解决货车不够用的问题，张经理陪同财务主管考察了货车的送货过程，发现尽管货车一刻不停，车厢内货物减少的速度还是慢得出奇。货车就像在一个迷宫里打转一样，常常在同一条马路上来回好多次，偶尔还会遇到本公司的其他货车。

针对上述情况，你认为F公司应如何设计配送线路，才能提高配送效率？

知识讲解

一、配送线路的类型

（一）往复式行驶线路

往复式行驶线路是指一个供应点专程为一个客户送货，配送车辆在两个物流节点间往复行驶的路线类型。从物流优化的角度来看，当客户的需求量接近或大于承运车辆的额定载重量，需专门派一辆或多辆车进行一次或多次送货时，可采用往复式行驶线路。

根据运载情况不同，往复式行驶线路可分为单程有载往复式、回程部分有载往复式和双程有载往复式三种形式，如表7-7所示。

表7-7　往复式行驶线路的三种形式

形　式	说　明	特　点
单程有载往复式	车辆回程不载货	里程利用率较低，一般不到50%
回程部分有载往复式	车辆在回程时有货物要运送，但货物不是运到线路的终点，而是运到线路中间的某个节点，或中途载货运到终点	里程利用率大于50%小于100%
双程有载往复式	车辆回程时全程载有货物	里程利用率为100%

小提示

里程利用率是指配送过程中载运行程与总行程之比。总行程是指配送过程中车辆实际行驶的总里程数。载运行程即重车行程，指总行程中车辆载有货物时行驶的里程。

（二）环形行驶线路

环形行驶线路是指配送车辆在由若干物流节点组成的封闭回路上所进行的连续、单向运行的行驶路线。车辆在环形行驶线路上行驶一周，至少应完成两个运次的货物的运送任务。

根据装卸作业点的位置分布不同，可将环形行驶线路分为简单环形式、交叉环形式、三角环形式和复合环形式四种形式，如图 7-1 所示。

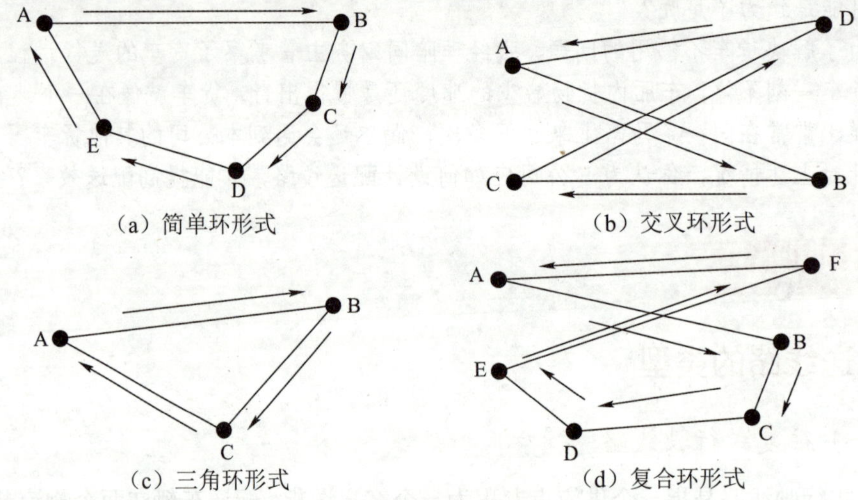

图 7-1　环形行驶线路

（三）汇集式行驶线路

汇集式行驶线路是指配送车辆沿运行线路，在各物流节点外依次完成相应的装卸任务（每一运次的装卸量均小于该车的额定载重量），直到整辆车装满或卸空，然后返回出发点的行驶线路。

汇集式行驶线路可分为分送式、聚集式和分送—聚集式三种形式，如表 7-8 所示。

表 7-8　汇集式行驶线路的形式

形　式	说　明
分送式	车辆在运行线路上各物流节点处依次进行卸货，卸完所有待卸货物返回出发点的行驶线路，如图 7-2（a）所示
聚集式	车辆在运行线路上各物流节点处依次进行装货，装完所有待运货物返回出发点的行驶线路，如图 7-2（b）所示
分送—聚集式	车辆在运行线路上各物流节点处分别进行装货和卸货，装卸完所有待运货物返回出发点的行驶线路，如图 7-2（c）所示

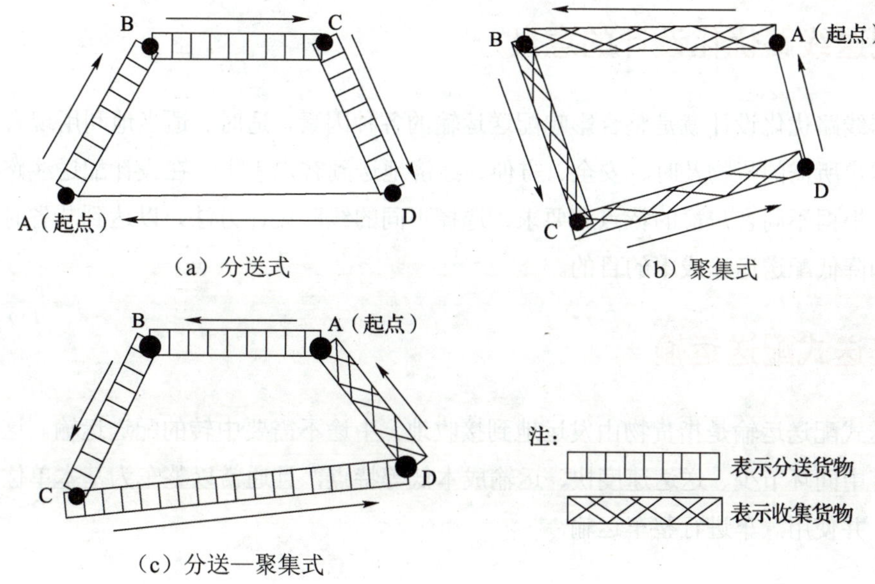

图 7-2　汇集式行驶线路

（四）星形行驶线路

星形行驶线路是指车辆以一个物流节点为中心，向其周围多个方向上的一个或多个节点行驶而形成的辐射状行驶线路。

某配送运输行驶线路如图 7-3 所示，O 是中心节点，A～H 是不同方向上的节点。如果就一个行驶方向看，车辆的运行路线可以简化成一个往复式行驶线路，如 O→A→O；如果就一个局部看，车辆的运行路线又可以简化成一个环形行驶线路，如 O→F→H→G→F→O。如果各节点更广泛地连通，车辆在多个节点之间运行，则从整体上看，又可形成一个复杂的网络式行驶线路。

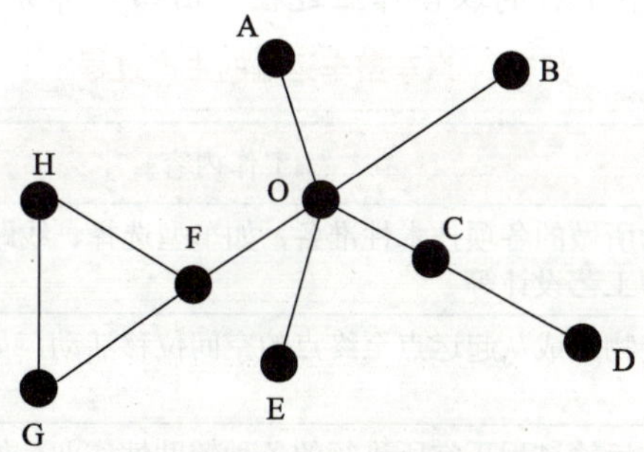

图 7-3　星形行驶线路

小 提 示

配送中心在选择配送线路时，既要考虑运输的便捷性、经济性，又要考虑货物的安全性，尽量避免不合理运输。

二、配送线路优化设计的意义

配送线路优化设计就是整合影响配送运输的各种因素，适时、适当地利用现有的运输工具将客户所需的货物及时、安全、方便、经济地送到客户手中。在设计配送线路时，配送中心应根据不同客户群的特点和要求，选择不同的线路设计方法，以达到节省时间、缩短运距和降低配送运输成本的目的。

三、直送式配送运输

直送式配送运输是指货物由发运地到接收地，中途不需要中转的配送运输。这种运输方式具有中间环节少、送达速度快、运输成本低等特点，且通常以整车为基本单位订立运输合同，并使用汽车进行整车运输。

知识链接

汽车整车运输的业务流程和过程

汽车整车运输的业务流程如图 7-4 所示。

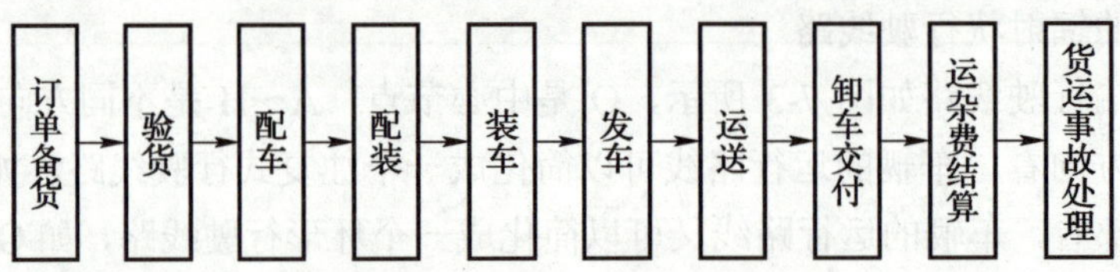

图 7-4　汽车整车运输的业务流程

汽车整车运输是一个多工种的联合作业过程，由四个部分构成，如表 7-9 所示。

表 7-9　汽车整车运输的生产过程

构成	工作内容
运输准备	为运输货物所做的各项技术性准备，如车型选择、线路选择、装卸设备配置、运输过程的装卸工艺设计等
基本运输	直接组织货物完成从起运点至终点的空间位移活动，如起运点装货、车辆运行、终点卸货等
辅助运输	为保证基本运输过程正常所进行的各种辅助性作业，如车辆、装卸设备、承载器具、专用设施等的维护与修理，各种商务事故、行车事故的预防和处理工作，以及营业收入结算工作等
运输服务	为基本运输过程和辅助运输过程中的各种工作和活动提供服务，如各种车辆常用配件的供应，货物的储存、包装和保险业务的代办等

直送式配送运输方式的特点是“多装快跑”，即选择最短的配送线路，提高配送效率。因此，直送式配送线路的优化可通过寻找物流网络中最短的配送路径来解决。

标号法是求解最短配送路径最常用的方法。使用标号法不仅可以求出起点到终点的最短配送路径及其长度，还可以求出起点到其他任何一个顶点的最短配送路径及其长度，因此该方法适用于求解有向图或无向图上的“最短”问题。

标号法

用标号法选择最短配送路径的步骤如下：

（1）将起点的配送距离记作“0”。

（2）找出与起点相邻但未标标号的点，计算该点与起点的最小距离值，并在相应的点处标上标号。

（3）找出与已标标号的点相邻的未标标号的点，计算该点与起点的最小距离值，并在相应的点处标上标号。

（4）重复步骤（3），直到所有的点都标上标号。

同步计算

用标号法选择最短路径的计算过程如表 7-10 所示。

表 7-10 用标号法找出 V_1 到 V_6 最短路径的步骤

步骤	计算过程	示意图
1	在 V_1 点处标上 $L_1=0$	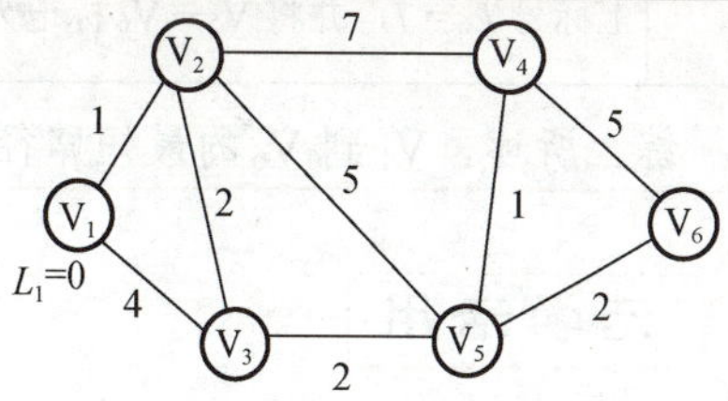 $L_1=0$
2	求与 V_1 相邻但未标标号的点（V_2 和 V_3）与起点 V_1 的最小距离值，即 $V_1—V_2$：$0+1=1$ $V_1—V_3$：$0+4=4$ 两条路径中的最小距离值为 1，则在 V_2 点处标上标号 $L_2=1$，并将 $V_1—V_2$ 标记为双线	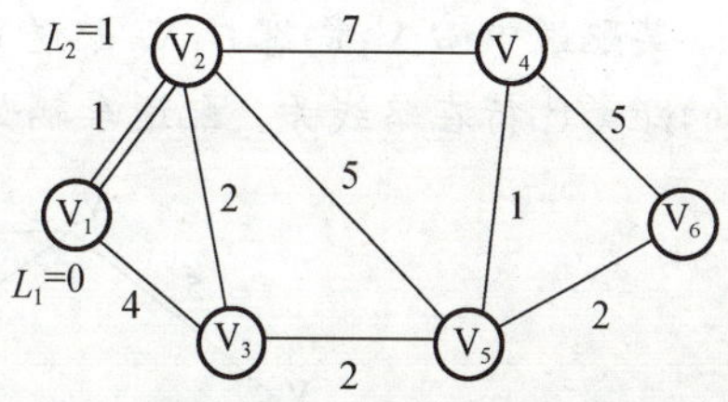 $L_2=1$ $L_1=0$
3	求与 V_1、V_2 相邻但未标标号的点（V_3、V_4 和 V_5）与起点 V_1 的最小距离值，即 $V_1—V_2—V_3$：$1+2=3$ $V_1—V_2—V_4$：$1+7=8$ $V_1—V_2—V_5$：$1+5=6$ 三条路径中的最小距离值为 3，则在 V_3 点处标上标号 $L_3=3$，并将 $V_2—V_3$ 标记为双线	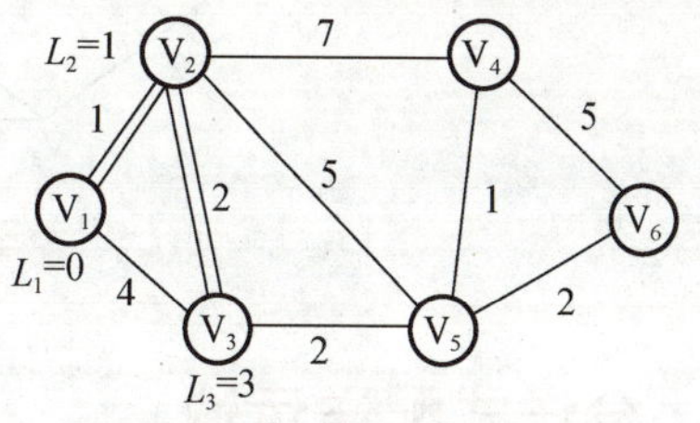 $L_2=1$ $L_1=0$ $L_3=3$

（续表）

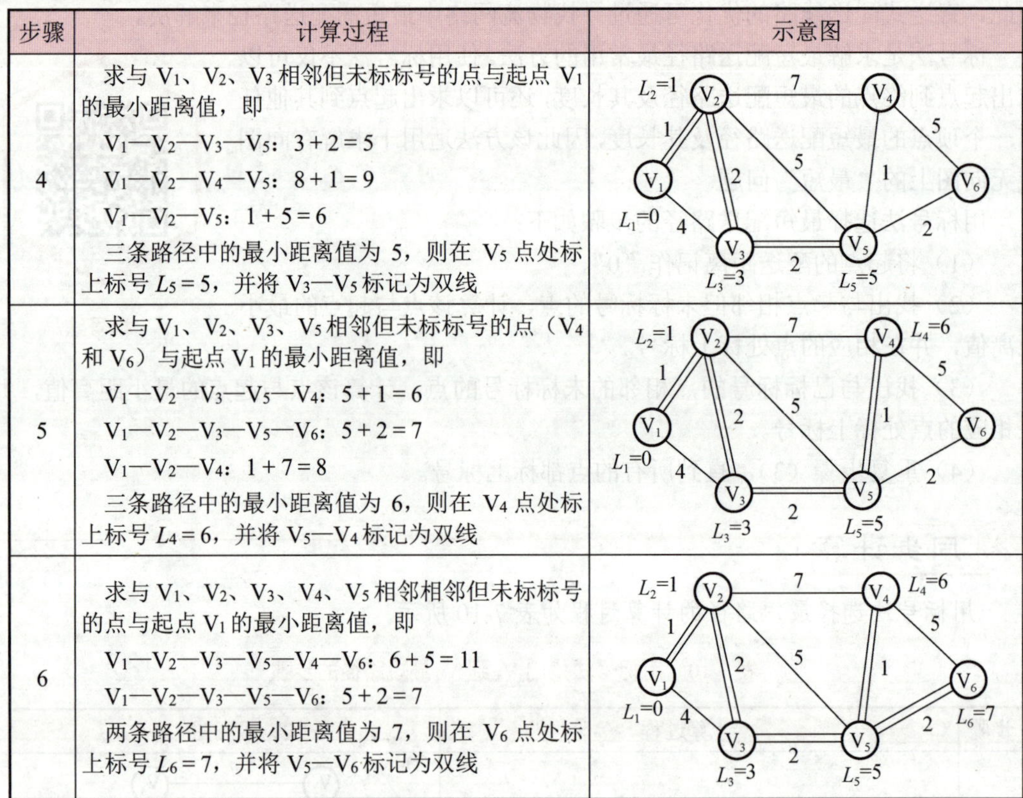

步骤	计算过程	示意图
4	求与 V_1、V_2、V_3 相邻但未标标号的点与起点 V_1 的最小距离值，即 $V_1—V_2—V_3—V_5$：$3+2=5$ $V_1—V_2—V_4—V_5$：$8+1=9$ $V_1—V_2—V_5$：$1+5=6$ 三条路径中的最小距离值为 5，则在 V_5 点处标上标号 $L_5=5$，并将 $V_3—V_5$ 标记为双线	$L_2=1$，$L_1=0$，$L_3=3$，$L_5=5$
5	求与 V_1、V_2、V_3、V_5 相邻但未标标号的点（V_4 和 V_6）与起点 V_1 的最小距离值，即 $V_1—V_2—V_3—V_5—V_4$：$5+1=6$ $V_1—V_2—V_3—V_5—V_6$：$5+2=7$ $V_1—V_2—V_4$：$1+7=8$ 三条路径中的最小距离值为 6，则在 V_4 点处标上标号 $L_4=6$，并将 $V_5—V_4$ 标记为双线	$L_2=1$，$L_4=6$，$L_1=0$，$L_3=3$，$L_5=5$
6	求与 V_1、V_2、V_3、V_4、V_5 相邻相邻但未标标号的点与起点 V_1 的最小距离值，即 $V_1—V_2—V_3—V_5—V_4—V_6$：$6+5=11$ $V_1—V_2—V_3—V_5—V_6$：$5+2=7$ 两条路径中的最小距离值为 7，则在 V_6 点处标上标号 $L_6=7$，并将 $V_5—V_6$ 标记为双线	$L_2=1$，$L_4=6$，$L_1=0$，$L_6=7$，$L_3=3$，$L_5=5$

综上所述，V_1 到 V_6 的最短路径为 $V_1—V_2—V_3—V_5—V_6$，最小距离值为 7。

活学活用

某配送中心 V_1 向客户 V_7 配送货物，V_1 到 V_7 的道路示意图如图 7-5 所示，各条道路的距离已标在路线旁。配送车辆如何运行，才能使行程最短？

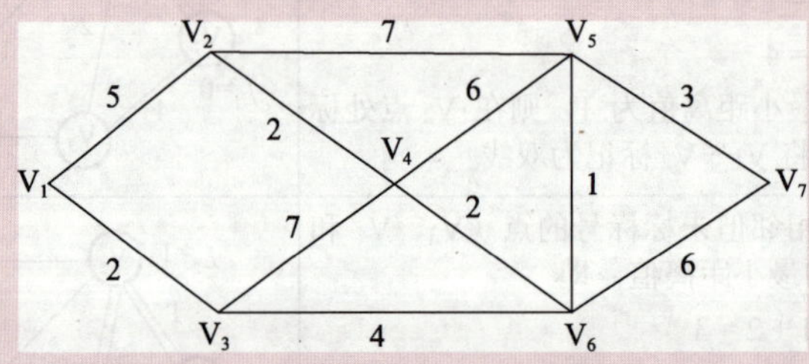

图 7-5　配送中心 V_1 到客户 V_7 的道路示意图

四、分送式配送运输

配送车辆装载货物后，沿着一条精心挑选的最佳路线依次将货物送到各个客户手中，即为分送式配送运输。分送式配送运输的基本条件是同一条线路上所有客户的需求量总和不大于配送辆车的额定载重量。采用分送式配送运输方式，既能保证按时按量将客户需要的货物送达，又能节约费用，缓解交通紧张带来的压力。

分送式配送线路的优化通常采用节约里程法来完成。利用节约里程法确定配送线路的主要出发点是：根据配送中心的运输能力（包括车辆的数量和载重量）和配送中心到各个客户的距离及各个客户之间的距离来制订配送方案，以达到总的车辆运输吨公里数最小的目的。

（一）节约里程法的假设条件

为了便于介绍节约里程法的基本原理及解题步骤，可假设：

（1）配送的货物可以装载在同一辆车上。

（2）各个客户的坐标（x，y）及需求量均为已知条件。

（3）各个客户之间、配送中心到客户之间的最短距离为已知条件。

（4）配送中心有足够的运输能力。

（二）节约里程法的基本原理

设 P 为配送中心所在地，A 和 B 为客户所在地，三者之间的道路距离分别为 L_a、L_b、L_c，如图 7-6 所示。

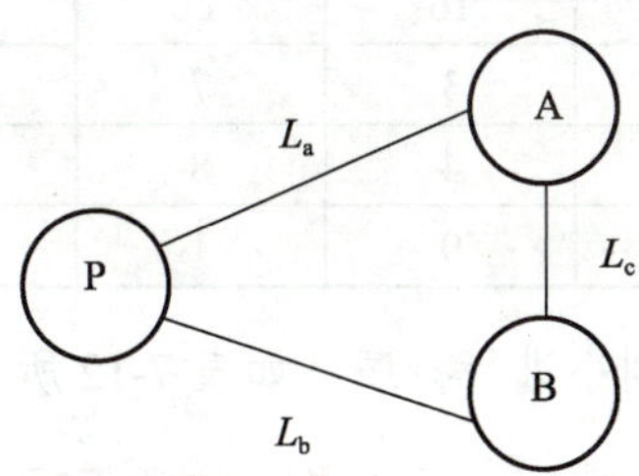

图 7-6 配送线路

最简单的做法是利用两辆车分别向 A 和 B 两地配送货物，此时，车辆的实际运行距离为 $2L_a+2L_b$。如果改用一辆车配送，则运行的实际距离为 $L_a+L_b+L_c$。$2L_a+2L_b-(L_a+L_b+L_c)=L_a+L_b-L_c$，由于三角形两边之和大于第三边，故 $L_a+L_b-L_c>0$。距离的节约量“$L_a+L_b-L_c$”被称为“节约里程”。

在实际应用中，配送中心的配送范围内可能存在多个客户，在汽车载重量允许的情况下，可按照节约里程的大小依次将这些客户连入巡回路线，直至汽车满载。剩余客户的货物安排下一辆车配送，并采用同样的方法安排配送线路。

同步计算

某配送中心 O 向 7 个客户 A、B、C、D、E、F、G 配送货物，其配送线路网络如图 7-7 所示。图中括号内的数字表示客户的需求量，单位为 t；线路上的数字表示两节点之间的距离，单位为 km。配送中心有 2 辆 4 t 卡车和 2 辆 6 t 卡车可供使用。

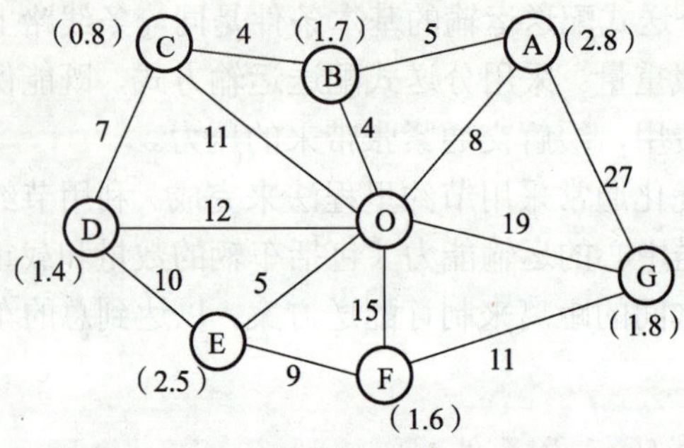

图 7-7 配送线路网络

用节约里程法制订最优配送方案的步骤如下：

（1）如表 7-11 所示，根据各节点之间的距离，按节约里程公式求出各客户之间的节约里程。例如，客户 A 到 B 之间的节约里程为（4+8−5）=7（km）。

表 7-11 各客户之间配送线路节约里程 单位：km

	A						
B	7	B					
C	10	11	C				
D	4	5	16	D			
E	0	0	3	7	E		
F	1	1	4	8	11	F	
G	0	0	0	1	4	23	G

（2）将节约里程数由大到小进行排序，如表 7-12 所示。

表 7-12 节约里程排序及连接

序号	连接点	节约里程/km	是否连接	序号	连接点	节约里程/km	是否连接
1	F—G	23	是	9	B—D	5	否
2	C—D	16	是	10	C—F	4	否
3	B—C	11	是	11	A—D	4	否
4	E—F	11	是	12	E—G	4	否
5	A—C	10	否	13	C—E	3	否
6	D—F	8	否	14	A—F	1	否
7	D—E	7	否	15	B—F	1	否
8	A—B	7	否	16	D—G	1	否

（3）按节约里程数大小组成的配送线路网络如图 7-8 所示。

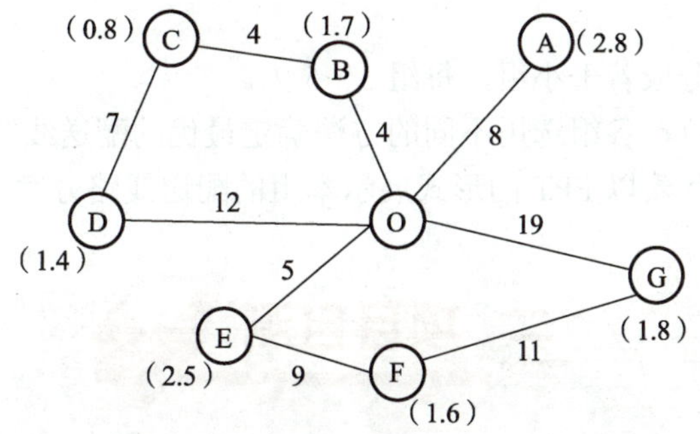

图 7-8 优化后的配送线路网络

配送方案如下：

① 对客户 E、F、G 进行共同配送，节约里程为（11+23）=34（km），配送重量为（2.5+1.6+1.8）=5.9（t），即需要一辆 6 t 的卡车来送货。

② 对客户 D、C、B 进行共同配送，节约里程为（16+11）=27（km），配送重量为（1.4+0.8+1.7）=3.9（t），即需要一辆 4 t 的卡车来送货。

③ 对客户 A 进行单独送货，货物的重量为 2.8 t，可使用一辆 4 t 的卡车来配送。

优化后的配送线路的节约里程为（34+27）=61（km）。

任务描述

配送中心向 7 个客户配送货物，各客户的需求量如表 7-13 所示，配送中心到各客户的距离及各客户之间的距离如表 7-14 所示。配送中心有额定载重量分别为 2 t 和 4 t 的两种箱式货车可供调配，试设计最优的配送线路方案。

表 7-13 客户的需求量 单位：t

客户	客户 1	客户 2	客户 3	客户 4	客户 5	客户 6	客户 7
需求量	0.7	1.5	0.8	0.4	1.4	1.5	0.6

表 7-14 配送中心到各客户的距离及各客户之间的距离 单位：km

	中心 0							
客户 1	12	客户 1						
客户 2	8	9	客户 2					
客户 3	17	8	10	客户 3				
客户 4	15	9	8	4	客户 4			
客户 5	15	17	9	14	11	客户 5		
客户 6	20	23	15	20	16	6	客户 6	
客户 7	12	22	13	20	16	5	4	客户 7

实施步骤

（1）将全班学生分成若干小组，每组 3～5 人。

（2）以小组为单位，各组选用不同的方法确定最优的配送线路。

（3）每组派一名代表以 PPT 的形式展示本组的配送线路方案。

1．单项选择题

（1）配送运输一般以（　　）作为主要运输工具。

A．火车　　B．汽车　　C．飞机　　D．远轮船

（2）车辆积载评价指标常用（　　）表示。

A．吨位利用率　　B．车辆容积

C．实装货物吨数　　D．车辆额定载重吨位

（3）影响配送运输效果的动态因素是（　　）。

A．配送客户的分布区域　　B．道路交通网络

C．车辆运行限制　　D．车流量变化

（4）如图 7-9 所示的行驶线路为（　　）。

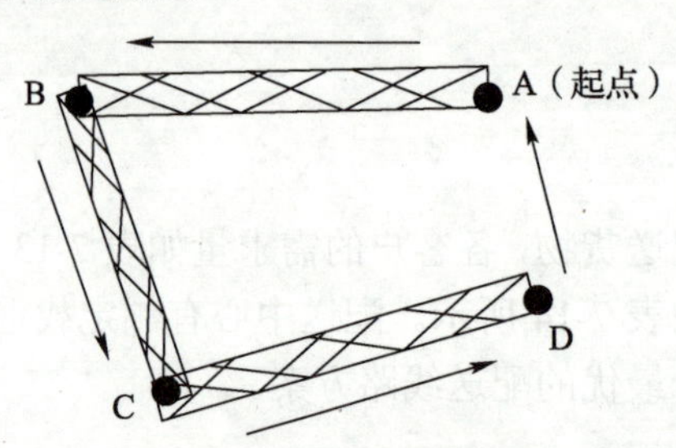

图 7-9　行驶线路

A．往复式行驶线路　　B．环形行驶线路

C．汇集式行驶线路　　D．星形行驶线路

（5）优化直送式配送线路通常采用的方法是（　　）。

A．最短路径法　　B．最少费用法

C．线性规划法　　D．最小吨公里法

2．多项选择题

（1）下列关于配送运输的说法中，正确的有（　　）。

A．配送运输是一种低频率的运输形式

B．配送运输是对干线运输的补充和完善

C．配送运输属于末端运输、支线运输

D．配送运输以服务为目标

（2）车辆积载包括（　　）。

A．装车　　B．堆积　　C．绑扎　　D．包装

（3）车辆调度工作的内容包括（　　）。

A．编制配送车辆运行作业计划　　B．现场调度

C．对运行车辆进行有效的监督　　D．检查计划的执行情况

（4）往复式行驶线路可分为（　　）。

A．单程有载往复式线路　　B．回程部分有载往复式线路

C．环形行驶线路　　D．双程有载往复式线路

（5）节约里程法的假设条件包括（　　）。

A．配送的货物可以装载在同一辆车上

B．各个客户的坐标及需求量均已知

C．各个客户之间、配送中心到客户之间的最短距离已知

D．配送中心有足够的运输能力

3．名词解释

（1）配送运输。

（2）车辆积载。

（3）车辆调度。

（4）直送式配送运输。

（5）分送式配送运输。

4．简答题

（1）配送运输有何特点？

（2）影响配送运输的主要因素有哪些？

（3）车辆调度工作应遵循哪些原则？

（4）节约里程法的基本原理是什么？

5．综合分析题

（1）某物流公司计划从区域配送中心（A 地）向基层配送中心（G 地）送货，A 地到 G 地的配送线路网络如图 7-10 所示，线路上的数字表示各路段的里程，单位为 km。请找出最短的送货路线。

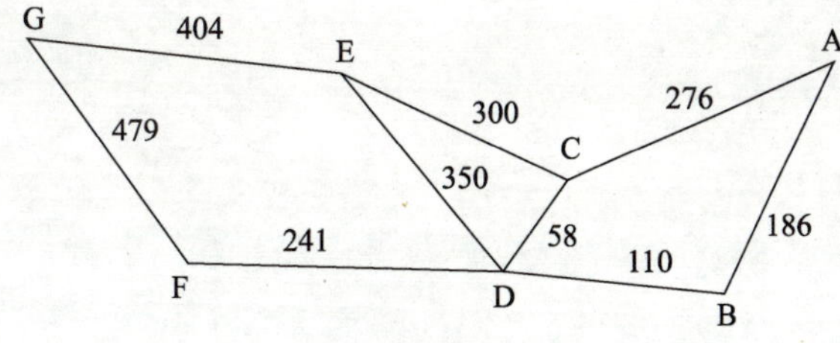

图 7-10　配送线路网络（A～G）

（2）某配送中心（P_0）向 5 个客户（P_1～P_5）配送货物，其配送线路网络如图 7-11 所示。图中，括号内的数字表示客户的需求量（单位为 t），线路上的数字表示两节点之间

的距离（单位为 km）。该配送中心有 3 辆 2 t 卡车和 2 辆 6 t 卡车可供使用，试用节约里程法制订最优配送方案。

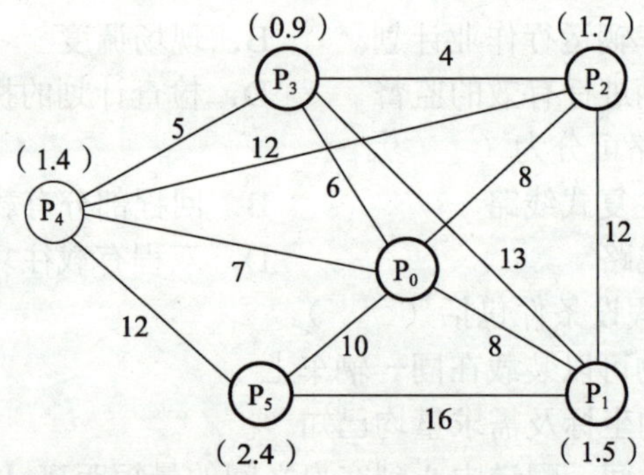

图 7-11　配送线路网络

经营管理篇

项目八 库存管理与仓储安全管理

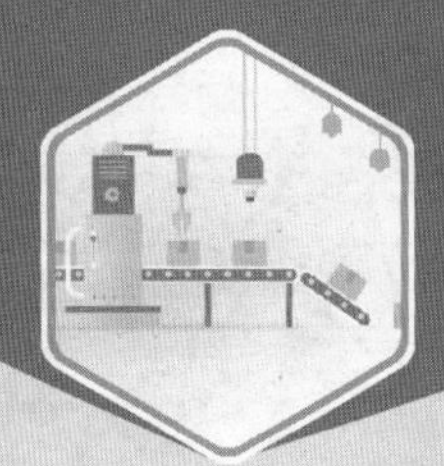

项目引言

仓储货物的种类和数量繁多，对其进行管理是一项复杂的工作。实践证明，保持合理的库存，有利于企业的高效运转。因此，企业应根据自身的特点，选择合适的库存管理方法。

仓储安全管理是物流企业管理工作的基础和前提，具有十分重要的意义。仓库所发生的安全问题，绝大部分是由于仓储作业人员素质不高或安全意识不强造成的。因此，仓储作业人员应努力提高自身的职业素养，加强安全意识，以减少仓库安全问题的出现。

知识目标

✓ 掌握 ABC 分类法的具体实施过程。
✓ 掌握 EOQ 基本模型的原理和计算方法。
✓ 熟悉定量订货法和定期订货法。
✓ 了解 MRP 库存控制法的基本原理。
✓ 了解仓库作业安全管理和治安保卫管理的主要内容。
✓ 熟悉仓库火灾的基本知识，掌握相关的防范措施。

素质目标

✓ 强化自我约束，严守纪律规矩，培养“慎始、慎独、慎微”的意识。
✓ 树立“安全无小事”的观念，加强安全责任意识和忧患意识，随时保持警惕，筑牢安全防线。

任务一　熟悉 ABC 分类法

任务导入

JY 物流公司 2 号库房内的库存情况如表 8-1 所示。对于这些货物，JY 物流公司采用了统一管理方式，每半个月盘点一次。然而，一段时间后，该库房出现了货物存量控制困难、盘点花费时间过多等问题，不仅给管理工作带来了困难，也使企业蒙受了一定的经济损失。

表 8-1　JY 物流公司 2 号库房的库存情况

序号	货物名称	品种数	金额/万元
1	放射性材料	48	1 264.00
2	精密仪器仪表	100	841.90
3	电工材料	25	72.52
4	电子工业产品	52	71.26
5	劳动保护用品	56	53.25
6	油品	14	48.69
7	轻纺产品	17	47.92
8	橡胶及其制品	10	46.60
9	重型汽车配件	103	31.52
10	杂品	63	25.02
11	通用化工产品	8	11.17
12	重型机械配件	30	9.47
13	一般汽车配件	62	9.24
14	工具器具	84	8.45
15	日用电器	48	5.26
小计	—	720	2 546.28

出现上述问题的原因是什么？你认为该公司应该如何解决这些问题？

知识讲解

ABC 分类法又称分类管理法，是指将仓储货物按照设定的分类标准和要求分为特别重要（A 类）、一般重要（B 类）和不重要（C 类）三个等级，然后针对不同等级分别进行控制的管理方法。

一、ABC 分类法的原理

ABC 分类法

ABC 分类法来源于帕累托原理。帕累托原理是 19 世纪意大利经济学家、社会学家维尔弗雷多·帕累托在研究人口理论时发现的一个重要结论：80%的财富掌握在 20%的人手中，这 20%的人对整个社会经济的发展至关重要。于是就形成了"重要的少数和次要的多数"理论。后来，人们发现这一规律也广泛存在于社会各个领域和各项经济活动中，库存管理也不例外。

一般来说，仓储货物种类繁多，每种货物的价值不同，其库存量也不等。有的货物品种、数量不多，但价值很高；有的货物品种、数量很多，但价值却不高。为了使有限的时间、资金、人力等资源得到更有效的利用，需要对仓储货物进行分类管理，即将货物划分为 A、B、C 三类，并对 A 类货物进行重点管理，对 B 类货物进行常规管理，对 C 类货物进行简易管理，以提高管理效率。

二、ABC 分类法的操作步骤

ABC 分类法的操作步骤一般包括确定统计期、收集数据、统计汇总和制作 ABC 分析表。

（1）确定统计期。根据货物的周转频率及库存峰值，确定一个合适的统计期（如 1—6 月或 9—12 月）。

（2）收集数据。收集要进行统计分析的所有货物的单价、品种、库存量等相关数据，为统计汇总做准备。

（3）统计汇总。对收集的原始数据进行整理，并按要求统计出各种货物在统计期内的库存量、资金占用额百分比、品种数等。

（4）制作 ABC 分析表。制作出包含货物名称、单价、库存量、资金占用额、资金占用额百分比、资金占用额累计百分比、品种数、品种数百分比、品种数累计百分比等项目的 ABC 分析表，如表 8-2 所示。

表 8-2　ABC 分析表

货物名称	单价/元	库存量/个	资金占用额/元	资金占用额百分比/%	资金占用额累计百分比/%	品种数	品种数百分比/%	品种数累计百分比/%	分类结果
合计	—				—				

（5）填表。按"资金占用额"的大小依次将各种货物的"单价""库存量""资金占用额""品种数"填入表 8-2 中，再计算出其他项目的数值，最后按照表 8-3 将货物分成 A、B、

C三类。

表 8-3　货物分类标准

单位：%

货物类别	资金占用额累计百分比	品种数累计百分比
A类货物	>70	<10
B类货物	70～20	10～20
C类货物	20～10	>20

小提示

表 8-3 中的数值仅供读者参考。在实际工作中，还应考虑某类货物对生产的重要性，并且根据需要做出具体分析和必要的调整。

运用ABC分类法时，一般将分析对象分成A、B、C三类。但在实际操作中，也可以根据需要将分析对象分成两类或三类以上。

三、库存管理

按照ABC分类法的操作步骤对仓储货物分类后，应根据各类货物的特点，对它们进行差别管理。

（1）A类货物——重点管理。A类货物通常具有品种少、数量少、价值高，对库存成本影响大等特点。管理好A类货物，就相当于管理好了70%左右的占用资金，因此应对这类货物进行重点管理。

（2）B类货物——常规管理。B类货物通常具有品种、数量不太多，价值不太高等特点，因此可对其进行常规管理。

（3）C类货物——简易管理。C类货物通常具有数量大、价值相对较低，对企业经营影响较小等特点，因此可对其进行简易管理。

A、B、C三类货物的管理措施如表8-4所示。

表 8-4　A、B、C三类货物的管理措施

管理项目	A类货物	B类货物	C类货物
订货策略	必须对这类货物的订货量进行精确计算，确定一个总成本最低且能保证生产持续的最优订货批量和最佳订货周期，并严格按照确定的批量和周期组织订货	可根据货物的重要程度采取定量采购或定期采购策略	为了减少订购成本，应采取定期采购策略。可根据统计数据确定一个最高库存，每次采购以能达到最高库存为准
库存记录	详细、准确、完整地记录，并实时更新	进行常规记录，并成批更新	用大计量单位计数，简单统计
保管位置	仓库出入口	仓库中部	仓库里侧
作业优先规则	最高级优先	正常处理，仅在关键时提高优先等级	最低级优先

（续表）

管理项目	A 类货物	B 类货物	C 类货物
盘点原则	经常进行，并详细盘点	按月进行，实行常规盘点	按季度或年进行，并按金额统计
控制程度	严格控制货物的保管、报废和损失	一般程度控制货物的保管、报废和损失	简单控制货物的保管、报废和损失
安全库存量	尽可能低	可适当提高	允许偏高

同步案例

ABC 分类法在实践中的应用

任务导入中，JY 物流公司 2 号库之所以出现各种问题，主要是因为该公司对所有仓储货物采用同一种管理策略，没有分清主次。要解决这一问题，可以对仓库内的货物进行 ABC 分类，并对不同种类的货物采取不同的管理策略。

步骤一：制作 ABC 分析表

表 8-1 中所列货物已经按照资金占用额从大到小的顺序排列好了，因此只需计算出每种货物的品种数百分比、品种数累计百分比、资金占用额百分比和资金占用额累计百分比，并将这些数据填入 ABC 分析表中即可。最终形成的 ABC 分析表如表 8-5 所示。

表 8-5　ABC 分析表

序号	货物名称	品种数	品种数百分比/%	品种数累计百分比/%	资金占用额/万元	资金占用额百分比/%	资金占用额累计百分比/%
1	放射性材料	48	6.67	6.67	1 264.00	49.64	49.64
2	精密仪器仪表	100	13.89	20.56	841.90	33.06	82.70
3	电工材料	25	3.47	24.03	72.52	2.85	85.55
4	电子工业产品	52	7.22	31.25	71.26	2.80	88.35
5	劳动保护用品	56	7.78	39.03	53.25	2.09	90.44
6	油品	14	1.94	40.97	48.69	1.91	92.36
7	轻纺产品	17	2.36	43.33	47.92	1.88	94.24
8	橡胶及其制品	10	1.39	44.72	46.60	1.83	96.07
9	重型汽车配件	103	14.31	59.03	31.52	1.24	97.31
10	杂品	63	8.75	67.78	25.02	0.98	98.29
11	通用化工产品	8	1.11	68.89	11.17	0.44	98.73
12	重型机械配件	30	4.17	73.06	9.47	0.37	99.10
13	一般汽车配件	62	8.61	81.67	9.24	0.36	99.46
14	工具器具	84	11.66	93.33	8.45	0.33	99.79
15	日用电器	48	6.67	100	5.26	0.21	100

步骤二：根据 ABC 分析表确定货物类别

根据每种货物的品种数累计百分比和资金占用额累计百分比，将该批货物分为 A、B、C 三类，如表 8-6 所示。

表 8-6　货物分类表

序号	货物名称	品种数百分比/%	品种数累计百分比/%	资金占用额百分比/%	资金占用额累计百分比/%	分类结果
1	放射性材料	6.67	6.67	49.64	49.64	A
2	精密仪器仪表	13.89	20.56	33.06	82.70	A
3	电工材料	3.47	24.03	2.85	85.55	B
4	电子工业产品	7.22	31.25	2.80	88.35	B
5	劳动保护用品	7.78	39.03	2.09	90.44	B
6	油品	1.94	40.97	1.91	92.36	B
7	轻纺产品	2.36	43.33	1.88	94.24	C
8	橡胶及其制品	1.39	44.72	1.83	96.07	C
9	重型汽车配件	14.31	59.03	1.24	97.31	C
10	杂品	8.75	67.78	0.98	98.29	C
11	通用化工产品	1.11	68.89	0.44	98.73	C
12	重型机械配件	4.17	73.06	0.37	99.10	C
13	一般汽车配件	8.61	81.67	0.36	99.46	C
14	工具器具	11.67	93.33	0.33	99.79	C
15	日用电器	6.67	100	0.21	100	C

从表 8-6 可以看出，前两项货物的资金占用额累计百分比为 82.70%，品种数累计百分比为 20.56%；前六项货物的资金占用额累计百分比为 92.36%，品种数累计百分比为 40.97%；后九项货物的资金占用额累计百分比不到 10%，品种数累计百分比将近 60%。因此可以取前两项为 A 类，后九项为 C 类，中间四项为 B 类。

步骤三：制订管理策略

根据表 8-6，制订库存管理策略。对 A 类货物进行重点管理，每天或每周货物一次，加强货物安全管理，保证账、物、卡相符，尽可能降低安全库存；对 B 类货物进行常规管理，每月盘点一次，适当提高安全库存；对 C 类货物进行简易管理，每季度盘点一次，并维持较高的安全库存。

任务描述

JY 物流公司 4 号库房内的库存情况如表 8-7 所示，请采用 ABC 分类法对其进行分类和管理。

表 8-7　JY 物流公司 4 号库房的库存情况

货物代号	品种数	金额/万元
A	33	1 055
B	106	80
C	190	23
D	98	120
E	410	9
F	80	90
G	260	11
H	41	630
I	40	710
J	40	200

实施步骤

（1）将全班学生分成若干小组，每组 3～5 人。

（2）小组讨论并确定按 ABC 分类法分类的依据，将相关数据输入 Excel 表中进行相应的计算。

（3）将货物分成 A、B、C 三类，并说明原因。

（4）根据货物分类给出相应的管理建议。

（5）每组派一名代表以 PPT 的形式展示本组的任务实施成果，教师进行点评。

任务二　熟悉常用的库存管理方法

任务导入

某自行车厂根据市场需求和仓库情况，计划对生产自行车的原材料、半成品、成品的库存进行控制。那么，什么是库存控制？常见的库存控制方法有哪些？

知识讲解

库存控制方法

库存管理是指在保证企业生产、经营需求的前提下，为了使库存量保持在合理的水平而进行的各种技术经济措施。库存管理是仓储管理的重要组成部分，有利于企业降低库存量水平，提高物流系统的效率和市场竞争力。

常用的库存管理方法有经济订货批量库存控制模型、定量订货法、定期订货法、物料需求计划库存控制法等，企业应根据自身的实际情况选择合适的库存管理方法。

一、经济订货批量库存控制模型

经济订货批量（economic order quantity，EOQ）库存控制是指通过平衡订货成本和储存成本，确定一个最佳订货批量，以使库存总成本最低。

（一）EOQ 基本模型

EOQ 基本模型是指不允许缺货、瞬间到货，也不考虑数量折扣及其他问题的订货模式。在一定假设条件下，利用该模型能够计算出最经济的订货批量，使库存总成本最低。

1. EOQ 基本模型的假设条件

EOQ 基本模型的假设条件如下：

（1）货物需求量不变，需求速率是均衡的，且为常数。

（2）供货周期固定且已知。

（3）货物是集中、一次性入库的，而不是陆续入库的。

（4）订货提前期为零。

（5）不会出现缺货情况，即缺货成本（如停工待料的损失）为零。

（6）货物价格不变，不考虑现金折扣。

（7）只针对某一种货物的库存。

（8）企业资金充足，不会因资金短缺而影响进货。

经济订货批量模型

2. EOQ 基本模型的原理

设经济订货批量为 Q^*，货物需求速率为 v，订货周期为 T，则 EOQ 基本模型如图 8-1 所示。

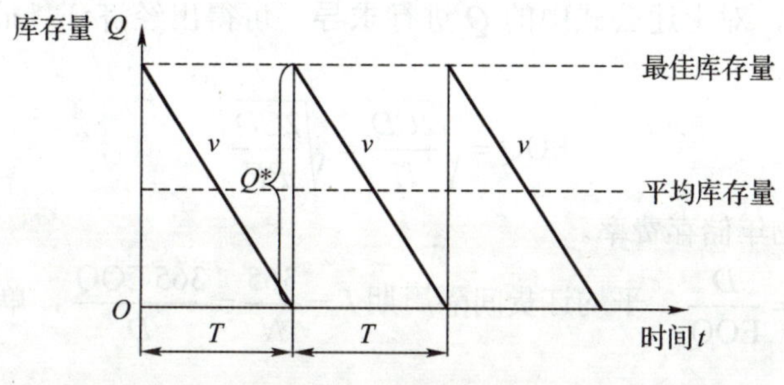

图 8-1　EOQ 基本模型

EOQ 基本模型的运行原理为：库存量以速率 v 下降，当库存量下降到 0 时，按经济订货批量 Q^* 发出订货单后，所订货物立即到库，即重新达到最佳库存量。如此不断循环。

利用 EOQ 基本模型，企业可始终保持最佳库存量 Q，并使每个订货周期内的平均库存量为 $\frac{Q}{2}$，从而平衡订货成本与储存成本，使库存的总成本达到最低。

3. EOQ 基本模型的计算公式推导

EOQ 基本模型主要研究库存总成本、订货成本、储存成本与订货批量之间的关系。各种成本与订货批量之间的关系如图 8-2 所示。

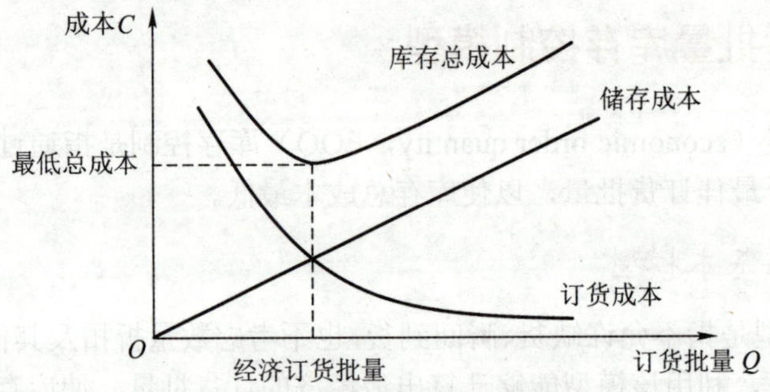

图 8-2　各种成本与订货批量关系图

由图 8-2 可知，订货成本与订货批量成反比，即订货成本随订货批量的增加而降低；储存成本与订货批量成正比，即储存成本随订货批量的增加而增加。库存总成本最低时所对应的订货批量就是经济订货批量。

通常情况下，库存总成本为

库存总成本 = 采购成本 + 订货成本 + 储存成本 + 缺货成本

而在 EOQ 基本模型的假设条件下，缺货成本为零。所以

库存总成本 = 采购成本 + 订货成本 + 储存成本

即

$$TC = DP + \frac{CD}{Q} + \frac{QH}{2}$$

式中，TC 为货物年库存总成本，D 为货物年需求总量，P 为单位货物的采购成本，C 为每次订货成本，Q 为每次订货批量，H 为单位货物年储存成本。

当 Q = EOQ 时，对上述公式中的 Q 进行求导，可得出经济订货批量 EOQ 的计算公式，即

$$\text{EOQ} = \sqrt{\frac{2CD}{H}} = \sqrt{\frac{2CD}{PF}}$$

式中，F 为单位货物年储存费率。

年订货次数 $N = \frac{D}{\text{EOQ}}$，平均订货间隔周期 $T = \frac{365}{N} = \frac{365\,\text{EOQ}}{D}$，单位为天。

同步计算

某企业年需某货物 1 200 件，该货物的单价为 10 元，年储存费率为 20%，每次订货成本为 300 元。试求该货物的经济订货批量 EOQ、最低年库存总成本、每年的订货次数及平均订货间隔周期。

解：由题中所给条件可知，D = 1 200 件，P = 10 元，F = 20%，C = 300 元，根据 EOQ 的计算公式可得

$$\text{EOQ} = \sqrt{\frac{2CD}{PF}} = \sqrt{\frac{2 \times 300 \times 1\,200}{10 \times 20\%}} = 600\,(\text{件})$$

$$TC = DP + \frac{CD}{\text{EOQ}} + \frac{\text{EOQ}H}{2} = 1\,200 \times 10 + \frac{300 \times 1\,200}{600} + \frac{600 \times 10 \times 20\%}{2} = 13\,200(\text{元})$$

$$N = \frac{D}{\text{EOQ}} = \frac{1\,200}{600} = 2(\text{次})$$

$$T = \frac{365}{N} = \frac{365}{2} = 182.5(\text{元})$$

因此，每次订货批量为 600 件时，年库存总成本最低，且为 13 200 元。每年的订货次数为 2 次，平均订货间隔周期为 182.5 天。

（二）考虑价格折扣因素的经济订货批量

在实际工作中，供应商往往会对订货批量大的企业提供一定的价格折扣，因此在确定经济订货批量时，还需要考虑折扣因素。企业通常可以按以下步骤来确定受价格折扣影响的经济订货批量。

1. 计算无折扣时的经济订货批量

按照 EOQ 基本模型的经济订货批量计算公式，先计算出货物在原价情况下的经济订货批量，然后计算出货物在折扣价情况下的经济订货批量。

小提示

只有当按折扣价计算出来的经济订货批量大于享受此折扣时的订货批量，该经济订货批量才有效。否则，按折扣价格计算出来的经济订货批量无效。

2. 计算库存总成本

按照货物在原价情况下的经济订货批量计算出库存总成本，再按照货物在折扣价情况下的经济订货批量计算出库存总成本。

3. 分析和判断

比较货物在原价情况下的库存总成本和货物在折扣价情况下的库存总成本。若前者的值大于后者，则表明货物在折扣价情况下的经济订货批量为最佳订货批量。

同步计算

甲仓库中 A 货物的年需求量为 8 000 件，每件货物的购买价格为 100 元，每次订货成本为 30 元，货物的年保管费为 3 元/件。若供应商给出的折扣条件是：一次订购量少于 600 件时，每件的价格为 100 元；一次订购量大于或等于 600 件时，每件的价格为 80 元。请问：该货物的最佳订货批量为多少？

解：（1）计算无折扣时的经济订货批量。

$$\text{EOQ} = \sqrt{\frac{2CD}{H}} = \sqrt{\frac{2 \times 30 \times 8\,000}{3}} = 400(\text{件})$$

（2）比较 EOQ 与折扣数量。

$$EOQ < 折扣数量$$

（3）比较两种情况下的年库存总成本 TC。

采用 EOQ 订货时，年库存总成本为

$$TC_1 = DP_1 + \frac{CD}{EOQ} + \frac{EOQH}{2} = 8\,000 \times 100 + \frac{8\,000 \times 30}{400} + \frac{400 \times 3}{2} = 801\,200（元）$$

采用折扣数量订货时，年库存总成本为

$$TC_2 = DP_2 + \frac{CD}{Q} + \frac{QH}{2} = 8\,000 \times 80 + \frac{8\,000 \times 30}{600} + \frac{600 \times 3}{2} = 641\,300（元）$$

（4）根据 $TC_2 < TC_1$ 可知，按照供应商提供的数量折扣进行购买时，可以减少年库存总成本。因此，该仓库的最佳订货批量为 600 件。

二、定量订货法和定期订货法

（一）定量订货法

定量订货法是指库存量下降到一定水平（订货点）时，按固定的订货批量进行订货，以补充库存的一种库存控制方法。

1. 定量订货法的原理

设订货点为 Q_d，最高库存量为 Q_m，订货批量为 p，订货提前期为 t_n（$n=1$，2，…，m），货物需求速率为 v_n（$n=1$，2，…），安全库存量为 Q_a，则定量订货法的原理可以通过如图 8-3 所示的模型图得以体现。

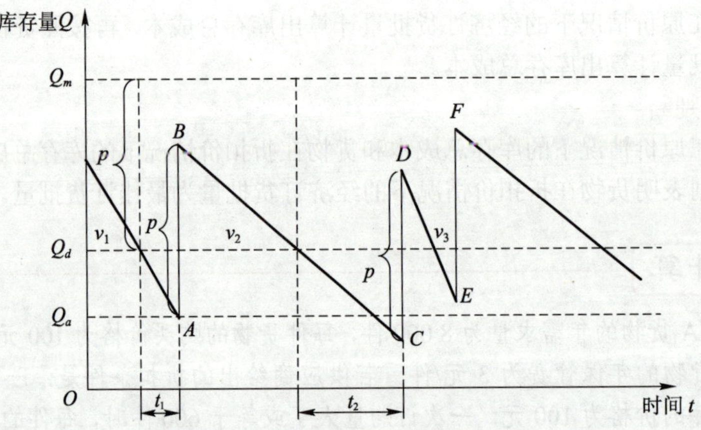

图 8-3 定量订货法模型图

小提示

订货提前期、货物需求速率和安全库存量的含义如下：

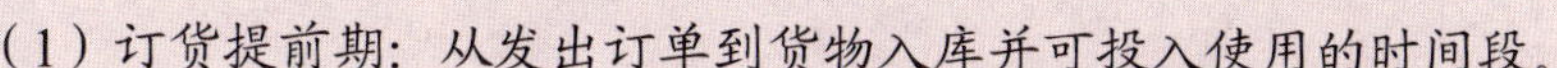

（1）订货提前期：从发出订单到货物入库并可投入使用的时间段。
（2）货物需求速率：因客户需求而产生的库存每日减少的速率。
（3）安全库存量：为了满足波动的客户需求而设定的最低库存量。

如图 8-3 所示，当库存量以速度 v_1 下降到订货点 Q_d 时，定量订货系统发出订货单，订货批量为 p。当原库存量继续下降到 A 点时，订货提前期 t_1 结束，订购的货物到库，库存量增加 p 并到达 B 点。

库存量因客户需求继续下降，当库存量以速度 v_2 下降到订货点 Q_d 时，定量订货系统又发出订货单，订货批量为 p。库存量继续下降到 C 点时，订货提前期 t_2 结束，所订购的货物到库，库存量增加 p 并到达 D 点。如此不断循环。

知识链接

实际库存量总低于计划库存量的原因

利用定量订货法控制库存时，计划库存量和实际库存量的计算公式分别为

$$计划库存量 = 安全库存量\ Q_a + 订货批量\ p$$

$$实际库存量 = 安全库存量\ Q_a + 订货批量\ p - t_n \times v_n$$

只有当 t_n 为零（货物随订随到），或者 v_n 为零（提前期内没有库存需求）时，实际库存量才等于计划库存量。然而在实际操作中，通常不能实现货物随订随到，也难以保证提前期内没有库存需求，因此实际库存量总低于计划库存量。

2. 定量订货法的实施

由定量订货法的原理可知，通过控制订货点和订货批量，能够有效地控制库存。因此在实践中，利用定量订货法可确定订货点和订货批量。

1）确定订货点

订货点是控制库存水平的关键变量。订货点的值不能取得太高，否则会增加库存成本；也不能取得过低，否则易增大缺货比例，进而影响对客服务质量。

影响订货点的因素有三个，即订货提前期、平均需求量和安全库存，因此可根据这三个因素确定订货点。订货点的确定可按如下步骤进行：

（1）在需求确定和订货提前期不变的情况下，不需要设置安全库存。此时，订货点的计算公式为

$$\begin{aligned}订货点 &= 订货提前期的平均需求量\\ &= 每天需求量 \times 订货提前期\\ &= 订货提前期 \times （全年需求量/360）\end{aligned}$$

（2）在需求和订货提前期都不确定的情况下，需要设置安全库存。此时，订货点的计算公式为

$$\begin{aligned}订货点 &= 订货提前期的平均需求量 + 安全库存\\ &= 平均需求量 \times 最大订货提前期 + 安全库存\end{aligned}$$

同步计算

某货物在过去三个月中的实际需求量分别为：一月份 126 箱，二月份 110 箱，三月份 127 箱。该货物的最大订货提前期为 2 个月，安全库存为 19 箱，求该货物的订货点。

解：平均需求量 =（126 + 110 + 127）/3 = 121（箱），则

订货点 = 平均需求量 × 最大订货提前期 + 安全库存

= 121 × 2 + 19

= 261（箱）

即该货物的订货点为 261 箱。

2）确定订货批量

订货批量直接关系到最大库存量水平，也会影响货物的供应程度。确定订货批量时，需要综合考虑需求速率和经营费用两大因素。通常按照经济订货批量确定订货批量。

3. 定量订货法的优缺点

定量订货法的优点：每次订货之前都要详细检查和盘点库存（看库存是否降低到订货点），通过检查和盘点，能及时了解和掌握库存动态。此外，因每次订货数量固定，故该方法实施起来较为简便。

定量订货法的缺点：经常对库存进行详细检查和盘点，工作量大且需花费大量时间，从故库存管理成本较高。此外，使用该方法时，需对每个品种单独订货，因此会增加订货成本和运输成本。

（二）定期订货法

定期订货法是指按一定的订货周期订货，以补充库存的一种库存管理方法。

1. 定期订货法的原理

设订货周期为 T，最高库存量为 Q_m，订货提前期为 t_n，货物需求速率为 v_n，订货批量为 p_n，安全库存量为 Q_a，则定期订货法的原理可以通过如图 8-4 所示的模型图得以体现。

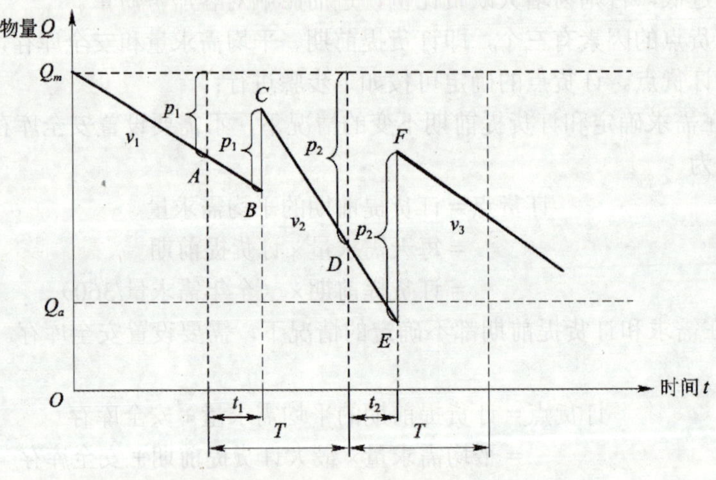

图 8-4　定期订货法模型图

如图 8-4 所示，当库存量以速度 v_1 下降到 A 点时，就进入了预定的订货周期，此时检查库存量并确定订货批量 p_1，然后发出订单。当库存量继续下降到 B 点时，订货提前期 t_1 结束，订购的货物到库，库存量增加 p_1 并到达 C 点。

当库存量以速度 v_2 下降到 D 点时，第一个订货周期结束，并进入新的订货周期。此时，检查库存量并确定订货批量 p_2，然后发出订单。当库存量继续下降到 E 点时，订货提前期 t_2 结束，订购的货物到库，库存量增加 p_2 并到达 F 点。如此不断循环。

2．定期订货法的实施

由定期订货法的原理可知，通过控制订货周期、最高库存量和订货批量，可以有效地控制库存。因此在实践中，利用定期订货法可确定订货周期、确定最高库存量和确定订货批量。

1）确定订货周期

订货周期一般根据经验确定，或根据企业的供应周期确定。此外，还可利用经济订货批量的计算公式来确定使库存成本最低的订货周期。

2）确定最高库存量

最高库存量包含两个部分：一部分是订货周期和提前期内的平均货物需求量；另一部分是安全库存量。最高库存量可以按以下公式计算：

$$Q_m = v(T+t)+Q_a$$

式中，Q_m 为最高库存量，v 为货物的需求速率，T 为订货周期，t 为订货提前期，Q_a 为最高库存量。

3）确定订货批量

订货批量可按以下公式计算：

$$p_n = Q_m - Q_n$$

式中，P_n 为订货批量，Q_n 为第 n 期检查时的库存量。

3．定期订货法的优缺点

定期订货法的优点：由于订货周期固定，因此可同时采购多种货物，这样不仅可以降低订单的处理成本，还可以降低运输成本。另外，采用该方法时，不需要经常检查和盘点库存（只需在订货时集中查点即可），有利于节省这方面的费用。

定期订货法的缺点：由于不经常检查和盘点库存，仓管员对货物的库存动态不能及时掌握，因此在遇到突发性的大量需求时，仓库容易出现缺货现象。企业为了应对订货间隔期内需求的突然变动，往往会保持较高的安全库存量。

课堂互动

定量订货法和定期订货法有什么区别？如果用 ABC 分类法将货物进行分类，那么 A 类货物、B 类货物和 C 类货物分别适合用哪种订货方法？

三、物料需求计划库存控制法

物料需求计划（material requirements planning，MRP）是指通过计算物料（泛指原材料、在制品、外购件及制成品）的需求量和需求时间，来解决工业制造企业物料采购和库存问题的一种管理技术。

（一）MRP 库存控制法的基本原理

MRP 库存控制法的基本原理：企业根据客户的需求制订生产计划和进度，然后根据产品的结构和当前的库存状况，逐个计算出生产该产品所需物料的数量和时间，从而确定物料的加工进度或订货日程，使所需物料在规定的时间内到达仓库。其逻辑原理图如图 8-5 所示。

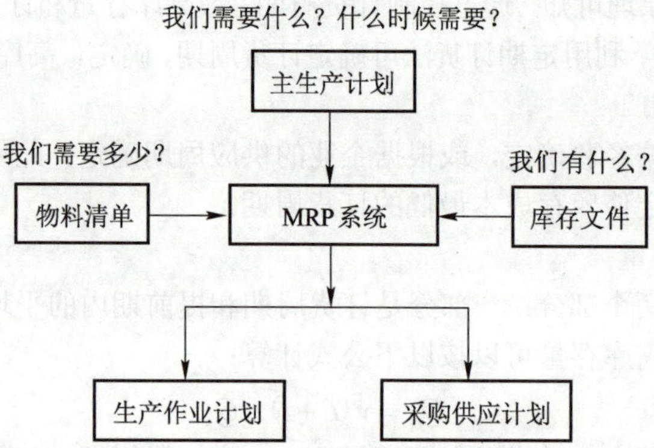

图 8-5　MRP 库存控制法的逻辑原理图

（二）MRP 系统的输入

根据 MRP 库存控制法的基本原理可知，MRP 系统的运行需要输入主生产计划信息、物料清单信息和库存文件信息。

1．主生产计划信息

主生产计划是一个综合性计划，也是 MRP 系统的主要输入信息，包括：① 总需求量，即主产品及其零部件的总需求数量；② 需求时间，即生产主产品及其零部件所需要的时间，该时间通常以日、周、旬或月为单位。

某仓库对 A、B 两种产品的需求计划如表 8-8 所示。其中，在第 5 周需要 A 产品 80 台，在第 9 周需要该产品 20 台；在第 6 周、第 8 周和第 10 周分别需要 B 产品 80 台、10 台和 50 台。

表 8-8　主生产计划信息表

产品需求时间/周	1	2	3	4	5	6	7	8	9	10
A 产品/台					80				20	
B 产品/台						80		10		50

2．物料清单信息

物料清单又称主产品层次结构文件，它是确定主产品及其各个零部件的需求数量、所需时间和装配关系的基础，主要包括：① 主产品零件清单，即将主产品逐层展开后零部件的名称、规格、数量等；② 提前期，即一个主产品及其零部件从投入生产到制成成品，或者从发出订单到收到货物所需要的时间。

知识链接

主产品的层次结构

主产品的层次结构一般表现为树形结构，如图 8-6 所示。

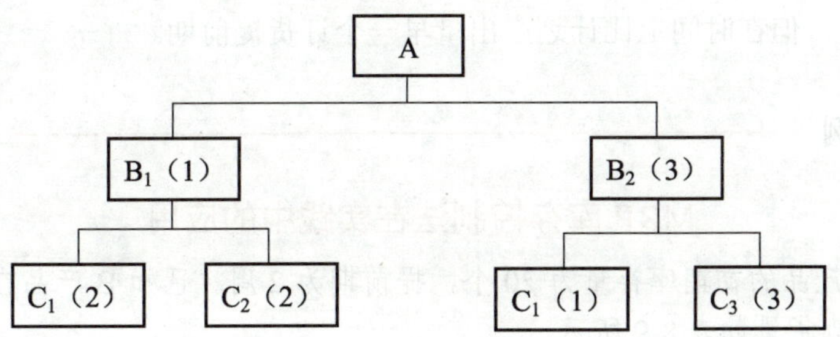

图 8-6　主产品的层次结构

图 8-6 中，A 表示主产品，它由 1 个单位的 B_1 和 3 个单位的 B_2 组成。其中，每个单位的 B_1 又由 2 个单位的 C_1 和 2 个单位的 C_2 组成，每个单位的 B_2 由 1 个单位的 C_1 和 3 个单位的 C_3 组成。

根据图 8-6，可以计算出制造 1 个 A 产品所需的零部件数量，即

$$C_1\text{的数量} = 2\times B_1\text{的数量} + 1\times B_2\text{的数量} = 2+3=5$$

$$C_2\text{的数量} = 2\times B_1\text{的数量} = 2$$

$$C_3\text{的数量} = 3\times B_2\text{的数量} = 3\times 3=9$$

由此可知，每制造一个 A 产品，需要 5 个 C_1、2 个 C_2 和 9 个 C_3。

3. 库存文件信息

库存文件信息主要包括：① 原始库存量，即运行 MRP 系统前结存的物料库存量；② 计划到货量，即已经在途的和将在指定时间内到库的物料数量。

（三）MRP 系统的输出

MRP 系统对输入的信息进行计算和处理后，可输出企业所需的多种信息，主要包括以下几种。

1. 库存状态记录

库存状态记录可反映出 MRP 系统运行后，每个需求周期结存的物料数量，具体表现为现有库存量。

小提示

每日现有库存量 = 上一日库存量 + 当日计划到货量 − 当日总需求量

2．净需求量

企业需要外界在规定的时间内提供的物料数量即为净需求量。

3．计划产出量

实际到库的物料数量就是计划产出量。一般情况下，计划产出量等于净需求量。

4．计划投入量

根据计划产出量和产出时间倒推，提前订购的物料数量就是计划投入量。它在数量上等于计划产出量，但在时间上比计划产出量早一个订货提前期。

同步案例

MRP 库存控制法在实践中的应用

某企业 B 产品的初期库存量为 20 个，提前期为 2 周。已知 B 产品在不同时间段的需求量和计划到货量如表 8-9 所示。

表 8-9　B 产品的需求量和计划到货量

时段/周	1	2	3	4	5	6	7	8
订单需求量/个		15		45		40		25
计划到货量/个			30		20		10	

将表 8-9 中的数据输入 MRP 系统后，系统会自动按照相应的公式计算出每周的库存量、净需求量、计划产出量和计划投入量，如表 8-10 所示。

表 8-10　B 产品的 MRP 运行表

项目	时段/周							
	1	2	3	4	5	6	7	8
总需求量		15		45		40		25
计划到货量			30		20		10	
库存量	20	5	35	– 10	20	– 20	10	– 15
净需求量				10		20		15
计划产出量				10		20		15
计划投入量		10		20		15		

表 8-10 所示数据中，每周的库存量 = 上一周的库存量 + 本周的计划到货量 – 本周的总需求量。若库存量出现负数，则表示企业需要向外界订购 B 产品了。

例如，在第 4 周，B 产品的库存量为 – 10，表明此时企业需要向外界订购 10 个 B 产品，因此，表格中第 4 周的净需求量和计划产出量均为 10。由于 B 产品的提前期为 2 周，所以企业应该在第 2 周发出订单，以保证 B 产品在第 4 周到库，故表格中第 2 周的计划投入量为 10 个。

同步计算

如图 8-7 所示，A 为最终产品，该产品及其零部件的库存信息和提前期如表 8-11 所示。如果 A 产品在第 9 周时的需求量为 100 件，请计算其他零部件的实际需求量及发出订单的时间。

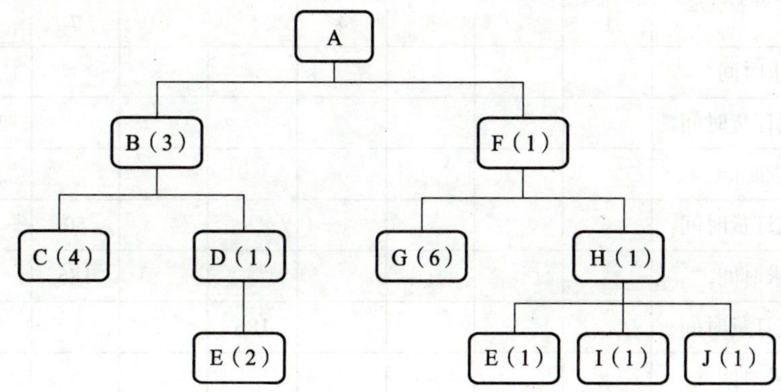

图 8-7　A 产品结构图

表 8-11　A 产品及其零部件的库存信息和提前期

名　称	A	B	C	D	E	F	G	H	I	J
库存量/件	0	250	14	20	40	16	54	10	6	40
提前期/周	1	1	2	2	1	1	1	2	1	1

解: 根据图 8-7 和表 8-11，可以计算出 A 产品及其零部件的总需求量和实际需求量，如表 8-12 所示。

表 8-12　A 产品及其零部件的总需求量和实际需求量　　单位：件

名　称	库存量	总需求量	实际需求量
A	0	100	$100-0=100$
B	250	$3\times100=300$	$300-250=50$
C	14	$4\times50=200$	$200-14=186$
D	20	$1\times50=50$	$50-20=30$
E	40	$2\times30+1\times74=134$	$134-40=94$
F	16	$1\times100=100$	$100-16=84$
G	54	$6\times84=504$	$504-54=450$
H	10	$1\times84=84$	$84-10=74$
I	6	$1\times74=74$	$74-6=68$
J	40	$1\times74=74$	$74-40=34$

根据以上信息，可以得到 A 产品的物料需求计划中，各零部件的需求时间和生产或订货时间，如表 8-13 所示。

表 8-13　A 产品物料需求计划

产品名称和时间		时段/周								
		1	2	3	4	5	6	7	8	9
A	需求时间									100
	生产或订货时间								100	
B	需求时间								50	
	生产或订货时间							50		
C	需求时间							186		
	生产或订货时间					186				
D	需求时间							30		
	生产或订货时间					30				
E	需求时间					94				
	生产或订货时间				94					
F	需求时间								84	
	生产或订货时间							84		
G	需求时间							450		
	生产或订货时间						450			
H	需求时间							74		
	生产或订货时间					74				
I	需求时间					68				
	生产或订货时间				68					
J	需求时间					34				
	生产或订货时间				34					

任务实施

任务背景

某企业准备向某供应商采购一批货物。根据需求分析可知，该货物的年需求量稳定，为 2 000 件，订货费用每次为 50 元，每件货物的年储存费率为 20%。供应商为了刺激该企业多采购，制订了价格优惠政策，如表 8-14 所示。

表 8-14　供应商的优惠政策

订货量/件	1～249	250～499	500～999
单件价格/元	20	19.5	18.75

实施步骤

（1）将全班学生分成若干小组，每组 3～5 人。

（2）以小组为单位进行讨论和计算，为该企业确定一个最佳订购批量，使其库存总成本最小。

（3）各小组之间进行交流，核对结果是否一致。若不一致，则共同讨论出正确的结果。计算错误的小组需找出出错的步骤及原因。

任务三　仓储安全管理

任务导入

JY 物流公司的仓储部门最近要开展一次仓储安全管理知识竞赛，此次安全竞赛主要考核仓储作业人员的安全意识和操作规范，王鹏也报名了。

为了能在这次竞赛中取得好成绩，王鹏该学习哪些仓储安全管理知识呢？

知识讲解

仓库作业安全管理

一、仓储作业安全管理

仓储作业安全管理是指在货物的装卸、搬运、储存、保管等过程中，为了保障货物的安全、作业人员的人身安全、作业设备和仓库设施的安全而采取的措施。

（一）仓储作业的安全措施

仓储部门的日常工作包括货物的进出库、堆垛等作业，这些作业过程中存在许多安全隐患。如果发生安全事故，则由此造成的损失将全部由仓储部门承担。因此，仓储部门需要特别重视安全作业管理，特别是安全事故的预防管理。具体来说，仓储部门可采取以下措施来保障仓储作业的安全。

1. 安全作业管理制度化

安全作业管理是仓储部门日常管理的重要项目。仓储部门应将安全作业管理制度化，即制订科学、合理的安全作业制度，并通过严格的监督，确保安全作业管理制度得以切实实施。

2．加强劳动安全保护

（1）仓储部门要遵守《中华人民共和国劳动法》关于员工劳动时间和休息休假的规定，依法进行排班，保证员工有足够的休息时间。

（2）仓储部门应为员工提供合适和足够的劳动防护用品，如工作鞋、安全帽、手套、工作服等，并督促作业人员正确穿戴。

（3）仓储部门应采用具有较高安全系数的作业设备和作业机械，作业场地必须具备通风、照明、防滑、保暖等适合作业的条件。

（4）不进行冒险性仓储作业，不在不安全的环境中进行作业。遇到大风、雨雪等影响作业的天气时，应暂缓作业。

（5）避免员工带伤或带病作业。

3．重视作业人员的资质管理和业务培训

（1）对新员工和转岗员工进行安全教育，强化他们的安全作业意识。另外，还应对他们进行操作技能培训，确保他们熟练掌握岗位的安全作业技能。

（2）从事特种作业的员工必须经过专门培训，并在取得特种作业资格后，才能上岗作业，且仅能从事其资格证书所限定的作业项目，不能混岗作业。

（3）对违章和无视安全的行为，应给予严厉处罚。

课堂互动

分析图 8-8 中各事故产生的原因及其防范措施。

（a）　（b）　（c）

图 8-8　仓库作业事故

（二）仓储作业安全的基本要求

仓库作业安全的基本要求主要包括人力作业的安全操作要求和机械作业的安全操作要求两个方面。

1．人力作业的安全操作要求

（1）人力作业仅限制于轻负荷作业，不允许超负荷作业。一般来说，男性不得搬运超过 80 kg 的货物；女性不得搬运超过 25 kg 的货物；集体搬运时，每个人的负荷不得超过 40 kg。

（2）尽可能采用人力机械作业。人力机械包括人力绞车、滑车、拖车和手推车等。使用这些机械时，机械的承重也应在限定的范围内。

（3）做好安全防护工作。作业人员要根据作业环境和所接触的货物的性质，穿戴相应的安全防护用具，使用相应的作业用具，并按照规定的作业方法进行作业，不得采用自然滑动、滚动和其他不安全的作业方式进行作业。作业时注意人工与机械的配合。在机械移动作业时，人员须避开移动的货物和机械。

（4）做好安全作业的准备工作。作业前，作业人员应清楚作业的要求，了解作业的环境，知道作业的危险因素和危险位置。

（5）作业现场必须设专人进行安全指导和指挥。安全指导员要严格按照安全规范进行作业指挥，指导作业人员避开不稳定货垛、正在运行的起重设备的下方等危险区域；在调整作业设备时，应让作业人员暂停作业，适当避让；发现作业现场存在安全隐患时，应要求作业人员立即停止作业。

（6）合理地安排作息时间。作业人员每作业一段时间应进行适当的休息，如每作业2小时至少休息10分钟，每作业4小时休息1小时，以保证其有足够的体力和精力。另外，作业人员还要合理地安排吃饭、喝水的时间。

2. 机械作业的安全操作要求

机械作业安全管理的主要内容是注意机械本身的状况及其可能对货物造成的损害，具体要求如下：

（1）在机械设备的最大负载范围内作业，不得超负荷作业。对于危险品，机械设备还需在降低其最大负载 25%的情况下作业。此外，不得使用运行状况不好或者已损坏的机械设备进行作业。

（2）使用合适的机械设备进行作业，并且尽可能采用专用设备或专用工具作业。若使用通用设备，必须满足作业需要，并进行必要的防护，如绑扎、限位等。

（3）使用机械设备进行作业时，要有专人进行指挥。安全指导员应采用规定的指挥信号，按作业规范进行指挥。

（4）使用移动设备运输货物时应注意：叉车不得直接叉运压力容器和未包装的货物；移动吊车必须在停放稳定后方可作业；移动设备在载货时需控制行驶速度，不可高速行驶；货物不能超出车辆两侧 0.2 m 以上；禁止两车共载一物；载货移动设备上载人时，不得运行。

二、仓库治安保卫管理

仓库治安保卫管理是指仓储部门为了维护仓储环境的稳定、安全，防范、制止恶性侵权行为及意外事故对仓库和仓储货物造成损坏，保证仓储生产经营的顺利开展所进行的管理工作。仓库治安保卫管理是仓库安全生产管理的重要组成部分。

仓库治安保卫管理主要包括以下工作内容。

（一）出入口和特殊仓库的管理

仓库大门是仓库与外界的连接点，是仓库地域范围的象征，也是仓库承担货物保管责任的分界线。

大门是维持仓库治安的第一道防线，大门守卫的工作职责主要包括：开关大门，限制无关人员和车辆进入；接待入库办事人员并进行身份核实和登记；禁止入库人员携带火源和易燃易爆品入库，并检查入库车辆的防火条件，指挥车辆安全行驶、停放；检查出库车辆，核对出库货物的放行条件，收留放行条；查问和登记出库人员携带的货物，并在特殊情况下查扣货物或封闭大门。

另外，对于危险品仓、贵重品仓和特殊品仓，还需安排专职守卫看守，限制人员接近，防止货物遭到破坏或失窃。

（二）巡逻检查

专职保安员应不定时、不定线、经常性地巡查仓库的每一个位置。巡查过程中，如果发现不符合治安保卫制度要求的情况，应采取相应的处理措施或通知相应部门处理。

（三）防盗设施、设备的使用

仓库的防盗设施大至围墙、大门，小到门锁和防盗门窗，都应根据相关规定和治安保管的需要进行设置和安装。除了专职保安员的警械设备外，仓库使用的防盗设备还包括视频监控设备、自动报警设备等。仓库应按照规定使用这些防盗设备，并由专人负责操作和管理，确保设备的有效运转。

（四）治安检查

治安责任人应经常检查治安保卫工作，督促保安员照章办事。应实行定期检查与不定期检查相结合的制度，及时发现治安保卫漏洞和安全隐患，并采取有效措施及时修补漏洞，消除隐患。

（五）治安应急

治安应急是仓库发生治安事件时，为防止和减少事件所造成的损失而采取的紧急措施。仓库应通过制订应急预案来明确应急人员的职责，并经常性地组织应急演练。

××公司库房被盗应急预案

（1）库房发生盗窃事件后，库房值班人员应保护好现场，并立即向库房应急领导小组报告。

（2）库房应急领导小组立即组织人员对库房货物进行清查，及时向公司应急领导小组和公安部门报告，并积极配合有关部门做好调查取证工作。如果发现被盗货物中有危险品，库房应急领导小组应立即上报公司应急领导小组，得到公司授权后，在新闻媒体上予以公布。

（3）若发现窃贼正在行窃，库房值班人员应立即拉响警报器，拨打 110 报警电话，并采取相应的措施保证自己的人身安全。在条件允许的情况下，应尽可能地记住盗窃嫌疑人的相貌、体态特征和逃逸方向，以及其所驾驶或乘坐车辆的车种、车型、颜色、车牌号等。

三、仓库消防安全管理

仓库中存放着大量货物，一旦发生火灾，不仅会造成巨大的经济损失，还有可能造成人员伤亡。因此，仓库的消防工作是仓库安全管理的重中之重，也是一项长期的、细致的、不能疏忽的工作。

（一）仓库火灾基本知识

1．燃烧的三要素

燃烧必须同时具备三要素，即可燃物、助燃物和着火源，如表 8-15 所示。

表 8-15　燃烧的三要素

要素	定　义	示　例
可燃物	能与空气中的氧或其他氧化剂（助燃物）起化学反应并燃烧的物质	气体可燃物（如氢气、一氧化碳等）、液体可燃物（如汽油、酒精等）和固体可燃物（如木材、布匹、塑料等）
助燃物	能帮助和支持可燃物燃烧的物质，即能与可燃物发生氧化反应的物质	氧气、释放氧离子的氧化剂等
着火源	能引起可燃物与助燃物发生反应的能量来源	明火、高热物体等

2．火灾分类

根据可燃物的类型和燃烧特性，可将火灾分为六大类，如表 8-16 所示。

表 8-16　火灾的分类

火灾类型	特　点	示　例
A 类	固体物质火灾	木材、干草、煤炭、棉、毛、麻、纸张等
B 类	液体或可熔化的固体物质火灾	煤油、柴油、原油、甲醇、乙醇、沥青、塑料等
C 类	气体火灾	煤气、天然气、甲烷、乙烷、丙烷、氢气等
D 类	金属火灾	钾、钠、镁、铝镁合金等
E 类	带电火灾	发动机、电缆、家用电器等
F 类	烹调器具内的烹调物火灾	动植物油脂等

3．火灾等级

根据《生产安全事故报告和调查处理条例》规定的生产安全事故等级标准，火灾可分为特别重大、重大、较大和一般四个等级，如表 8-17 所示。

表 8-17　火灾等级

火灾等级	定　义
特别重大火灾	造成 30 人以上死亡，或者 100 人以上重伤，或者 1 亿元以上直接经济损失的火灾
重大火灾	造成 10 人以上 30 人以下死亡，或者 50 人以上 100 人以下重伤，或者 5 000 万元以上 1 亿元以下直接经济损失的火灾

（续表）

火灾等级	定　义
较大火灾	造成3人以上10人以下死亡，或者10人以上50人以下重伤，或者1 000万元以上5 000万元以下直接经济损失的火灾
一般火灾	造成3人以下死亡，或者10人以下重伤，或者1 000万元以下直接经济损失的火灾

活学活用

仓库作为物资聚集地，其火灾成因有哪些？

（二）防火与灭火方法

1. 防火的基本方法

根据燃烧产生的基本条件和原理，防火的基本方法有消除着火源、控制可燃物和隔绝助燃物三种，如表8-18所示。

表8-18　防火的基本方法

方　法	具体做法
消除着火源	通过杜绝着火源进入仓库来防火。例如，严禁吸烟，严禁火种入库，严禁动用明火等
控制可燃物	通过减少使用或不使用可燃物，或将可燃物进行难燃处理等来防止火灾。例如，采用不燃材料建设仓库，采用难燃材料包装易燃货物，用难燃材料苫盖易燃物等
隔绝助燃物	对易燃物采取封闭、抽真空、充惰性气体、浸泡，或表面涂不燃涂料等方式进行处理，使易燃物不与空气直接接触，以防止燃烧的发生

活学活用

为了有效防火，仓库内一般会贴有如图8-9所示的标记，你知道每种标记的具体含义吗？

图8-9　防火标记

2. 灭火的基本方法

一切灭火措施都是为了破坏已经形成的燃烧条件，从而使火熄灭或将火势控制在一定范围内。灭火的基本方法有四种，如表8-19所示。

表 8-19　灭火的基本方法

方　法	介　绍
隔离法	将着火源处或附近的可燃物移开或隔离，使燃烧因缺少可燃物而终止。例如，将火源附近的可燃、易爆物搬走，拆除与火源毗邻的易燃建筑物，建立阻止火势蔓延的空间地带等
冷却法	采取措施将燃烧物的温度降至燃点以下，从而使燃烧终止。例如，将水直接喷洒在燃烧的木材上
窒息法	采取措施阻止空气进入燃烧区，或用惰性气体降低空气中的含氧量，从而使燃烧因缺乏氧气而终止。例如，用沙土、湿麻袋、湿棉被等难燃物质覆盖燃烧物
化学抑制法	将化学灭火剂喷入燃烧区，抑制燃烧反应，使燃烧终止

科技之光

智慧消防助力仓库防火

仓库作为火灾事故的重灾区，其消防安全管理刻不容缓。传统的消防方式往往存在消防设备失灵、火灾发现不及时、火灾消息传递速度慢等弊端。目前，越来越多的仓库开始采用智能化手段消除仓库的消防安全隐患。S 智能安全服务系统（以下简称“S 系统”）就是其中的一种，其主要功能如下：

第一，智慧赋能，预防仓库“上火”。

仓库面积大，堆放的货物数量多、密度大，可燃物种类多。由于通风散热条件不良、电气线路敷设不达标、未使用防爆型灯具等，仓库货物很容易发生自燃、燃烧甚至爆炸等事故。此外，很多仓库的自动预警、喷淋等安全服务系统年久失修，火灾初期无法发挥有效作用，导致错失扑救的“黄金时间”。

S 系统可对烟雾、可燃气体、电气等多种隐患进行检测。若环境中的烟雾浓度和可燃气体浓度超过安全值，或电气线路运行发生变化，S 系统便会第一时间通知服务团队和仓库负责人，将火灾消灭于萌芽状态，保障仓库工作人员的生命安全和仓库的财产安全。

第二，实时监控，捕捉仓库“火苗”。

一般来说，在非上班时间，仓库人员较少，一般只有值班人员，火灾发生时不易被发现。S 系统具有超大范围信号覆盖、超远距离无线通信的优势，能做到对仓库火灾隐患的全面实时监测，24 小时全天候运行。另外，AI 智能摄像机可随时捕捉仓库内的异常状态画面，迅速、准确地发现异常风险及其位置信息，帮助人们及时排除火灾隐患。

第三，系统高效，帮助仓库“降火”。

在传统的消防模式下，由于信息存在滞后性，因此值班人员从发现消防安全隐患、报告火情信息，再到救援，整个过程中很难及时、高效地控制火势。另外，很多企业缺少规范的仓库管理政策和维保制度，也增加了仓库火灾的救援难度。

S 系统可将各类消防基础设施的运行状态、位置等信息在平台上展示，通过云端平台的集中监控，实时进行数据分析，全方位地保障仓库消防安全。另外，在火灾发生和救援时，S 系统可快速地与当地应急、公安、交通等部门形成联动，助力构建强有力的应急指挥机制，将火灾损失降到最低。

（资料来源：百家号，https://baijiahao.baidu.com/s?id=1672444724781582527&wfr=spider&for=pc）

（三）消防灭火器材与设施

1．灭火器

灭火器是一种轻便的灭火器材，是扑救初期火灾最常用的灭火设备。灭火器种类较多，常见的有干粉灭火器、泡沫灭火器、二氧化碳灭火器、1211 灭火器、清水灭火器等。不同种类的灭火器，其灭火原理和适用范围也存在差别，如表 8-20 所示。

灭火器的使用方法

表 8-20　不同种类灭火器的灭火原理及适用范围

灭火器种类	灭火原理	适用范围
干粉灭火器	在加压气体的作用下喷出的粉雾与火焰接触、混合时发生物理、化学作用而灭火	用于扑救易燃液体、有机溶剂、可燃气体和电气设备等的初期火灾
泡沫灭火器	在燃烧物表面形成一个连续的泡沫层，利用泡沫本身和所析出的混合液，使燃烧物表面冷却灭火	用于扑救贵重仪器、图书档案、电气设备及其他忌水货物的初期火灾
二氧化碳灭火器	靠窒息作用和部分冷却作用灭火	用于扑救可燃气体、可燃液体、带电设备及一般货物的初期火灾
1211 灭火器	靠化学抑制作用灭火	用于扑救油类、木材及一般货物的初期火灾
清水灭火器	靠冷却和窒息作用灭火	用于扑救一般固体物质的火灾

知识链接

手提式干粉灭火器的使用

在使用手提式干粉灭火器前，应检查灭火器是否在正常的工作压力范围内。灭火器压力表分为三个颜色区域，黄色表示压力偏高，绿色表示压力正常，红色表示欠压。一般，灭火器指针要在绿色区域。使用时应将灭火器上下晃动几次，使里面的干粉松动，然后拔出保险销，按下压把，对准火焰根部进行扫射，如图 8-10 所示。

使用手提式干粉灭火器灭火时，要注意以下几点：

（1）灭火要果断迅速，不要遗留残火，以防复燃。

（2）扑灭液体火灾时，不要冲击液面，以防液体溅出，增加灭火的难度。

（3）灭火时如果有风，应站在上风侧。

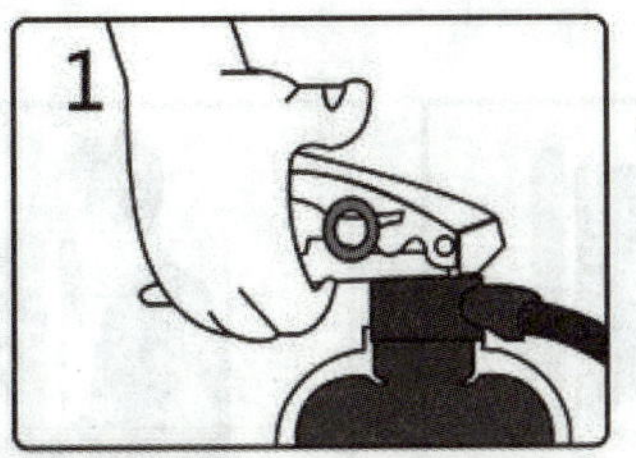

（a）提起灭火器上下晃动

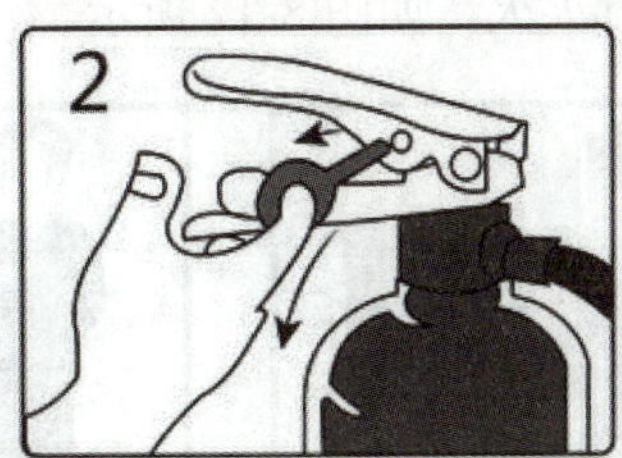

（b）拔出保险销

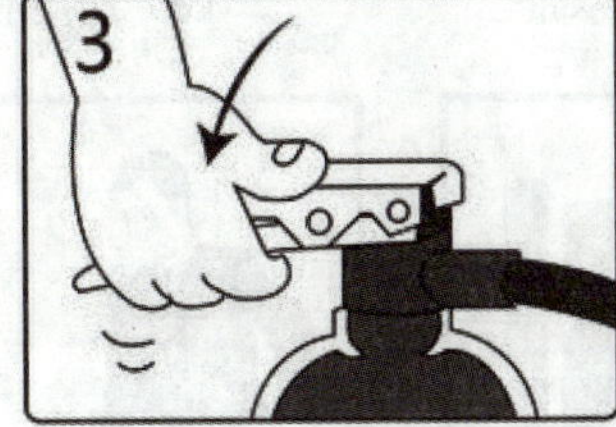

（c）按下压把

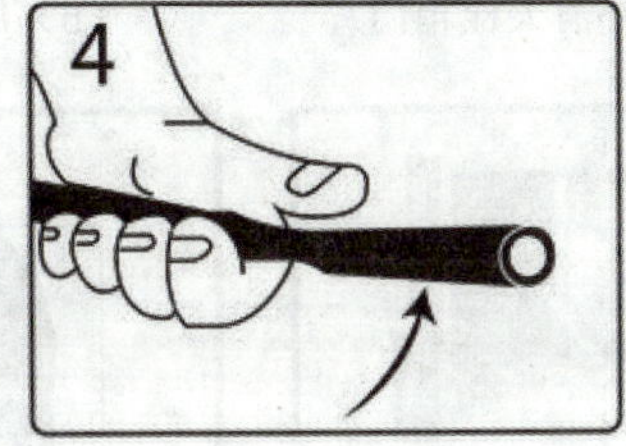

（d）对准火焰根部进行扫射

图 8-10　手提式干粉灭火器的使用方法

课堂互动

请使用过灭火器的学生向全班同学介绍自己是在哪种场景下使用的，所使用的灭火器属于哪种类型，有什么特点。

2. 消火栓系统

消火栓系统分为室外消火栓系统和室内消火栓系统两种。室外消火栓系统由室外消火栓、供水管网和消防水池组成；室内消火栓系统由室内消火栓箱（见图 8-11）、给水管网、消防水池或水箱组成。

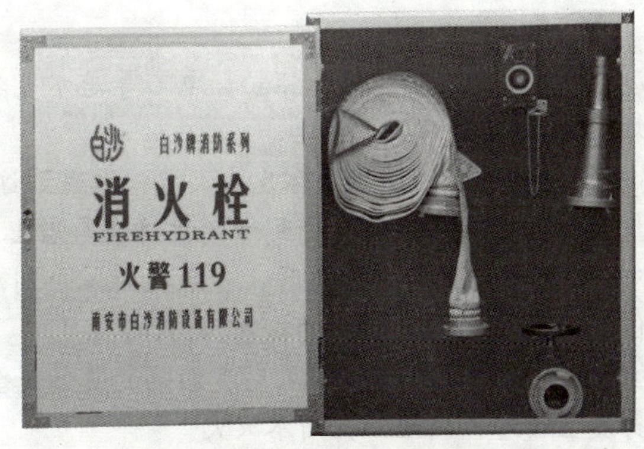

图 8-11　消火栓箱

室内消火栓的使用方法为：首先打开或击碎消火栓箱门，展开消防水带，并将消防水带的一头连接到消火栓接口上，另一头接上消防水枪，然后打开消火栓上的水阀开关，对准火源根部进行灭火，如图 8-12 所示。

（a）打开消火栓箱门

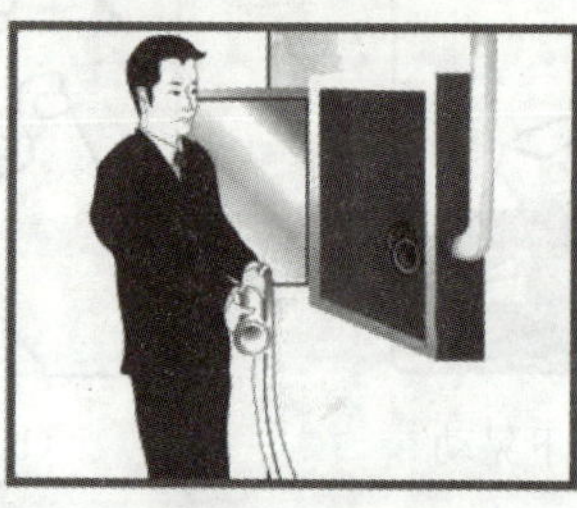
（b）展开消防水带

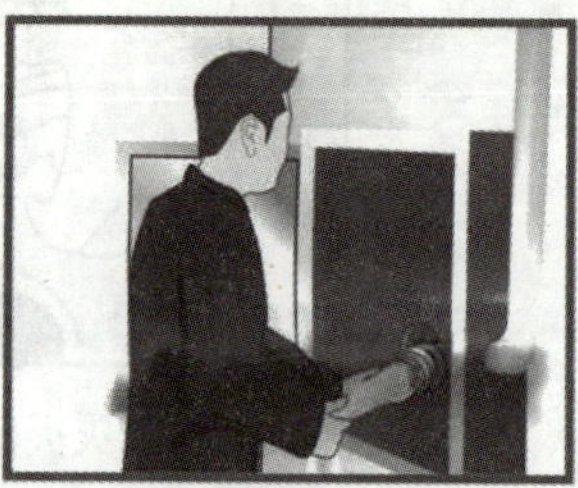
（c）连接消火栓

（d）连接水枪

（e）打开水阀开关

（f）出水灭火

图 8-12　室内消火栓的使用方法

仓库内应设室内消火栓，同一库房内应采用同一规格的消火栓、水枪和水带，水带长度不应超过 25 m。消防水可以由水管网、消防水池、天然水源供给，但必须有足够的压力和供水量。在寒冷季节，要采取必要的防冻措施，防止消防水系统损坏。

小提示

禁止用水灭火的情形

当发生以下几种火灾时，禁止用水灭火：

（1）电气设备发生火灾：水可以导电，如果电气设备的电源未切断，用水灭火容易引起触电事故。

（2）忌水货物发生火灾：钾、钠、镁、铝粉、电石等忌水货物遇水会发生剧烈的化学反应，易引起爆炸。

（3）油类、酒精和其他轻于水的易燃液体发生火灾：水遇到这类液体便沉入底层，不能起到灭火的作用。同时，由于易燃液体受到水的排挤容易溢出，会扩大火灾面积。

（4）粉末状固体发生火灾：在用水灭火时，粉末状固体受到水流的冲击会飞扬，而使火灾面积扩大。但可用雾状水扑灭燃烧的粉末状固体。

（5）已经高度灼热的货物发生火灾：如果高度灼热的货物是金属铸件或某些矿物体，则与水接触时容易发生爆炸，因此不宜用水灭火。

（6）其他遇水会使质量受到损害或怕水的货物发生火灾：如果仪器、机电设备、纸张等发生火灾，非万不得已，应尽量避免用水灭火。

活学活用

请分别说出适合以下货物的灭火方式：
纸张 木材 家电 精密仪器 金属材料 酒 油 棉花 油漆 粮食

（四）仓库消防安全管理措施

仓库消防安全管理措施

仓库要切实采取“预防为主、防治结合”的消防安全管理措施，遵守消防法规和各项安全规程，把消防安全工作贯彻到仓储的各个岗位和全部活动中去，以确保仓库的消防安全。具体来说，仓库消防安全管理可从以下几个方面着手。

1. 储存管理

（1）货物应分类、分垛储存，并留出必要的防火间距。

（2）性能相互抵触、保管条件不同、灭火方法不同和作业手段不同的货物，必须分间、分库储存，并在醒目处标明货物的名称、性质和灭火方法。

（3）易燃、可燃货物在入库前，应有专人负责检查。可能带有火灾隐患的货物，应先将其存放到观察区，经检查确认没有危险后，方准入库。

（4）易自燃或遇水易分解的货物，必须将其储存在温度较低、通风良好和空气干燥的场所，并安装专用仪器定时检测，严格控制其温度与湿度。

（5）库房内不准设办公室和休息室，不准住人。

（6）库区和库房内要保持整洁，对散落的易燃、可燃货物和库区的杂草应及时清除。用过的油棉纱、油抹布、沾油的工作服和手套等用品，必须放在库房外的安全地点并及时处理。

2. 火源管理

（1）库区内严禁吸烟，不准携带火柴、打火机等进入危险品库区；库区内应设置醒目的防火标志，如图 8-13 所示。

图 8-13 仓库防火标志

（2）库房内严禁使用明火。库区其他区域需动用明火作业时，必须办理动火证，经仓库或单位防火负责人批准，并采取严格的安全措施后方可实施。动火证上应当注明动火地点、动火时间、动火人、现场监督人、批准人和防火措施等内容。

（3）库区内严禁放烟花、爆竹和信号弹。

3. 电气管理

（1）仓库的电气装置必须符合国家现行的有关电气设计和施工安装验收标准规范的规定。

（2）仓库照明灯应符合安全要求，不得使用碘钨灯和 60 W 以上的白炽灯等高温照明灯具。使用日光灯等低温照明灯具和其他防燃型照明灯具时，应对镇流器采取隔热、散热等防火措施。

（3）库房内不准设置移动式照明灯具，照明灯具下方不准堆放货物。

（4）库房内敷设的配电线路，须穿金属管或用非燃硬塑料管保护。

（5）应在库区的每个库房外单独安装开关箱，仓管员离库时，必须拉闸断电；禁止使用不合规格的保险装置。

（6）库房内不准使用电炉、电烙铁、电熨斗等电热器具和电视机、电冰箱等家用电器。

（7）仓库电器设备的周围和架空线路的下方严禁堆放货物；在提升、码垛等机械设备易产生火花的部位，要设置防护罩。

（8）必须按国家有关防雷设计安装规范的规定，为仓库设置防雷装置并定期检测。

（9）仓库的电器设备必须由持上岗证的电工进行安装、检查和维修保养，电工应严格遵守电器的各项操作规程。

4. 装卸环节管理

（1）装卸化学物品和易燃货物时，必须轻拿轻放，严防震动、撞击、重压、摩擦和倒置；不准使用能产生火花的工具；不准穿带钉子的鞋；在可能产生静电的设备上，应安装可靠的接地装置。

（2）凡进入仓库的机动车辆和装卸搬运机械，其排气管均应加装防火罩。

（3）进入储油区的车辆，停车后应立即关闭发动机。

（4）内燃式装卸搬运设备和车辆，不得驶入危险品库房内。

（5）库区内不得搭建临时建筑和构筑物。因装卸作业确需搭建时，必须经单位防火负责人批准，并在装卸作业结束后立即拆除。

（6）装卸作业结束后，应对库区、库房进行检查，确认安全后，方可离开。

5. 及时进行通风降温

（1）凡是储存会产生可燃性气体货物的仓库，一定要具备良好的通风条件，必要时应进行强迫通风，使可燃性气体及时排出库外，避免发生燃烧和爆炸。

（2）通风也是降温的有效措施之一，尤其是对于存放自燃品和易燃品的仓库来说。降低仓库温度非常重要，否则热量积蓄到一定程度时，容易引起货物燃烧。

6. 配置消防设施

（1）应按照国家有关消防技术规范，在仓库内设置、配备消防设施和器材。

（2）消防器材应设置在明显和便于取用的地点，周围不得堆放货物或杂物。

（3）仓库的消防设施和器材应由专人管理，具体负责消防设施和器材的检查、维修、保养、更换和添置，保证其完好有效，严禁占用、挪用。

（4）地处寒冷地区的仓库，冬天还应对消防设施和器材采取防冻措施。

（5）库区的消防车道和仓库的安全出口、疏散楼梯等消防通道，严禁堆放货物或杂物。

同步案例

天津港瑞海公司危险品仓库特别重大火灾爆炸事故

2015 年 8 月 12 日，位于天津市滨海新区天津港的瑞海国际物流有限公司（以下简称“瑞海公司”）危险品仓库发生特别重大火灾爆炸事故。事故造成 165 人遇难，8 人失踪，798 人受伤住院治疗，304 幢建筑物、12 428 辆商品汽车、7 533 个集装箱受损。

事故调查组通过调取天津海关 H2010 通关管理系统数据等，查明事发当日，瑞海公司危险品仓库运抵区储存的危险货物包括第 2、3、4、5、6、8 类及无危险性分类数据的物资，共 72 种。通过实验与事故现场监控视频比对，认定最初着火物质为硝化棉。

硝化棉（$C_{12}H_{16}N_4O_{18}$）为白色或微黄色棉絮状物，易燃且具有爆炸性，化学稳定性较差，常温下能缓慢分解并放热，超过 40℃时会加速分解，放出的热量如果不能及时散失，会造成硝化棉的温度急剧升高，达到 180℃时能发生自燃。

事故调查组对向瑞海公司供应硝化棉的河北三木纤维素有限公司、衡水新东方化工有限公司调查，得知该企业生产硝化棉的工艺为：先制成硝化棉水棉（含水 30%）作为半成品库存，再根据客户的需要，将湿润剂改为乙醇，制成硝化棉酒棉，之后采用人工包装的方式，将硝化棉装入塑料袋内；塑料袋不采用热塑封口，而是用包装绳扎口后装入纸筒内。据瑞海公司员工反映，在装卸作业中存在野蛮操作问题，在硝化棉装箱过程中曾出现包装破损、硝化棉散落的情况。

硝化棉通常加乙醇或水可制成湿润剂，一旦湿润剂散失，极易引发火灾。对样品硝化棉湿润剂挥发性进行的分析测试表明：如果包装密封性不好，在一定温度下，湿润剂会挥发散失，且随着温度升高而加快；如果包装破损，在 50℃下 2 小时，乙醇湿润剂会全部挥发散失。事发当天最高气温达 36℃。实验证实，在气温为 35℃时集装箱内温度可达 65℃以上。

以上几种因素耦合作用引起硝化棉湿润剂散失，出现局部干燥，在高温环境作用下，加速分解反应，产生大量热量。由于集装箱散热条件差，致使热量不断积聚，硝化棉温度持续升高，达到其自燃温度，发生自燃。

（资料来源：中国政府网，
http://www.gov.cn/foot/2016-02/05/5039788/files/460731d8cb4c4488be3bb0c218f8b527.pdf）

任务目的

通过对学校附近某仓库进行实地参观，评估该仓库的安全管理水平。

实施步骤

（1）将全班学生分组，每组 4～6 人，每组设一名组长。

（2）选择学校附近的一所仓库进行实地调研。

（3）调查仓库的防盗能力，具体可从仓库对出入人员身份的确认，对出库货物的检查，仓库的防盗设施和设备是否完好、有效，以及各类货物的入库、领用、借用、归还、交换和核对等方面着手。

（4）调查仓库的防火能力，具体可从电气设备、机械、火源及其储存规范等方面着手，确认该仓库是否存在火灾隐患。

（5）调查仓库的消防设施和设备情况。确认灭火器、消火栓箱、消防应急灯、消防应急包、防火墙、防火隔离带等消防设备是否完好，数量是否足够。检查完毕后，填写仓库消防设施设备检查记录表（见表 8-21）。

表 8-21　仓库消防设施设备检查记录表

序号	消防设施设备名称	数量	完好程度	使用有效期	备注
1					
2					
3					
4					
5					
6					
7					
8					

（6）调查仓库的安全作业情况，包括对仓库中货物的日常入库、储存、包装、装卸、移位和出库等操作进行检查，查看是否存在安全隐患。若存在，提出解决办法。

（7）每组派一名代表以 PPT 的形式展示本组的任务实施成果，教师进行点评。

1．单项选择题

（1）按 ABC 分类法进行货物划分，A 类货物的特征是（　　）。

A．品种数目多但占用资金少　　B．品种数目少但占用资金多

C．品种数目多且占用资金多　　D．品种数目少且占用资金少

（2）在运用 ABC 分类法进行货物划分时，品种数累计百分比为 10%左右，而资金占用额累计百分比为 70%左右的为（　　）货物。

A．A 类　　B．B 类　　C．C 类　　D．B 类和 C 类

（3）安全库存量允许偏高，且只用对其进行简单管理的货物为（　　）货物。

A．A 类　　B．B 类　　C．C 类　　D．D 类

（4）下列选项不属于定量订货法特点的是（　　）。

A．订货批量固定　　B．需要准确把握库存信息

C．订货时间可以预见　　D．平均库存量低

（5）经济订货批量库存控制是指通过平衡（　　）和储存成本，确定一个最佳的订货数量，以使库存总成本最低的方法。

A．生产成本　　B．分销成本

C．运输成本　　D．订货成本

（6）物料需求计划的英文缩写是（　　）。

A．MRP　　B．JIT　　C．GIS　　D．ABC

（7）在火灾分类中，液体火灾是（　　）类火灾。

A．A　　B．B　　C．C　　D．D

（8）（　　）是一种轻便的灭火器材，是扑救初期火灾最常用的灭火设备。

A．干粉　　B．灭火器　　C．砂箱　　D．消防水桶

2．多项选择题

（1）采用定量订货法时，必须先确定（　　）。

A．订货点　　B．储存方式　　C．订货批量　　D．订货周期

（2）在定量订货法中，订货点的确定主要取决于（　　）。

A．生产周期　　B．货物需求速率

C．订货提前期　　D．库存水平

（3）利用定期订货法可以确定（　　）。

A．订货周期　　B．最高库存量

C．订货点　　D．订货批量

（4）下列属于定期订货法的特点的有（　　）。

A．订货批量不固定　　B．订货时间固定

C．无须严格管理库存信息　　D．安全库存量较大

（5）EOQ 基本模型的假设条件有（　　）。

A．需求量确定不变　　B．持续到货

C．可能出现缺货情况　　D．货物价格不变

（6）MRP 的输入信息包括（　　）。

A．采购计划　　B．主生产计划　　C．物料清单　　D．库存文件

（7）下列属于 MRP 系统的输出信息的是（　　）。

A．净需求量　　B．提前期

C．计划产出量　　D．计划投入量

（8）下列选项中，属于仓库人力作业的安全操作要求的有（　　）。

A．不进行超负荷作业

B．尽可能采用人力机械作业

C．在适合作业的安全环境下进行作业

D．作业现场必须设专人指挥和进行安全指导

（9）仓库灭火的基本方法有（　　）。

A．隔离法　　B．冷却法

C．窒息法　　D．化学抑制法

（10）从仓库消防安全的角度考虑，下列做法中正确的有（　　）。

A．库内货物分类、分区存放

B．库房内不准住人

C．在库房内安装取暖设备

D．库房内禁止使用任何照明灯具

3．名词解释题

（1）库存管理。

（2）ABC 分类法。

（3）定量订货法。

（4）定期订货法。

（5）MRP 库存控制法。

4．简答题

（1）简述 ABC 分类法的原理和操作步骤。

（2）简述 EOQ 库存控制法基本模型的假设条件。

（3）简述 MRP 库存控制法的基本原理。

（4）仓库的治安保卫管理工作主要包括哪些内容？

（5）仓库防火的基本方法有哪些？

（6）仓库灭火的措施有哪些？

5．综合分析题

（1）某企业每年购入某种产品 8 000 件，单价为 10 元，每次订货成本为 30 元，单位产品的年储存成本为 3 元。若这种产品的订货提前期为 2 周，试求其经济订货批量、年总成本、年订货次数和订货点。

（2）某企业 A 产品的结构组成如图 8-14 所示。

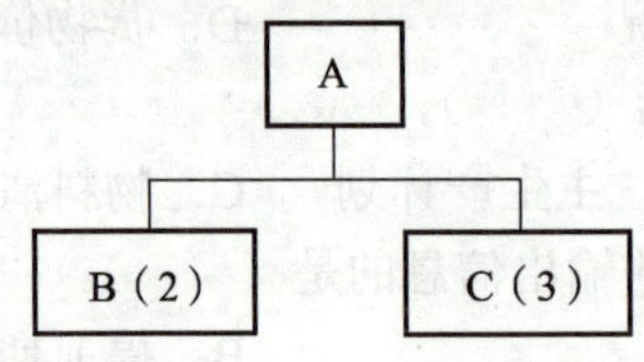

图 8-14　A 产品的结构组成

已知 B 的订货提前期为 3 周，初始库存量为 80；C 的订货提前期为 2 周，初始库存量为 40。该企业采用 MPR 系统控制库存，若在 3 周后（第 4 周）需装配出 100 个 A 产品，请计算所需物料数量，并绘制出 A 产品的 MRP 运行表。

项目九 仓储商务管理

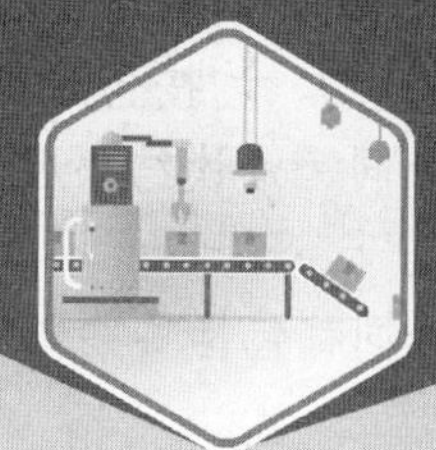

项目引言

仓储商务管理是指仓储经营者计划、组织、指挥和控制仓储商务活动的过程，具体包括商务队伍管理、仓储经营决策的制定、市场调查和市场宣传、仓储合同管理、仓储成本及效益管理、绩效考核、风险和纠纷管理等。本项目主要介绍仓储合同管理、仓单管理、仓储成本管理与绩效考核。

知识目标

✓ 了解仓储合同的定义与特点。
✓ 熟悉仓储合同的形式，掌握仓储合同的内容。
✓ 熟悉仓储合同的签订原则和签订程序。
✓ 掌握仓储合同的生效、无效、变更和解除，熟悉仓储合同当事人的权利与义务。
✓ 了解仓单的概念、性质和内容，掌握仓单相关业务的办理。
✓ 掌握仓储成本的构成要素，熟悉降低仓储成本的措施。
✓ 了解仓储绩效考核的指标。

素质目标

✓ 增强法制意识，既要做到遵纪守法、严于律己，又要懂得使用法律武器维护自己的合法权益。
✓ 弘扬诚信精神，树立诚信风尚，自觉履行承诺，并坚决抵制各种失信行为。

任务一 仓储合同管理

任务导入

2020 年 7 月 23 日，JY 物流公司与 SD 粮油进出口有限公司就一项仓储业务进行了洽谈。双方经过协商达成以下约定：由 JY 物流公司为 SD 粮油进出口有限公司保管小麦 60 吨；小麦已装袋，每袋 100 千克；保管期限自 2020 年 8 月 5 日至 2020 年 10 月 4 日；仓储费用为 2 万元；任何一方违约，均按仓储费用的 20%支付违约金；若无特殊情况，双方将于一周后签订正式合同。洽谈结束后，JY 物流公司业务部经理让王鹏就以上约定起草一份仓储合同。

王鹏接到任务后不禁开始思考：仓储合同都包括哪些内容呢？

知识讲解

仓储合同

一、仓储合同的定义与特点

仓储合同又称仓储保管合同，是指仓储保管人接受存货人交付的货物，并对其进行妥善保管，在仓储期满后，将仓储物完好地交还，同时收取相关仓储保管费用的协议。

仓储合同具有如下特点。

（一）仓储保管人必须具备从业资格

仓储合同中所指的仓储保管人必须具备仓储业务的经营资格，即仓储保管人必须获得专营或兼营仓储业务的营业许可。

（二）仓储合同的标的物必须为动产

仓储合同的标的物即仓储物，它必须是动产，如粮食、汽车、服装等。

（三）仓储合同是诺成、双务、有偿合同

仓储合同的这一特点具有以下两方面含义：

（1）仓储合同是诺成合同。仓储合同在合同双方达成一致协议时立即生效（合同双方开始受合同效力的约束），其生效不以存货人向仓储保管人交付仓储物为必要条件。

（2）仓储合同是双务、有偿合同。仓储保管人为存货人保管货物是以存货人支付仓储保管费为前提的，双方的权利和义务具有对应性和对价性。

（四）仓储合同中货物的交付与归还以仓单为凭证

仓单是存货人存入或提取货物的法定书面凭证，具有证明货物所有权归属的作用。在仓储合同中，存货人交付或请求返还仓储物时必须以仓单作为凭证。

二、仓储合同的形式与内容

（一）仓储合同的形式

仓储合同是不要式合同。法律没有强制性规定仓储合同的形式，合同双方既可以采用书面形式（如合同书、电报、电传、传真、电子数据、电子邮件等）订立合同，也可以采用口头形式或其他形式订立合同。常见的仓储合同形式有如下几种。

1．合同书

合同书是最常用的仓储合同形式，其主要内容包括合同名称、合同编码、合同条款和当事人署名。合同书的形式完整、内容全面、程序完备，有利于合同的订立、履行、留存和争议处理。

2．确认书

确认书是指合同双方通过口头、电话、传真等形式达成一致意见后，由一方寄给另一方用以确认交易达成的书面证明。与合同书相比，确认书较为简单，其内容可以列明合同的完整事项，也可以仅列合同的主要事项（合同的其他条款则在其他相关文件中表达）。

3．格式合同

格式合同是指由仓储保管人事先拟定，并在工商管理部门备案的合同，常用于周转量大、批量小、批次多的货物的仓储活动。在订立格式合同时，由仓储保管人填写仓储物、储存期、费用等主要事项并直接签发，然后由存货人签认即可。

4．计划表

计划表是指由存货人定期制订并交仓储保管人执行的仓储计划，通常作为仓储合同的补充合同或执行合同。

小提示

仓储合同的具体形式可由双方当事人协商确定。一般情况下，如果仓储物的价值较高、数量较多，或者储存费用较高、储存期较长，其仓储合同应采用书面形式，以便合同的保管、履行和争议处理。

（二）仓储合同的内容

仓储合同的内容也就是仓储合同的条款，它是检验仓储合同的合法性、有效性，以及确定合同双方民事责任的重要依据。

仓储合同主要包括有关当事人、仓储物、仓储作业、仓储费用、责任划分和违约责任、合同的变更与解除、争议处理等的条款。

1. 当事人

仓储合同的当事人包括仓储保管人和存货人，他们是履行仓储合同的主体。签订仓储合同时，若仓储保管人或存货人为企业，则应注明企业的法定代表人、注册名称和地址；若仓储保管人或存货人为个人，则应写明个人的姓名、身份证号码、户籍地址或常住地址，必要时还应在合同中注明紧急通知人。

2. 仓储物

该部分条款主要包括货物的名称、种类、规格、数量、质量、包装和标记等内容。

3. 仓储作业

仓储作业条款一般应包括表 9-1 中的内容。

表 9-1　仓储作业条款

内　容	说　明
验收要求	包括验收期限、验收内容、验收标准和验收方法
储存场所和保管要求	仓储合同中应明确约定仓储物的储存场所与保管要求，如需要何种仓储设备和技术条件、保管仓储物时的注意事项等。其中，仓储物的性质及保管要求等的相关资料应由存货人提供
保管期限	保管期限是仓储保管人计收仓储保管费用的基础和承担责任的时间区间，也是制订仓储计划的依据。仓储物保管期限的约定方式通常有：① 期限计算方式，如储存期为三个月，自货物入库之日起计算；② 截止日期方式，如储存期为 1 月 1 日至 5 月 31 日；③ 不约定具体期限方式，如存货人提货前 15 日告知对方具体的提货日期
进出库手续、地点和方式	仓储合同中应明确约定仓储物入库和出库的交接手续、交接地点（如存货人仓库、仓储保管人仓库等）和交接方式（如自提、送货等）
损耗标准和损耗处理	仓储合同中应明确约定仓储物在储存和运输过程中的损耗标准和磅差标准，可以直接采用国家标准或行业标准，也可以由双方约定

4. 仓储费用

仓储合同中应明确约定仓储费用的具体计费项目、计费标准、结算方式，以及保险金额和期限，并写明各种费用的责任承担方。

5. 责任划分和违约责任

仓储合同中应明确约定双方履行合同期间的权利和义务，并写明违约行为、违约责任，以及承担违约责任的方式（如采取补救措施、赔偿损失、支付违约金等），同时应约定赔偿金的计算方法或标准。

6. 合同的变更与解除

仓储合同中应写明变更、解除合同的条件和处理办法。如果在合同履行期间，客观条件发生重大变化或出于对双方利益的考虑，继续履行原合同可能对双方不利，则可以按照合同约定来变更或解除合同。

7. 争议处理

争议处理是指当仓储合同在履行过程中出现争议时，双方采用协商、仲裁或诉讼等方式解决问题的约定。合同双方发生争议时，通常先进行友好协商；若协商不成，则可申请仲裁机构仲裁。若仲裁仍解决不了，则可采用诉讼方式处理。

知识链接

仓储合同范本

合同编码：________________

仓储保管人：________________　　　　存货人：________________

签订地点：________________　　　　签订时间：______年______月______日

存货人和仓储保管人根据《中华人民共和国民法典》的有关规定，以及委托储存计划和仓储容量，经双方协商一致，签订本合同。

第一条　仓储物的名称、品种、规格、数量和质量

1. 名称：________________。
2. 品种：________________。
3. 规格：________________。
4. 数量：________________。
5. 质量：________________。

第二条　包装

存货人负责仓储物的包装，包装标准按国家或行业标准执行。

第三条　验收的资料、标准、方法和期限

1. 存货人应当向仓储保管人提供必要的仓储物验收资料。若存货人未提供必要的验收资料或提供的资料不齐全、不及时，由此而造成验收出现差错，则仓储保管人不承担赔偿责任。

2. 仓储保管人应按照合同规定的包装外观、仓储物品种、数量和质量验收仓储物，如果发现入库仓储物与合同规定不符，应及时通知存货人。

3. 验收的标准和方法：________________________________。

4. 验收期限：国内仓储物不超过______天，国外仓储物不超过______天。超过验收期限所造成的损失由仓储保管人负责。验收期限是指仓储物和验收资料全部送达仓储保管人之日起，至验收报告送出之日止，日期均以运输或邮电部门的签收日期或戳记为准。

第四条　保管条件和保管要求

1. 仓储保管人应按________________________标准对仓储物实施保管，以维护仓储物在储存期间的质量安全。

2. 仓储保管人应保证同一储存区间的仓储物性能互不抵触，且养护措施和消防方法一致。

第五条　入库和出库的手续、时间、地点和方式

1. 入库和出库的手续按照有关入库、出库的规定办理；若无相关规定，则由双方协商办理。仓储物入库和出库时，双方代表或经办人都应在场，检验仓储物后的记录由双方代表或经办人签字，且该记录作为合同的有效组成部分，双方各保留一份。

2. 双方约定仓储物入库的时间为______年______月______日，仓储物出库的时间为______年______月______日。

3. 仓储物入库和出库的地点均为__________。仓储物在入库时，由存货人将仓储物送达仓储保管人；仓储物在出库时，由存货人自行安排运输工具提货。

第六条　仓储物的损耗标准和损耗处理

1. 仓储物的损耗标准：________________________________。

2. 仓储物的损耗如果在合同允许范围之内，由存货人自行承担；否则，由仓储保管人承担。

第七条　计费项目、标准和结算方式

1. 计费项目包括：________________________________。

2. 仓储费及相关费用按照双方议定的标准计算，并由存货人在______年______月______日至______年______月______日期间支付给仓储保管人。

第八条　违约责任

1. 仓储保管人的责任：

（1）仓储保管人造成仓储物不能按时入库的，仓储保管人应按合同规定赔偿存货人的运费，并支付仓储费______%的违约金。

（2）仓储保管人未按规定的项目、标准、方法和期限验收，或因验收不准确而造成的实际经济损失，由仓储保管人承担。

（3）在仓储物保管期间，若因未按合同规定的储存条件和保管要求保管仓储物，而造成仓储物短少、变质、污染或损坏，应由仓储保管人承担赔偿责任。

2. 存货人的责任：

（1）存货人造成仓储物不能入库时，存货人应向仓储保管人偿付相当于仓储费______%的违约金。

（2）易燃、易爆、易渗漏、有毒等危险仓储物及易腐仓储物，存货人必须在合同中注明，并向仓储保管人提供必要的资料。否则，造成仓储物损坏或人身伤亡的，由存货人承担赔偿责任甚至追究其刑事责任。

（3）因包装不符合标准或合同约定而造成仓储物损坏变质的，由存货人负责。

（4）存货人超议定储量储存仓储物或逾期不提货的，除了交纳仓储费外，还应向仓储保管人偿付违约金______元。

（5）仓储物邻近失效期或有异状，在仓储保管人通知后，存货人因不及时处理而造成仓储物损失的，由存货人自行承担。

第九条　保管期限

双方约定保管期限为______年______月______日至______年______月______日。

第十条　变更和解除合同的期限

由于不可抗力事故致使合同无法履行或不能按约定的条件履行时，遇有不可抗力事故的一方应立即将事故情况告知对方，并应在____天内提供事故详情及合同不能履行，或部分不能履行，或需延期履行的有效证明文件（此项证明文件应由事故发生地区出具）。

双方根据事故对履行合同的影响程度，协商是否解除合同或部分免除履行合同的责任或延期履行合同。

第十一条　争议的解决方式

在履行本合同的过程中，若发生争议，由双方友好协商解决；协商不成的，可以向仓储保管人所在地人民法院提起诉讼。

第十二条　其他事宜

本合同未尽事宜，由双方协商解决。合同一式两份，双方各执一份。

仓储保管人：__________（签章）　　存货人：__________（签章）

法定代表人：__________（签字）　　法定代表人：__________（签字）

委托代理人：__________（签字）　　委托代理人：__________（签字）

地址：__________　　地址：__________

开户银行：__________　　开户银行：__________

账号：__________　　账号：__________

活学活用

请参照上述合同样本，帮助王鹏起草任务导入中所需的合同（可直接填入横线处）。

三、仓储合同的签订原则

订立仓储合同时，首先应遵循合法原则，不能损害社会公共利益。同时，还应遵循平等原则、自愿与协商一致原则、公平与等价有偿原则。

（1）合法和不损害社会公共利益原则。当事人在订立合同时，不得违反相关法律法规，如超越经营权、侵害所有权、侵犯国家主权、危害环境等。同时，合同主体在合同履行过程中，不得发生有损社会安定、扰乱社会经济秩序、妨碍人民生活、违反道德准则的不良行为。

（2）平等原则。根据《中华人民共和国民法典》（以下简称《民法典》）的相关规定，仓储合同的双方应自觉遵循平等原则，在平等协商的基础上订立合同，任何一方都不得采用恃强凌弱、以大欺小、行政命令等方式与对方签订仓储合同。

（3）自愿与协商一致原则。根据《民法典》的相关规定，仓储合同的双方必须完全根据自身需要和能力，在自主表达自身意思的前提下与对方签订合同。任何一方都不得使用胁迫、欺诈的手段与对方订立仓储合同。

（4）公平与等价有偿原则。根据《民法典》的相关规定，仓储合同的双方在订立合同时，必须遵循公平原则，确保双方的权利和义务是有偿、等价的。仓储合同的双方不得订立无偿划拨、调拨仓储物等不对等的合同条款。

四、仓储合同的签订程序

一般情况下，订立仓储合同的程序主要包括双方接触、发出要约和承诺、签署合同等环节。

（一）双方接触

存货人或仓储保管人调查和分析另一方的资信、履约能力等情况，并与对方进行会谈，以便做出是否与对方签订仓储合同的决定。

（二）发出要约和承诺

1. 要约

要约是指向特定人发出的订立合同的意思表示。发出要约的人称为要约人，而要约所指向的人则称为受要约人。仓储合同的要约可采用书面形式、口头形式或其他形式。

要约具有以下特征：

（1）向特定人发出的。

（2）内容确定，即包含合同的主要条款，且具有订立合同的意图。

（3）要约送达受要约人后，一经受要约人承诺，则合同即告成立。

一般来说，要约的内容应包括合同主体名称（仓储保管人和存货人的名称）、标的物名称（仓储物名称）、标的物数量（仓储物数量）、标的物质量（仓储物质量）、期限和费用等。

小提示

意思表示是民事法律行为的要素，指行为人欲设立、变更、终止民事权利和民事义务的内在意思表现于外在的行为。

2. 承诺

承诺是指受要约人做出的同意要约内容的意思表示。仓储合同的承诺也可采用书面形式、口头形式或其他形式。

承诺必须在要约的有效期限内或在合理期限内做出，并与要约的内容一致。受要约人对要约内容的任何实质性变动都不是承诺，而是一项新要约。承诺送达要约人时，合同即生效。

（三）签署合同

签署合同是指合同双方对合同条款协商一致的表示和行为，一般与承诺同步，是合同成立的标志。

企业签订仓储合同时，一般由企业法定代表人或拥有授权的主管业务人员签名，并注明签署日期，然后加盖合同专用章；个人签订仓储合同时，只需要签署个人的完整姓名即可。

五、仓储合同的生效和无效

（一）仓储合同的生效

仓储合同是诺成合同，在成立时立即生效。仓储合同生效的常见情形有以下几种：① 双方签署合同书；② 受要约人的承诺送达要约人；③ 合同确认书送达对方；④ 存货人将货物交付给仓储保管人，仓储保管人在行动上接受货物表示确认；⑤ 仓储保管人签发格式合同或仓单等。

仓储合同生效后，存货人和仓储保管人便开始受其约束。若存货人拒绝交付货物、仓储保管人拒绝接收货物，或者某一方违反合同约定的条款，则违约方应承担相关违约责任。

（二）仓储合同的无效

仓储合同的无效是指已经订立的仓储合同因违反了法律规定而被认定为无效。

1．无效的情形

存货人和仓储保管人在订立仓储合同时存在以下情形之一的，可认定该仓储合同无效：

（1）一方以欺诈、胁迫的手段订立合同，损害国家利益。

（2）恶意串通，损害国家、集体或第三人利益。

（3）以合法形式掩盖非法目的。

（4）损害社会公共利益。

（5）违反法律、行政法规的强制性规定。

此外，若仓储合同显失公平或因重大误解而订立，当事人一方有权请求人民法院或仲裁机构予以变更或撤销。

小提示

显失公平是指合同当事人双方的权利和义务极不对等，经济利益上不平衡，违反了平等、公平原则。显失公平的仓储合同是指一方当事人在紧迫或缺乏经验的情况下订立的明显对自己极为不利的仓储合同。

2．无效的认定

认定仓储合同无效的时间可以是合同履行之前，也可以是合同履行之中或履行之后。认定仓储合同无效的主体是人民法院、仲裁机构或工商行政机关，而不是合同双方当事人或其他个人。

以法为鉴

由仓储保管人的欺诈行为引起的仓储合同纠纷

1．案情介绍

2020 年 9 月，某农机公司发现，由于近期天气干燥，牧草长势不好，遂从外地购买了 400 t 草料，以解决农户饲养牲畜时草料供应不足的问题。但是，由于该农机公司没有经营过此类业务，也没有专门的场地堆放草料，于是与该市某仓储公司签订了仓储合同，约定由该仓储公司负责保管草料，期限为 20 天。

通常情况下，草料在堆放中会失去水分，使重量减轻，因此，在合同中需注明草料的损耗标准。由于农机公司的代表不熟悉草料的性质，于是在仓储公司的建议下，将损耗标准定为 25%，即草料的损耗如果未超过 25%，则仓储公司将不承担相关责任。

仓储期届满之日，农机公司前来提货，发现草料的重量减少了80 t，占总重量的20%。农机公司认为，仓储公司的保管方式不科学，致使草料失水严重，要求仓储公司赔偿。而仓储公司辩称，草料损耗率在合同约定的损耗标准范围之内，且该损耗标准是业内普遍接受的，因此拒绝赔偿。双方争执不下，诉诸法庭。

2．法院审判

法院经过调查发现，根据行业的有关资料记载：草料在仓储过程中的损耗率一般为10%～12%。而本案中，草料损耗率高达20%，其原因是仓储公司采用的保管方式不当，未用油布覆盖草垛。同时，仓储公司利用对方不熟悉行业标准的机会，签订了远远高于行业标准的损耗率，具有欺诈性。因此，法院认定该条款无效，应予以撤销，且仓储公司应对超出行业一般水平的损耗部分承担赔偿责任。

（资料来源：中顾法律网，http://www.9ask.cn/flzs/list_517532/211146.html）

六、仓储合同的变更和解除

（一）仓储合同的变更

仓储合同的变更是指仓储合同成立后，当事人在原合同的基础上对合同的内容进行修改或补充。由于订立仓储合同时，不可能对仓储合同所涉及的所有问题都做出明确规定，因此，在合同履行过程中出现新情况时，当事人有必要根据需要对双方的权利和义务进行重新调整或规定。

仓储合同的变更须由双方当事人协商进行。若双方当事人就变更事项达成了一致意见，则变更后的内容会取代原合同内容，双方应按照变更后的合同履行，但变更后的合同条款对已经履行的权利和义务不产生效力。若一方当事人拒绝变更，则合同变更不成立。

（二）仓储合同的解除

仓储合同的解除是指仓储合同有效成立后，在一定条件下通过当事人的单方行为或双方意愿终止合同效力或解除合同关系的行为。

1．解除方式

仓储合同的解除方式主要分为约定解除和法定解除两种。

1）约定解除

约定解除是指由合同双方当事人协议解除合同。约定解除可以通过以下两种方式进行：

（1）在合同中约定解除合同的条款，当约定的解除条件发生时，一方通知另一方解除合同。

（2）在合同生效后或合同履行完毕前，双方协商解除合同。

2）法定解除

法定解除是指双方当事人根据法律规定的解除情形解除合同。解除仓储合同的法定情形如下：

（1）因不可抗力致使合同目的不能实现时，任何一方当事人可通知对方解除合同。

（2）一方当事人预期违约，则另一方当事人可以解除合同。

小提示

预期违约是指在合同履行期满之前，当事人一方无正当理由而明确表示其在履行期满后将不履行合同，或者其行为表示在履行期满后不可能履行合同。

（3）一方当事人迟延履行合同义务，且经催告后在合理期限内仍未履行的，另一方当事人可以解除合同。

（4）一方当事人迟延履行义务或有其他违约行为，致使合同目的不能实现时，另一方当事人可以解除合同。

2．解除的要求

一方当事人依法解除合同时，应以书面形式通知对方。通知送达对方时，合同解除。

3．解除后的效力

仓储合同解除后将产生以下效力：

（1）仓储保管人和存货人的权利和义务消失。

（2）双方终止履行合同。

（3）双方仍需要按照合同的清算条款承担责任并赔偿损失。

（4）需承担违约责任的当事人应按照合同约定的条款承担违约责任。

七、仓储合同当事人的权利与义务

仓储合同当事人的权利和义务是指合同双方在履行合同时享有的权利和应尽的义务。

（一）仓储保管人的权利和义务

1．仓储保管人的权利

在仓储活动中，仓储保管人一般享有以下权利：

（1）要求存货人按合同约定交付仓储物。

（2）要求存货人对仓储物进行必要的包装。

（3）要求存货人对验收前已变质或损坏的仓储物进行更换、修理等处理。

（4）要求存货人告知仓储物情况并提供相关的验收资料。

（5）按合同约定的标准验收仓储物，并有权拒收不符合验收标准的仓储物。

（6）要求存货人按期提取仓储物。

（7）若存货人逾期不提取仓储物且经催告后仍不提取，则仓储保管人有权提存仓储物。

（8）按合同约定收取仓储费用。

小提示

提存是指由于存货人的原因，仓储保管人无法对其履行合同约定的义务时，依法将仓储物交给提存机关（如行政主管机关、银行等）来保存，从而终止仓储合同的制度。

2. 仓储保管人的义务

在仓储活动中，仓储保管人一般应履行以下义务：

（1）提供仓储保管条件。仓储保管人有义务为存货人提供仓储保管条件，如提供保管场地、适宜的通风条件、容器、货架、搬运设备、安全防护设备等。

（2）验收仓储物。验收仓储物不仅是仓储保管人享有的权利，也是其应承担的义务。仓储保管人在接收仓储物时，有义务在约定的期限内进行验收。仓储保管人未经验收就入库的仓储物，应认定为存货人所交的仓储物完好，仓储保管人有义务向存货人偿还完好无损的仓储物。

（3）签发存货凭证。仓储保管人接收仓储物后，有义务根据实际收取的仓储物情况向存货人签发存货凭证。

（4）妥善保管仓储物。仓储保管人有义务按仓储合同约定的仓储地点存放仓储物，并使用先进的技术和科学的方法储存和保管仓储物。合同保管期届满前，未经存货人要求，仓储保管人不得要求对方提前取回仓储物。

（5）危险通知义务。当仓储物出现危险时，仓储保管人有义务通知存货人。例如，仓储物在保管期间因不可抗力而发生变质、损坏，或者仓储物危及库内其他仓储物的正常保管和安全，或者第三人对仓储物主张权利（第三人认为该仓储物归自己所有）等情况下，仓储保管人应及时通知存货人，以妥善处理仓储物。

（6）偿还仓储物。仓储合同保管期届满或因其他事由不得不终止时，仓储保管人有义务将仓储物还给存货人。在合同约定的期限内，存货人可以要求提前取回仓储物，仓储保管人不得拒绝。

（二）存货人的权利和义务

1. 存货人的权利

在仓储活动中，存货人一般享有以下权利：

（1）要求仓储保管人及时验收仓储物。

（2）要求仓储保管人妥善保管仓储物。

（3）要求仓储保管人亲自管理仓储物。

（4）在保管期间，存货人有权对仓储物进行取样检验。

（5）要求仓储保管人按合同约定的方式出货。

（6）提前提取仓储物。

2. 存货人的义务

在仓储活动中，存货人一般应履行以下义务：

（1）妥善处理仓储物。在交付仓储物之前，存货人有义务对仓储物进行分类、包装、标记等处理，使之适合仓储作业。

（2）按时交付仓储物。存货人有义务按合同约定的时间向仓储保管人交付仓储物。

（3）告知义务。存货人应承担的告知义务包括：① 完整告知仓储保管人仓储物的准确名称、数量、包装、性质、作业和保管条件等信息资料；② 向仓储保管人提供危险仓储物的详细说明资料；③ 告知仓储保管人仓储物及其包装存在的不良状态、潜在的缺陷或不稳定状态等信息。

（4）支付仓储费和其他必要的费用。存货人有义务根据仓储合同的约定支付仓储费，同时，还有义务支付储存期间发生的应由其承担的费用，如保险费、装卸搬运费、转仓费等。若存货人逾期提货，则还应支付逾期费用。

（5）按时凭单提货。存货人有义务按仓储合同约定的时间，凭提货单据及时提取仓储物。

八、仓储合同的违约责任和免责

（一）违约责任

违约是指存货人或仓储保管人不履行合同约定的义务，或履行合同义务不符合约定的行为。违约责任是指合同当事人一方或双方未履行或未全部履行合同义务所依法应承担的法律责任。合同订立后，合同当事人任何一方都应按合同规定的要求履行义务，否则就要承担违约责任。

1. 仓储保管人应承担违约责任的情形

在仓储活动中，仓储保管人应承担违约责任的情形如下：

（1）仓储保管人未按合同约定提供保管场所和相关设施、设备。

（2）仓储保管人在合同有效期内要求存货人退仓。

（3）仓储保管人偿还还给存货人的仓储物的品种、数量、质量、规格、型号等不符合合同约定。

（4）保管期间因保管不善，造成仓储物变质或损坏。

（5）约定的保管条件发生变化或发生不可抗力事件而未及时通知存货人，从而给存货人造成了重大损失。

（6）仓储保管人未按合同约定的时间如数偿还仓储物。

（7）仓储保管人未按约定的时间和地点发货，给存货人造成了损失。

（8）双方约定的其他违约责任。

2. 存货人承担违约责任的情形

在仓储活动中，存货人应承担违约责任的情形如下：

（1）存货人未按合同约定包装仓储物或包装不符合要求，从而造成仓储物在保管期间损坏、灭失的，应自行承担责任；若给仓储保管人造成了损失，则还应承担与损失相应的赔偿责任。

（2）存货人未将仓储物的必要资料与瑕疵完整地告知仓储保管人，或提供的仓储物资料不齐全、不及时，从而造成仓储物在保管期间损坏、灭失的，应自行承担责任。

（3）存货人未按合同约定的时间交付仓储物。

（4）存货人若逾期提货，则应自行承担逾期费用。

（5）存货人双方约定的其他违约责任。

3. 违约责任的承担方式

违约责任的承担方式主要有继续履行、赔偿损失、支付违约金、采取补救措施等，如

表 9-2 所示。这几种承担方式可以单独使用，也可以同时使用。

表 9-2 违约责任的承担方式

承担方式	说　明
继续履行	合同一方不履行或未完全履行合同时，另一方有权要求其依据合同的规定继续履行
赔偿损失	合同一方因不履行或不完全履行合同义务而给对方造成损失时，应按实际损失给予对方赔偿
支付违约金	合同双方在合同中约定，在违约行为发生后违约方应向守约方支付一定数额的金钱
采取补救措施	合同一方的行为不符合合同约定但不需要继续履行合同时，为达到信守或令守约方满意的目的而采取适当的补救措施，如修理、更换、重做、退货、减少价款等

小提示

根据《民法典》的规定：约定的违约金低于或过分高于造成的损失的，当事人可以请求人民法院或者仲裁机构予以增加或适当减少。

（二）免责

免责又称免除民事责任，是指由于发生不可归责于违约方的事件，而导致合同一方或双方当事人无法履行合同，并给对方造成损失的，违约方可以不用承担民事责任。

免责事件由法律规定或合同约定产生，主要包括不可抗力和免责条款。不可抗力是指不能预见、不能避免且不能克服的客观情况，如自然灾害、战争等；免责条款是指合同双方约定的，可以免除违约方违约责任的事由或条件。

课堂互动

（1）2020 年 4 月，甲粮油公司（以下简称“甲公司”）在乙仓储公司（以下简称“乙公司”）储存了 100 吨布袋装面粉，储存期为三个月。储存期满后，甲公司提取面粉时，发现面粉已经受潮，遂要求乙公司赔偿。乙公司引用《中华人民共和国合同法》第 370 条进行抗辩：寄存人交付的保管物有瑕疵或者按照保管物的性质需要采取特殊保管措施的，寄存人应当将有关情况告知仓储保管人；寄存人未告知，致使保管物受损失的，仓储保管人不承担损害赔偿责任。

请讨论：乙公司的抗辩理由能否成立？为什么？

（2）2020 年 6 月初，甲公司与丙仓储公司（以下简称“丙公司”）签订了一份仓储合同，约定甲公司将 50 吨玉米存放于丙公司的仓库内。6 月 15 日下午，丙公司仓库因遭到雷击起火，导致甲公司 30%的玉米被烧毁。丙公司将剩余的玉米整理后堆放在露天货场，准备第二天转移到其他仓库。不料当天半夜又下起了暴雨，致使这些玉米全部淋湿。没过几天，这些玉米就发霉了。甲公司要求丙公司赔偿全部损失，而丙公司以不可抗力为由拒绝赔偿。

请讨论：丙公司仓库起火是否属于不可抗力？丙公司是否应赔偿甲公司的全部损失？请说明理由？

任务实施

任务背景

2019 年 12 月 31 日，JY 物流公司与 QA 汽车装配厂签订了一份仓储合同。合同约定：由 JY 物流公司为 QA 汽车装配厂储存汽车配件，储存期限为 2020 年 1 月 23 日至 2020 年 9 月 22 日，仓储费用为 5 万元；任何一方违约，均按仓储费用的 20%支付违约金。

合同签订后，JY 物流公司开始清理仓库，并拒绝了其他公司的仓储需求。2020 年 1 月 20 日，JY 物流公司清理完仓库后，告知 QA 汽车装配厂可以开始送货入库。但 QA 汽车装配厂却说已经找到了更便宜的仓库，并表示如果 JY 物流公司能降低仓储费用，他们就考虑送货入库。

JY 物流公司不同意这一要求，并告知 QA 汽车装配厂：“双方可以就此解除合同，但贵厂必须向我们支付 1 万元违约金。”然而，QA 汽车装配厂辩称合同尚未进入履行阶段，因此不存在违约问题。双方就此产生纠纷，JY 物流公司向法院提起诉讼。

实施步骤

（1）将全班学生分成若干小组，每组 3 人。

（2）小组成员分别扮演法官、JY 物流公司代表和 QA 汽车装配厂代表，模拟该案件的谈判、解决过程。

（3）教师进行点评，并选出表现最出色的小组。

任务二 仓单管理

任务导入

2020 年 8 月 5 日，依所签仓储合同的要求，JY 物流公司收到 SD 粮油进出口有限公司需要储存的小麦 60 吨，并开出了仓单。

半个月后，SD 粮油进出口有限公司要求将仓单分割成货量平均的两份仓单；又过了 5 天，SD 粮油进出口有限公司将所存货物的一半转让给了 TQ 商贸有限公司。

作为负责此项储存业务的业务员，王鹏需要完成以下任务：

（1）设计并开出仓单。

（2）协助 SD 粮油进出口有限公司办理仓单分割和转让业务。

请你帮助王鹏完成上述任务。

一、仓单的概念和性质

仓单是仓储经营中的重要凭证。为了有效管理仓储商务活动，我们有必要学习并掌握仓单的相关知识。

（一）仓单的概念

《中华人民共同和民法典》（以下简称《民法典》）第 908 条规定："存货人交付仓储物的，仓储保管人应当出具仓单、入库单等凭证。"由此可知，仓单是指仓储保管人收到存货人交付的仓储物时，向存货人签发的表明仓储关系存在及履行交付义务的凭证。

小提示

由仓单的概念可知：

（1）仓储保管人签发了仓单，就意味着已验收并收取了存货人交付的仓储物。

（2）存货人持有仓单，就表明其已按约定向仓储保管人交付了合格的仓储物，并可凭仓单提货。

（3）仓储保管人只对存货人和仓单持有人履行合同义务。

（二）仓单的性质

仓单具有如下性质：

（1）仓单是提货凭证。仓单是仓储物所有权的凭证，存货人提取仓储物时，必须向仓储保管人出示仓单。

（2）仓单是有价证券。根据《民法典》第 910 条规定，存货人或者仓单持有人在仓单上背书并经仓储保管人签名或者盖章的，可以转让提取仓储物的权利。这表明拥有仓单就代表着拥有了等同于仓储物价值的财产权利，因此，仓单是一种有价证券。

小提示

背书是指票据持有人将票据转让或授予他人一定票据权利时，在票据背面或粘单上记载有关事项并签章的行为。

（3）仓单是要式证券。仓单上记载的事项或条款必须符合法律规定，否则，仓单不能产生效力。

（4）仓单是文义证券。仓储保管人和存货人的权利和义务仅依仓单上记载的文义来确定，而不能依仓单记载的文义以外的因素来确定。

二、仓单的内容

根据我国《民法典》第 909 条的规定，仓单包括以下内容：① 存货人的姓名或名称和住所；② 仓储物的品种、数量、质量、包装、件数和标记；③ 仓储物的损耗标准；④ 储存场所；⑤ 储存期限；⑥ 仓储费；⑦ 仓储物已经办理保险的，其保险金额、期间以及保险人的名称；⑧ 仓单的填发人、填发地和填发日期。

某物流企业的仓单样本如图 9-1 所示。

<table>
<tr><td colspan="7" align="center">仓　单</td></tr>
<tr><td colspan="4">公司名称：</td><td colspan="3">公司地址：</td></tr>
<tr><td colspan="4" rowspan="2">电话：
账号：
存货人：</td><td colspan="3">传真：</td></tr>
<tr><td colspan="3">批号：
发单日期：　　　　起租日期：</td></tr>
<tr><td colspan="7" align="center">兹收到下列货物，依本公司条款（见反面）储仓</td></tr>
<tr><td>唛头及号码</td><td>数量</td><td>所报货物</td><td>收费/元</td><td>仓租/元</td><td>进仓费/元</td><td>出仓费/元</td></tr>
<tr><td></td><td></td><td></td><td></td><td></td><td></td><td></td></tr>
<tr><td></td><td></td><td></td><td></td><td></td><td></td><td></td></tr>
<tr><td colspan="4">总件数：</td><td colspan="3">经手人：</td></tr>
<tr><td colspan="7">总件数（大写）：</td></tr>
<tr><td colspan="7">备注：
核对人：</td></tr>
</table>

（a）仓单正面

<table>
<tr><td colspan="6" align="center">存货记录</td></tr>
<tr><td>日期</td><td>提单号码</td><td>提货单位</td><td>数量</td><td>结余</td><td>备注</td></tr>
<tr><td></td><td></td><td></td><td></td><td></td><td></td></tr>
<tr><td></td><td></td><td></td><td></td><td></td><td></td></tr>
<tr><td colspan="6">储货条款：
（1）本仓库所载货物的种类、唛头、箱号等，均按照存货人所称填写，本公司对货物内容、规格等概不负责。
（2）货物在入仓交接过程中，若发现与存货人所填内容不符，本公司有权拒收。
（3）本仓库不储存危险品，客户保证入库货物绝非危险品。如果因存货人的货物品质危及本仓库的其他货物时，存货人必须承担因此而产生的一切经济损失。
（4）本仓单有效期为一年，过期自动失效。已提货的分仓单和提单档案保留期为一年。期满尚未提清的，存货人须向本公司换领新仓单。本仓单须经本公司加印硬印方为有效。
（5）存货人凭背书的仓单或提货单提货。本公司收回仓单和提货单，证明本公司已将该项货物交付无误，本公司不再承担责任。</td></tr>
</table>

（b）仓单反面

图 9-1　仓单样本

小提示

填写仓单时应注意以下几点：

（1）仓单上所记载的要素不应更改，更改的仓单无效。

（2）仓单中货物的价值金额应以中文大写和数字同时记载，两者应一致，不一致的仓单无效。

（3）仓单上记载的事项应真实，不得伪造。

三、仓单业务

仓单业务包括仓单的签发、分割、转让，凭仓单提货，以及仓单灭失后的处理。

（一）签发仓单

当存货人将仓储物交给仓储保管人，仓储保管人验收仓储物后，仓储保管人应向存货人签发仓单。签发仓单时，应注意以下事项：

（1）必须在仓单上准确描述仓储物的实际情况，特别是不良状况。

（2）若仓储物的瑕疵不影响质量等级或价值，且存货人提供了担保，则仓储保管人可以不在仓单上批注仓储物的瑕疵；若存货人不提供担保，则仓储保管人应拒绝签发仓单。

（3）仓单一式两份，一份为正式仓单，交给存货人；另一份为存底仓单，由仓储保管人保管。

（4）可根据业务需要复制仓单副本，并注明“副本”二字。

（二）分割仓单

分割仓单是指仓储保管人根据存货人的要求，将原先的一份仓单拆成多份仓单的业务活动。

分割仓单时，仓储保管人应先收回原仓单，然后填制新的仓单并交给存货人。分割仓单后，应将原仓单注销。若仓单的分割涉及仓储物的分割，则因分割仓储物而产生的相关费用一般由存货人承担。

（三）转让仓单

转让仓单是指存货人将仓单所代表的仓储物的所有权转让给他人的活动。有效地转让仓单必须同时具备以下条件：

（1）被转让的仓单允许背书转让。若仓单中明确记载了不得背书，则转让仓单的行为无效。

（2）仓单必须经存货人完整地背书。背书的格式如图 9-2 所示。

（3）仓单必须有仓储保管人的签字或盖章。仓单可以多次背书转让，但应记载所有参与背书转让的人（包括仓储保管人），以保证背书过程的完整性。

<table><tr><td>兹将本仓单转让给×××（被背书人的完整名称）
×××（背书人的完整名称）
背书经办人签名：
背书经办日期：</td></tr></table>

图 9-2 背书的格式

活学活用

请你帮助王鹏对任务导入中的业务开出仓单，并按要求进行仓单分割。

（四）凭仓单提货

凭仓单提货是指仓储合同期届满或经仓储保管人同意后，存货人凭仓单提取仓储物的活动。存货人凭仓单提货时，仓储保管人应仔细核查以下内容：

（1）将存货人提交的仓单与存底仓单的副本进行核对，以确定仓单的真实性。

（2）检查仓单的背书是否完整，并核对仓单上的背书人（转让仓单的人）、被背书人（接受转让仓单的人）与其身份证明是否一致。

经核查无误后，仓储保管人收回仓单并签发提货单证，存货人签收提货单证并提取货物。

（五）仓单灭失后的处理

仓储保管人交付货物必须以仓单作为凭据。但在实际操作中，往往会因为各种原因造成仓单灭失，从而出现无仓单提货的情况。仓单灭失后，存货人可以通过以下途径提货。

1．提供担保后提货

仓单灭失后，存货人无法凭仓单提货。此时，仓储保管人应要求存货人提供与仓储物价值相当的担保。存货人提供符合要求的担保财物后，才能准许存货人提货。若直至已经灭失的仓单失效，仍无人出示仓单并提货，则可解除担保。

2．通过公示催告程序使仓单失效后提货

仓单灭失后，可根据《中华人民共和国民事诉讼法》的相关规定，由原仓单持有人向人民法院申请对仓单进行公示催告。当公示催告期届满（不少于 60 日）且无人提出异议时，人民法院就可以判决仓单失效。自判决公布之日起，申请人（原仓单持有人）便可以向仓储保管人提取货物了。

若在公示期内有人向法院提出异议，则由法院审理判决，并确定提货人。

课堂互动

华丰公司将 100 吨大米交由某仓储公司代为储存，并且双方签订了仓储合同。根据市场需要，华丰公司将存于该仓储公司的这 100 吨大米卖给了某粮油店。为了简化手续，方便粮油店提货，华丰公司将仓单背书后交给粮油店，并在事后通知了仓库。仓储期满后，粮油店持仓单提货时，仓库以粮油店不是合法仓单持有人为由拒绝交货。

请讨论：该事件的过错方是谁？为什么？正确的处理方法是什么？

任务实施

任务背景

某化妆品公司委托仓储公司储存一批化妆品，双方于 2020 年 4 月 5 日签订了仓储合同，约定仓储期为 2020 年 4 月 20 日至 2020 年 10 月 19 日。仓储公司在该化妆品公司交付货物后，验收了货物并签发了仓单。

2020 年 5 月 1 日，该化妆品公司向仓储公司提出申请，希望将该批货物的仓单分割成两份，以便分批提货。仓储公司同意该申请并进行了相应处理。

2020 年 6 月 1 日，该化妆品公司前来告知仓储公司，由于工作人员的疏忽，遗失了其中一张仓单，但因客户急需，所以必须在 6 月 5 日前将遗失仓单中的那部分货物提取出来。同时，该化妆品公司告知仓储公司想将另一张仓单转让给一家化妆品专卖店。

实施步骤

（1）将全班学生分成若干小组，每组 2～3 人。

（2）以小组为单位进行讨论，讨论内容包括：① 该仓储合同是于何时生效的？② 仓储公司进行仓单分割时应该做哪些工作？③ 仓储公司应如何处理遗失仓单后的相关事务？④ 仓储公司应如何处理仓单转让事宜？

（3）每组选派一名代表以 PPT 的形式展示本组的讨论结果。

任务三 仓储成本管理与绩效考核

任务导入

为了降低仓储成本，提高仓储质量，JY 物流公司的仓储部门决定对该部门的仓储业务进行全面的梳理、总结和改进。在开展这项工作前，仓储主管交给王鹏两个任务：① 了解公司仓储成本的构成情况；② 了解影响仓储作业质量和效率的因素，拟定反映仓储作业质量、效率及设施设备利用程度的指标。

请你帮助王鹏完成上述任务。

知识讲解

一、仓储成本管理

仓储成本是物流成本的重要组成部分，是指物流企业在开展仓储业务活动中，各种要素投入的以货币计算的总和。

（一）仓储成本的构成

仓储成本的构成

构成仓储成本的主要项目如下。

1. 固定资产折旧

固定资产折旧后的价值，属于物流企业的固定成本，主要包括库房、堆场、道路等基础设施的折旧，以及运输工具、仓储机械设备的折旧。

2. 设备维修费

设备维修费主要指用于大型设备、设施的定期修理费用，可从每年的仓储经营收入中按一定比例提取。

3. 管理费用、财务费用和营销费用

管理费用是物流企业用于组织和管理仓储经营业务的费用，包括行政办公费、公司经费、工会经费、职工教育费、排污费、绿化费、信息咨询费、审计费、土地使用费、劳保费、坏账准备等。

财务费用是指物流企业为筹集资金而发生的各种费用，包括物流企业经营期间发生的利息支出、汇兑净损失、调剂外汇手续费、金融机构手续费等。

营销费用包括企业宣传、业务广告、仓储促销、交易等仓储经营业务活动的费用支出。

以上三种费用都属于物流企业的固定成本。

4. 工资和福利费

工资和福利费包括发给员工的工资、奖金和各种补贴，以及由企业缴纳的住房公积金、医疗保险、养老保险等。其中，仓储管理人员的工资和福利费一般被列入管理费用，属于固定成本；一般人员的工资和福利费是直接人工费，属于变动成本。

小提示

固定成本是指仓储作业过程中，在一定时间内不随仓库储存量的大小、仓库空间利用率的高低变化而变化的成本；变动成本是指仓储作业过程中，在一定时间内随着仓库储存量的增加或减少而呈正比例变化的成本。变动成本与业务量大小有关。

5. 仓储保管费

仓储保管费是指为存储货物而支出的费用，主要包括：① 仓储活动中产生的能源费、水费；② 仓库的货架、货柜、装卸搬运工具等低值工具的损耗费；③ 绑扎、衬垫、苫盖、包装等材料的损耗费；④ 进出仓库的装卸搬运费、盘点费、加工费、重型机械使用费等；⑤ 因保管不善或其他原因造成的物品残损费。

小提示

仓储保管费的种类较多。多数仓储保管费属于与仓库业务量有关的变动成本，少数属于固定成本，还有的属于两者皆有的混合成本。

6. 保险费

物流企业一般都会为其所储存的货物购买仓储保险。物流企业购买仓储保险后，若因火灾、爆炸、洪水、暴雨、雷电、地震、地陷等造成所投保的货物损失的，损失部分的费用由保险公司赔付。保险费属于固定成本。

7. 税费

税费主要包括仓储营业税或企业所得税在仓储中的分摊，以及仓库场地的房地产税。

（二）降低仓储成本的措施

常见的降低仓储成本的措施有以下几种。

1. 控制库存量，有效管理库存

可采用 ABC 分类法、定量订货法、定期订货法、MRP 库存控制法和其他方法来管理和控制库存，从而降低仓储成本。

2. 先进先出，降低货物的保管风险

仓储成本分析与控制

“先进先出”是货物储存作业的原则之一，它能够保证货物的储存期不至于过长，从而降低货物的保管风险。若想实现有效的“先进先出”，可采取如下措施：

（1）采用重力式货架系统。重力式货架的存货滑道具有一定的坡度，货物从货架的一端存入后，可以在自身重力的作用下向另一端滑出，且能在滑道中按先后顺序自行排队。这种货架系统能够非常有效地保证货物“先进先出”。

（2）采用计算机存取系统。企业采用计算机存取系统对货物进行管理，只需在存货时向计算机输入货物的入库时间，在取货时，计算机就能够按时间顺序给予指示，保证货物“先进先出”。

（3）采用“双仓法”储存方式。“双仓法”储存是指给每种货物准备两个仓位，两个仓位轮换存取货物，并规定一个仓位中的货物出完后，才可以进行补充，以实现货物“先进先出”。

3. 集中储存，提高仓库利用率

集中储存货物能够提高仓库利用率，降低仓储成本。为实现集中储存，可采取如下措施：

（1）采取高垛法。增加货物的储存高度，如采用高层货架、集装箱等储存货物。

（2）缩小库内通道的宽度。缩小库内通道的宽度可以增大货物的储存面积，提高仓库利用率。具体方法有：① 采用窄巷道式通道和轨道式装卸车等作业，以减少车辆运行所需的宽度；② 采用侧面式叉车、前移式叉车等作业，以减少叉车作业所需的空间。

（3）减少库内通道的数量。这种方法同样可以增加货物的储存面积，具体方法为采用桥式堆垛机、密集型货架等仓储设备来进行仓储作业。

4. 科学定位，提高仓储作业效率

科学地确定货物的储存位置，可以节约寻找、存入和取出货物的时间，减少仓储作业的物化劳动和活劳动的消耗，从而降低仓储成本。

科学定位可通过三位数编码法和四位数编码法等传统方法来实现，还可采用电子计算机定位系统来实现。货物入库时，电子计算机定位系统能够迅速为货物安排货位并记录货位编码；货物出库时，该系统能够迅速搜索出货物的货位并提示作业人员取货。相对于传统定位方法，电子计算机定位系统定位更加准确、迅速，更有利于提高仓库利用率和仓储作业效率。

5．有效监测和清点，提高仓储作业的准确率

有效地监测所储存货物的质量，清点货物的数量，及时掌握仓储的基本情况，可以减少仓储作业的差错，提高仓储作业的准确率。为实现有效监测和清点，可采取如下措施：

（1）“五五化”堆码。“五五化”堆码是指储存货物时，将货物堆码成数量为 5 的倍数的垛形，如梅花五、重叠五等，以便加快人工点数的速度并减少差错，如图 9-3 所示。

图 9-3　“五五化”堆码

（2）采用光电识别系统和电子计算机监控系统。在货位上设置光电识别装置，利用该装置扫描货物的条形码或其他识别装置（如电子标签等），就可准确地显示出货物的数量。若将条形码技术的识别计数装置与计算机系统相连接，则每次存取货物的信息将能够自动输入计算机，由计算机自动做出存取记录。这样，仓储人员就可以通过该系统掌握实时、准确的货物信息，减少查货和清点的工作量。

6．加速周转，提高仓库的吞吐能力

加快货物的周转速率，可以提高仓库的吞吐能力，减少货物损坏和重量损耗，加快资金周转，最终降低仓储成本。加快货物周转速率的具体方法有建立快速分拣系统、采用单元集装设备储存货物等。

7．采取多种经营，盘活固定资产

仓储设施、设备等固定资产占用了巨大的资金，如果这些设施、设备不能投入使用或使用效率不高，则会增加仓储成本。因此，物流企业可采用出租、出售等多种经营方式盘活固定资产，以提高资产的利用率，从而降低仓储成本。

8．加强人员管理

仓储人员的工资是仓储成本的重要组成部分，因此，物流企业应加强对仓储人员的有效管理，提高仓储人员的技术水平和工作积极性，避免人浮于事、效率低下等影响企业效益的不良现象出现，以提高仓储作业的效率。

9．降低经营管理成本

经营管理成本是企业在经营活动和管理活动中支出的费用（如管理费、业务费等），

它是仓储成本的重要组成部分。企业应在保证经营管理活动正常开展的前提下，减少不必要的活动支出，降低经营管理成本。

科技之光

AGV 机器人对降低仓储成本的作用

目前，越来越多的物流企业利用 AGV 机器人来完成拣货作业。AGV 机器人的应用，打破了传统的“人到货”拣选模式，实现了“货到人”拣选模式。

苏宁位于上海的 AGV 机器人仓中，一共有 270 组机器人。其中，200 组是机器人与货架的组合，主要承担小件货物的拣选、搬运工作，其单件货物的平均拣货时间为 10 秒，拣选效率是人工作业效率的 5 倍以上，拣选准确率可达 99.99%。另外 70 组是机器人与托盘的组合，主要用于大件货物的拣选、搬运工作，其拣选效率是人工作业效率的 10 倍以上。

AGV 机器人的使用，提高了智能仓储的工作效率，极大地降低了人力成本，让一个仓库中的劳动工人从 50～70 人减少到 5 人左右。

（资料来源：搜狐网，https://www.sohu.com/a/230737997_100145103）

二、仓储绩效考核

仓储绩效考核是指物流企业利用相关指标对仓储部门的经营效益、经营业绩和服务水平等进行考核，以加强仓储管理工作、提高管理的业务和技术水平的一种经济分析活动。

常见的仓储绩效评价指标

（一）仓储绩效考核指标

仓储绩效考核指标是仓储生产管理成果的集中体现，是衡量仓储管理水平高低的尺度。物流企业考核仓储工作的指标包括反映仓储作业质量、作业效率、设施设备的利用程度及仓储作业经济效益等四方面的指标。

1. 反映仓储作业质量的指标

反映仓储作业质量的指标主要有账货相符率、收发货差错率和货物保管损耗率，如表 9-3 所示。

表 9-3 反映仓储作业质量的指标

指标	说明	计算公式
账货相符率	账货相符率是指账面货物储存量与仓库中货物的实际存量相符的程度	$账货相符率=\frac{账面货物存量}{货物的实际存量}\times 100\%$
收发货差错率	收发货差错率是衡量收发货物准确性的质量指标	$收发货差错率=\frac{收发货累计差错数}{收发货累计总数}\times 100\%$

（续表）

指　标	说　明	计算公式
货物保管损耗率	一般情况下，货物保管损耗率是指货物的自然损耗率，主要用于对易干燥、风化、挥发或破碎货物的保管工作进行考核	$货物保管损耗率=\frac{货物损耗量}{同期货物库存总量}\times100\%$ $货物保管损耗率=\frac{货物损耗额}{同期货物保管总额}\times100\%$

同步计算

某仓库 2019 年 7 月份收货 1 000 件，发货 1 000 件，收发货累计差错数为 2 件；8 月份收货 3 000 件，发货 1 500 件，收发货累计差错数为 9 件。试比较这两个月份中，哪个月份的收发货差错率较高。

解：$7月份收发货差错率=\frac{收发货累计差错数}{收发货累计总数}\times100\%$

$$=\frac{2}{1\,000+1\,000}\times100\%$$

$$=0.1\%$$

$$8月份收发货差错率=\frac{收发货累计差错数}{收发货累计总数}\times100\%$$

$$=\frac{9}{3\,000+1\,500}\times100\%$$

$$=0.2\%$$

因此，该仓库 8 月份的收发货差错率高于 7 月份的收发货差错率。

2．反映仓储作业效率的指标

反映仓储作业效率的指标主要有货物吞吐量、库存周转率、平均收发货时间和人均劳动生产率等，如表 9-4 所示。

表 9-4　反映仓储作业效率的指标

指　标	说　明	计算公式
货物吞吐量	货物吞吐量又称货物周转量，是指一定时期内入库和出库的仓储货物总量，用以衡量仓库生产规模大小	货物吞吐量＝一定时期内的入库总量＋同期出库总量＋货物直拨量
库存周转率	库存周转率又称库存周转速率，它是反映仓储工作水平的重要效率指标，可以用货物周转次数和货物周转天数来表示	$货物周转次数=\frac{全年发货总量}{全年货物平均储存量}$ $货物周转天数=\frac{360}{货物年周转次数}$

（续表）

指　标	说　明	计算公式
平均收发货时间	平均收发货时间是指仓库收发每一票货物（每张出入库单据上的货物）平均所用的时间，它是反映仓储作业效率和服务质量的重要指标	$平均收发货时间=\frac{收发货物时间总和}{收发货物总数量}$
人均劳动生产率	用于衡量员工平均工作量的指标	$人均劳动生产率=\frac{仓库全年吞吐量}{年平均员工人数}$

小提示

货物直拨量是指企业进货后，不经入库直接拨给客户的货物数量；还包括虽已进入储运企业的铁路专线，但不经卸车而直接转发给客户的货物数量。

3. 反映仓储作业设施设备利用程度的指标

反映仓储作业设施设备利用程度的指标主要有设备利用率、仓库单位面积储存量和仓容利用率等，如表 9-5 所示。

表 9-5　反映仓储作业设施设备利用程度的指标

指　标	说　明	计算公式
设备利用率	设备利用率是考核运输、装卸搬运、加工、分拣等设备利用程度的指标	$设备利用率=\frac{设备实际使用台时数}{设备总台时数}\times 100\%$
仓库单位面积储存量	仓库单位面积储存量是反映仓库平面利用效率的指标	$仓库单位面积储存量=\frac{日平均储存量}{仓储有效面积}\times 100\%$
仓容利用率	仓容利用率是衡量和考核仓库利用程度的指标	$仓容利用率=\frac{库存货物体积之和}{仓库的有效容积}\times 100\%$

小提示

仓储有效面积是指仓库和货场中，扣除办公、通道等不能用于储存货物的场地面积后的仓储面积。

同步计算

某仓库中货物的体积之和为 15 000 m^3，仓库的有效容积为 25 000 m^3，求该仓库的仓容利用率。

解：$仓容利用率=\frac{库存货物体积之和}{仓库的有效容积}\times 100\%$

$$=\frac{15\,000}{25\,000}\times 100\%$$

$$=60\%$$

该仓库的仓容利用率为 60%。

4. 反映仓储作业经济效益的指标

反映仓储作业经济效益的指标主要有利润总额、成本利润率、人均实现利润和资金利用率等，如表 9-6 所示。

表 9-6　反映仓储作业经济效益的指标

指　标	说　明	计算公式
利润总额	利润总额可以反映企业利润的实际情况，是企业经济效益的综合指标	利润总额＝一定时期内仓储总收入额－同期仓储总支出额
成本利润率	成本利润率是用于衡量仓储作业中，各项成本获利效果的经济指标	$成本利润率=\frac{利润总额}{仓储成本总额}\times 100\%$
人均实现利润	人均实现利润是一项从劳动力角度来衡量企业经济效益的综合性指标，可以反映一定时期内平均每人实现的利润额	$人均实现利润=\frac{一定时期内利润总额}{同期平均员工人数}$
资金利用率	资金利用率是指物流企业所得净利润与占用资金总额的比值，它可以反映所占用资金的使用效果	$资金利用率=\frac{利润总额}{固定资产平均占用额+流动资产平均占用额}\times 100\%$

知识链接

如何为仓库设定绩效考核指标

“如果你不监测数据，就无法管理仓库。”这是一句经典的仓储管理格言。对仓储部门来说，进行数据监测和绩效考核指标管理，并以此来衡量销售业绩、客户服务质量和财务情况，是一件十分重要的工作。

不同仓库的绩效考核指标有很大的共性，因为多数仓库都需要评估收货、上架、拣货、出货、配送等环节的作业效率和经济效益。但不同公司设定的绩效考核指标的优先级和绩效评价标准往往不同。无论采用何种绩效评价标准，在设立绩效考核指标时，都应考虑以下几点：① 绩效考核指标应体现重要业务；② 绩效考核指标应与公司战略和业务目标相关；③ 绩效考核指标应是可量化、可实现的。

（二）仓储绩效考核的意义

1. 对仓储部门的意义

物流企业可通过仓储绩效考核，掌握仓储各个环节的计划执行情况，纠正运作过程中出现的偏差。施行仓储绩效考核制度，有利于仓储部门加强管理，具体表现在以下几个方面：

（1）有利于提高仓储管理水平。通过对仓储绩效考核指标进行分析，能发现工作中存在的问题，从而为计划的制订、修改及仓储生产活动提供依据。

（2）有利于落实岗位责任制。施行仓储绩效考核制度，有利于仓储部门实行按劳取酬和进行各种奖励的评定。

（3）有利于仓库设施设备的现代化改造。一定数量和水平的设施设备是保证仓储生产活动高效进行的必要条件。通过对比各种设备的利用率，可以及时发现仓储作业流程的薄弱环节，有利于仓储部门有计划、有步骤地进行技术改造和设备更新。

（4）有利于提高仓储经济效益。经济效益是衡量仓储部门工作的重要标志，通过绩效考核与分析，可以对仓库中的各项活动进行全面的检查、比较、分析，确定合理的仓储作业定额指标，优化仓储作业方案，从而以合理的劳动消耗获得理想的经济效益。

2. 对物流企业进行市场开发的意义

施行仓储绩效考核制度，有利于物流企业进行市场开发，具体表现在以下几个方面：

（1）有利于扩大市场占有率。对于客户来说，在同等价格的基础上，服务水平通常是最重要的考虑因素。如果仓储部门能提供令客户信服的服务指标体系和数据，就能在竞争中获得有利地位。

（2）有利于维护客户关系。目前，我国的物流市场中，供需双方的合作通常以一年为限。到期后，客户将会对物流企业进行评估，以决定今后是否与其继续合作。仓储部门的服务质量越高，客户的评价越高，其与该物流企业继续合作的概率也就越大。

任务实施

任务背景

某物流企业在仓储管理方面存在一些问题，导致仓储成本一直居高不下。存在的主要问题有：

（1）仓库机械化程度低。仓库内部仅有几辆用于货物搬运的电动搬运车，以及用于货物分拨的环形传送带，机械化程度不高，货物流动性慢，作业效率低。

（2）仓库利用率低。仓库缺乏合理的规划，有些货位的货物堆放得十分密集，甚至占据了部分过道空间，有些货位却是空的。

（3）仓库信息化程度低。货物出入库信息不能得到及时、有效的更新，影响了仓储作业效率。

（4）岗位职责明确性较差。仓库内的工作人员分工不明确，导致经常出现工作拖沓、懈怠、扯皮等现象。

实施步骤

（1）将全班学生分成若干小组，每组 5～6 人。

（2）以小组为单位，讨论该企业可采取哪些措施来降低仓储成本。

（3）为该企业设计仓储绩效考核表，并确定各项评价指标。

（4）将实训结果以 PPT 的形式在课堂上展示。

1．单项选择题

（1）（　　）是指由仓储保管人事先拟定，并在工商管理部门备案的合同。

A．合同书　　B．确认书

C．格式合同　　D．计划表

（2）某物流企业与某贸易公司约定："储存期为 5 个月，自货物入库之日起计算"，则该保管期限的约定方式为（　　）。

A．期限计算方式　　B．截止日期方式

C．不约定具体期限方式　　D．口头约定方式

（3）下列关于仓储合同生效的说法中，错误的是（　　）。

A．仓储合同双方当事人签署合同书后，合同生效

B．仓储合同在存货人交付货物时生效

C．合同确认书送达对方时，合同生效

D．存货人将货物交付给仓储保管人，且仓储保管人在行动上接受货物时，合同生效

（4）下列关于仓储合同无效的说法中，错误的是（　　）。

A．一方以欺诈、胁迫手段订立的仓储合同为无效合同

B．恶意串通，损害国家、集体或第三人利益的仓储合同为无效合同

C．以合法形式掩盖非法目的的仓储合同为无效合同

D．仓储合同的无效可由合同当事人任何一方进行认定

（5）下列说法中错误的是（　　）。

A．合同变更后的条款对已经履行的权利和义务也产生效力

B．若一方当事人拒绝变更合同，则合同变更不成立

C．仓储合同双方当事人可以约定解除合同的条件

D．一方当事人迟延履行合同义务，且经催告后在合理的期限内仍未履行，则另一方当事人可以解除合同

（6）仓储保管人的权利不包括（　　）。

A．拒收权　　B．存货权　　C．提存权　　D．验货权

（7）存货人的义务不包括（　　）。

A．交付义务　　B．告知义务　　C．支付义务　　D．检验义务

（8）下列说法中正确的是（　　）。

A．签发仓单时，若货物的瑕疵不影响货物质量等级或货物价值，则仓储保管人可以不做记录并接受货物

B．仓单的分割仅指单证分割，不涉及储存货物的分割

C．仓单经存货人完整背书后即可转让

D．仓单灭失后，存货人只有提供了符合要求的担保财物后，保管人才能准许存货人提货

（9）下列选项中，不属于物流企业固定成本的是（　　）。

A．固定资产折旧　　B．设施租赁费

C．一般人员的工资和福利费　　D．管理费用

（10）下列选项中，不正确的是（　　）。

A．$账货相符率=\frac{账货相符数量}{库存货物总量}\times 100\%$

B．$收发货差错率=\frac{收发货累计差错数}{收发货累计总数}\times 100\%$

C．$资金利用率=\frac{利润总额}{固定资产平均占用额}\times 100\%$

D．$成本利润率=\frac{利润总额}{仓储成本总额}\times 100\%$

2．多项选择题

（1）下列选项中，可以作为仓储物的有（　　）。

A．服装　　B．水产品　　C．精密仪器　　D．建筑物

（2）仓储保管人和存货人可采用（　　）的形式订立仓储合同。

A．合同书　　B．确认书

C．格式合同　　D．计划表

（3）仓储合同属于（　　）。

A．诺成合同　　B．实践合同

C．双务合同　　D．有偿合同

（4）仓储合同双方当事人订立合同时应遵循（　　）。

A．合法和不损害社会公共利益原则

B．自愿与协商一致原则

C．平等原则

D．公平与等价有偿原则

（5）在仓储活动中，存货人享有的权利包括（　　）。

A．要求仓储保管人及时验收仓储物

B．要求仓储保管人妥善保管仓储物

C．按时交付仓储物

D．提前提取仓储物

3. 名词解释题

（1）仓储合同。

（2）要约。

（3）仓单。

（4）仓储成本。

（5）仓储绩效考核。

4. 简答题

（1）简述仓储合同的特点。

（2）认定仓储合同无效的情形有哪些？

（3）仓储合同的免责包括哪些情况？

（4）简述仓单的内容。

（5）降低仓储成本的措施有哪些？

（6）简述仓储绩效考核的意义。

5. 综合分析题

A 果品公司与 B 仓储公司签订了一份苹果储存合同。合同签订后，A 果品公司按约定将苹果交付，B 仓储公司进行了验收。入库后，在约定的储存期内，B 仓储公司发现苹果有腐烂现象，并将此情况告知了 A 果品公司，但 A 果品公司未理睬。

B 仓储公司认为，如果再不处理腐烂的苹果，不仅剩余苹果将会全部腐烂，还会影响仓库内的其他果品，于是只得将这批苹果清理出库，将其中尚能食用的变卖，并在事后通知了 A 果品公司。

储存期满，A 果品公司前来提货，B 仓储公司将变卖的价款交给 A 果品公司，但遭到了拒收。A 果品公司要求 B 仓储公司赔偿其全部损失。

请问：B 仓储公司是否应负赔偿责任？为什么？

参考文献

[1] 薛威．仓储作业管理（第三版）[M]．北京：高等教育出版社，2018.
[2] 郑丽．仓储与配送管理实务 [M]．北京：清华大学出版社，2014.
[3] 尤美虹．仓储管理实务 [M]．武汉：武汉大学出版社，2013.
[4] 杜艳红，夏宇阳，王利蓉．仓储实务 [M]．成都：西南交通大学出版社，2014.
[5] 孙宏英．仓储与配送管理 [M]．大连：东北财经大学出版社，2017.
[6] 叶靖．仓储作业管理 [M]．北京：中国水利水电出版社，2019.
[7] 傅莉萍．仓储与配送管理 [M]．广州：广东高等教育出版社，2017.
[8] 林贤福，黄裕章．仓储与配送管理实务 [M]．北京：北京理工大学出版社，2018.
[9] 许晓春，林朝朋．仓储与配送管理实务 [M]．厦门：厦门大学出版社，2018.
[10] 王长青，宫胜利，岳红．仓储与配送管理实务 [M]．北京：北京理工大学出版社，2018.
[11] 颜汉军．仓储与配送实务 [M]．上海：上海交通大学出版社，2017.
[12] 徐丽蕊，杨卫军．仓储作业实务 [M]．北京：北京理工大学出版社，2016.